Jay Haley
Typisch Erickson
Muster seiner Arbeit

Jay Haley

Typisch Erickson

Muster seiner Arbeit

Aus dem Amerikanischen von Theo Kierdorf
in Zusammenarbeit mit Hildegard Höhr

Junfermann Verlag · Paderborn
1996

© der deutschen Ausgabe: Junfermannsche Verlagsbuchhandlung, Paderborn 1996

Copyright © 1993 by Brunner/Mazel, Inc.

By Arrangement with Mark Paterson

Originaltitel: Jay Haley on Milton H. Erickson

Übersetzung aus dem Amerikanischen: Theo Kierdorf in Zusammenarbeit mit Hildegard Höhr

Covergestaltung: Petra Friedrich

Satz: SpaceType, Köln

Die Deutsche Bibliothek – CIP-Einheitsaufnahme

Haley, Jay:

Typisch Erickson: Muster seiner Arbeit / Jay Haley. Aus dem Amerikanischen von Theo Kierdorf in Zus.arbeit mit Hildegard Höhr. – Paderborn: Junfermann, 1996.

ISBN 3-87387-302-8

NE: GT

ISBN 3-87387-302-8

Inhalt

Danksagung

Ich möchte an dieser Stelle den verschiedenen Verlagen, in denen die in diesem Buch zusammengefaßten Aufsätze im Original erschienen sind, für ihre freundliche Genehmigung zur Neuveröffentlichung in der vorliegenden Form danken. Ich nenne sie anschließend in der Reihenfolge des Erscheinens der Aufsätze. »Milton H. Erickson – eine Kurzbiographie« und »Kommentar zu Milton H. Erickson, M.D.« sind ursprünglich 1967 im Verlag Grune & Stratton in einer Sammlung von Aufsätzen Dr. Ericksons erschienen, die ich herausgegeben habe: *Advanced Techniques of Hypnosis and Therapy: Selected Papers of Milton H. Erickson, M.D.* (S. 1-5 und 530-549). Copyright © 1967 by Grune & Stratton.

Ich danke der Milton H. Erickson Foundation und dem Verlag Brunner/Mazel für die Genehmigung, die folgenden von der Foundation veröffentlichten Aufsätze hier erneut veröffentlichen zu können:

»Ericksons Beitrag zur Therapie«, aus *Ericksonian Approaches to Hypnosis and Psychotherapy* (S. 5-25), herausgegeben von Jeffrey K. Zeig, Ph.D. und veröffentlicht von Brunner/Mazel im Jahre 1992. Copyright © 1982 by The Milton H. Erickson Foundation.

»Erinnerungen an Erickson – ein Dialog zwischen Jay Haley und John Weakland« aus *Ericksonian Psychotherapy, Volume I: Structures* (S. 585-604), herausgegeben von Jeffrey K. Zeig, Ph.D., und veröffentlicht von Brunner/Mazel im Jahre 1985. Copyright © 1985 by The Milton H. Erickson Foundation. Auch John Weakland hat seine Zustimmung zu dieser Veröffentlichung gegeben.

»Warum keine Langzeit-Therapie?« aus *Brief Therapy: Myths, Methods and Metaphors* (S. 3-17), herausgegeben von Jeffrey K. Zeig, Ph.D., und Stephen G. Gilligan, Ph.D., und veröffentlicht von Brunner/Mazel im Jahre 1990. Copyright © 1990 by The Milton H. Erickson Foundation.

»Zen und die Kunst der Therapie« aus *The Evolution of Psychotherapy: The Second Conference* (S. 24-38), herausgegeben von Jeffrey K. Zeig, Ph.D., und

Einleitung

Ein Mann, der immer noch seiner Zeit voraus ist

Ich bin Milton H. Erickson erstmals im Jahre 1953 in San Francisco begegnet, wo ich an einem seiner Seminare über Hypnose teilnahm. Das letzte Mal sah ich ihn kurz vor seinem Tode im Jahre 1980. Im Laufe der Jahre habe ich Hunderte von Stunden mit ihm verbracht und mit ihm das Wesen der Hypnose, menschlicher Probleme und der Therapie erforscht. Niemand anders hat mich stärker in meinen Gedanken über die menschliche Natur und über Veränderungsprozesse beeinflußt. In den fünfziger Jahren war Erickson ein Außenseiter, ein Einzelgänger, dessen Ruf in erster Linie darauf beruhte, daß er als der wichtigste klinische Hypnotiseur angesehen wurde. Seine Therapiemethode galt als ungewöhnlich und war umstritten, da sie nicht den damals gängigen Anschauungen entsprach. Zum Zeitpunkt seines Todes wurde er als Begründer einer wichtigen Therapieschule gefeiert, hatte sich aber im Grunde in der gesamten Zeit seines Wirkens nicht verändert. Nur hatte sich mittlerweile die von ihm eingeschlagene Richtung in der Therapie durchgesetzt. Die ehemals tonangebende orthodoxe Therapie verlor zunehmend an Bedeutung, und die therapeutischen Grundannahmen, denen er durch sein Wirken den Boden bereitet hatte, galten mittlerweile als wegweisend. Ericksons Bewunderer waren nun keine Häretiker mehr und in Gefahr, ihren Ruf aufs Spiel zu setzen, sondern sie selbst wurden bewundert. Heute, mehr als 15 Jahre nach seinem Tode, ist Ericksons Einfluß sogar noch weitreichender geworden.

Ich möchte im folgenden zunächst einige Aspekte der Therapie aufführen, die in den fünfziger Jahren als wichtige Bestandteile des orthodoxen Ansatzes galten. Zu jedem der aufgeführten Punkte stand Ericksons damalige Anschauung in Opposition.

Hypnose oder nicht?

Hypnose wurde in der Psychiatrie nicht gelehrt; es war sogar verboten, sie anzuwenden. Erst gegen Ende der fünfziger Jahre ist sie von der American Medical Association als Behandlungsmethode akzeptiert worden. Erickson hingegen hat während seiner gesamten beruflichen Laufbahn Hypnose für die Therapie empfohlen. Er hielt Wochenendkurse in Hypnose ab, weil es nicht erlaubt war, sie im Rahmen der medizinischen Ausbildung zu lehren. Die Teilnehmer jener Kurse waren größtenteils Allgemeinärzte und Zahnärzte. Psychiater nahmen wohl teilweise deshalb nicht daran teil, weil es für sie negative Konsequenzen hätte haben können. Heute ist Hypnose als Behandlungsmethode allgemein anerkannt und wird von vielen Ärzten eingesetzt. Und immer noch beschäftigen sie sich mit Erickson, um bestimmte Techniken zu erlernen und von seinen Ideen zu profitieren.

Langzeit- oder Kurzzeit-Therapie?

Therapie war ursprünglich eine Langzeitbehandlung. Man könnte sogar sagen, daß die Ansicht herrschte, eine Psychotherapie könne nie wirklich abgeschlossen werden. Therapeuten sagten ihren Patienten, sie sollten sich zumindest im ersten Jahr keinerlei Hoffnungen auf eine Veränderung machen. Oft wurde den Patienten auch empfohlen, wichtige Entscheidungen, etwa bezüglich einer Heirat oder einer beruflichen Veränderung, während der Dauer der Psychoanalyse aufzuschieben. Kurzzeit-Therapie galt als oberflächlich, als lediglich zum Übertünchen schwerwiegender Probleme geeignet. Es hieß, ein solches Verfahren helfe den Patienten nur bei der Flucht in die Gesundheit, statt wirklich eine Veränderung herbeizuführen. Oft prahlten Patienten in jener Zeit damit, wie viele Jahre sie in Therapie gewesen waren, und für Therapeuten war es eine völlig normale Sache, ihre Patienten mehrmals pro Woche zu bestellen.

Erickson hingegen bemühte sich, wann immer möglich, die Therapie möglichst kurz zu halten. Er hat behauptet, er habe viele Probleme in nur einer einzigen Sitzung gelöst. Auch mit Behandlungsfrequenzen, die sich nicht an den starren Wochenrhythmus hielten, beispielsweise monatlichen Sitzungen, war er einverstanden, weil er davon überzeugt war, daß positive Veränderungen

auch ohne regelmäßige Therapiestunden zu erzielen seien. Mit Patienten, die
weiter entfernt wohnten, korrespondierte er oft, um auf diese Weise die Therapie fortzusetzen. Er war nicht der Meinung, daß therapeutische Arbeit, die sich
nur über einige wenige Sitzungen erstreckte, weniger wirksam sein müsse als
eine Therapie, die viele Monate oder gar Jahre dauerte. (Man sollte an dieser
Stelle erwähnen, daß zu seiner Zeit keinerlei Untersuchungen darüber vorlagen,
ob Langzeit-Therapien wirksamer waren als Kurzzeit-Therapien.) Die heute
gängigen Ansichten stützen Ericksons Anschauungen zu diesem Punkt. Die
Langzeit-Therapie befindet sich mittlerweile eher in der Defensive, und man
könnte sogar sagen, daß sie zunehmend an Boden verliert. Doch nicht nur der
Trend der theoretischen Anschauungen hat sich verändert, sondern auch die
Krankenversicherungen zwingen die Therapeuten zunehmend, sich mit der
Möglichkeit der Kurzzeit-Therapie zu befassen. Und Erickson gilt auch heute
noch als der wichtigste Wegbereiter dieser Methode.

Direktiv oder nicht

Therapeuten lehnten es früher generell ab, Patienten irgendwelche Ratschläge
oder konkreten Verhaltensanweisungen zu geben. Sie interpretierten oder
spiegelten den Patienten lediglich das, was diese selbst bereits gesagt hatten.
Schon in den Fünfzigern benutzte Erickson ein großes Spektrum von Direktiven, sowohl ganz offene als auch indirekte. Er gab Ratschläge, und er benutzte
auch in der Arbeit mit Einzelpatienten und Familien komplexe Direktiven.
Heute bemühen sich immer mehr Therapeuten, die Kunst des Arbeitens mit
Direktiven zu erlernen, weil der allgemeine Trend sich in diese Richtung entwickelt hat. Und noch immer ist Erickson einer der wenigen, die in diesem
Bereich Standardprozeduren und echte Innovationen anzubieten haben.

Der Griff des Topfs

Orthodox arbeitende Therapeuten befaßten sich gewöhnlich nicht allzusehr mit
den Problemen, deretwegen Patienten zu ihnen gekommen waren. Sie erklärten
ihnen vielmehr, das Problem sei lediglich ein Symptom, eine Manifestation von
etwas anderem; man müsse sich auf die tiefen Wurzeln des Problems konzentrieren statt auf das Problem selbst. Wenn der Patient den Therapeuten fragte,

wie ein bestimmtes Symptom beseitigt werden könne, riet der Therapeut gewöhnlich dringend davon ab. Er sagte, das Symptom sei eine Manifestation der
psychischen Dynamik, die durchgearbeitet werden müsse. Oft blieb das Symptom sogar noch nach der Behandlung bestehen, und dem Patienten wurde
dann empfohlen, sich deswegen keine Sorgen zu machen.

Erickson hingegen konzentrierte sich auf das aktuelle Problem und veränderte den Patienten oder die Familie eben dadurch. Er hat das Symptom einmal mit
dem Griff eines Topfs verglichen. Er glaubte, Patienten seien kooperations-
bereiter, wenn man sich tatsächlich mit dem Problem befasse, dessentwegen sie
gekommen seien, denn schließlich bezahlten sie ja für dessen Lösung Geld.
Heute tritt die direkte Arbeit an aktuellen Problemen allgemein in den Vordergrund. Therapeuten lernen, Symptome zu untersuchen und zu verändern, statt
sich nur mit deren Hintergründen oder mit dem, was darunter begraben liegt,
zu befassen. Da viele Therapeuten heute gezwungen sind, die Therapiezeit-
spanne möglichst kurz zu halten, versuchen sie, das aktuelle Problem so schnell
wie möglich zu lösen. Mit dem bedächtigen Explorieren ohne jede Zeitgrenze
ist es wohl endgültig vorbei. Auch was das möglichst schnelle Auflösen von
Problemen angeht, ist Erickson in unserer Zeit das inspirierendste Vorbild.

Sollen wir neutral sein?

Therapeuten, die sich an orthodoxen Therapieansätzen orientierten, verhielten
sich in der Therapie möglichst neutral. Sie lehnten es ab, persönlich Einfluß auf
den Patienten auszuüben oder sich anderweitig persönlich zu involvieren. Sie
versuchten, einer weißen Leinwand möglichst ähnlich zu sein, auf die der
Patient projizieren konnte, was er wollte, und sie deuteten jedes persönliche
Engagement als Anzeichen für eine psychopathologische Tendenz bei ihnen
selbst. Während der Therapiesitzung setzten sie sich so, daß der Patient sie nicht
sehen konnte, und sie sprachen mit monotoner Stimme und mit unbewegtem
Gesicht. Auf diese Weise versuchten sie, jegliche Einflußnahme auf das Denken
und Tun des Patienten zu vermeiden. Als Harry Stack Sullivan einmal zu
bemerken wagte, im Therapieraum säßen zwei Personen, die aufeinander
reagierten, machte er sich damit augenblicklich zur *Persona non grata*.

Erickson hingegen machte so intensiv wie nur möglich Gebrauch von seiner
Persönlichkeit, um seine Patienten zu beeinflussen. Er überzeugte sie, redete

ihnen zu, scherzte, forderte, drohte, telefonierte mit ihnen und tat einfach alles, was er für notwendig hielt, um das Therapieziel zu erreichen. Seine Begründung dafür lautete, letztlich setze nur persönliches Engagement tatsächlich etwas in Bewegung. Seine Diagnose stand immer in Beziehung zu realen Menschen in der realen Welt, sie nahm nicht auf irgendwelche Projektionen Bezug. Mittlerweile denken immer mehr Therapeuten darüber nach, in welchem Maße sie ihre persönliche Überzeugungskraft einsetzen sollten, und es setzt sich allmählich die Ansicht durch, daß man in einer kurzen, problemorientierten Therapie nicht »neutral« bleiben und unbeteiligt wirken kann.

Vergangenheit oder Zukunft?

In der orthodoxen Therapie lag bis in die fünfziger Jahre der Schwerpunkt auf der Vergangenheit. Man nahm an, daß die Symptome der Patienten auf Programmierungen beruhten, die in der Vergangenheit entstanden seien. Eine Phobie wurde als Ergebnis eines alten Traumas angesehen, Angstanfälle als durch frühere Erlebnisse verursacht. Man hielt Symptome für dysfunktionale Verhaltensweisen, die infolge bestimmter früherer Erlebnisse entstanden waren. Da man die gegenwärtige Situation generell als eher irrelevant ansah, konzentrierte sich die therapeutische Arbeit auf die Vergangenheit. Wenn eine Frau mit ihrem Mann nicht glücklich war, nahm man gewöhnlich an, sie projiziere Erlebnisse aus ihrer eigenen Ursprungsfamilie auf ihn. Therapeuten sprachen nicht einmal am Telefon mit Verwandten, und noch viel weniger waren sie bereit, den Patienten mit den involvierten Angehörigen zusammen in einer Therapiesitzung zu empfangen.

Auch Erickson beschäftigte sich mit der Vergangenheit, insbesondere indem er mit Hilfe von Hypnose an traumatischen Erfahrungen arbeitete. Doch war er der Ansicht, daß Symptome auch in der Gegenwart eine Funktion haben, und er pflegte die Beziehungen seiner Patienten zu verändern, um ihr Problem zu verändern. Er war gern bereit, Angehörige der Patienten, Ehepartner ebenso wie ganze Familien, in der Therapiesitzung zu empfangen, wenn er das Gefühl hatte, dies könnte einer Veränderung des Patienten förderlich sein. Er war bereit, sich mit allen Beziehungen des Patienten zu befassen und daran zu arbeiten.

Heute konzentrieren sich insbesondere Therapeuten, die Kurzzeit-Therapien durchführen, auf die gegenwärtige Situation, nicht also auf die Vergangenheit.

Phobie-Spezialisten stellen ihren Patienten nicht einmal Fragen über deren
Vergangenheit, und sie suchen auch nicht nach traumatischen Erfahrungen,
sondern konzentrieren sich auf die Gegenwart. Mittlerweile wird auch nicht
mehr ausgeschlossen, daß die Angst einer Frau etwas mit ihrem Mann oder mit
ihrer Mutter und ihrem Vater zu tun haben kann. Die Familientherapie nimmt
an, daß ein Symptom sich an die aktuelle soziale Situation anpaßt und daß man
diese Situation verändern muß, um das Symptom zu verändern. Auch für Therapeuten, die nach Methoden suchen, mit deren Hilfe man bestehende Beziehungen verändern kann, ist Erickson immer noch eine wichtige Quelle der
Inspiration.

Das gute und das schlechte Unbewußte

Die orthodoxe Therapie war der Ansicht, Motivation beruhe auf unbewußten
Kräften. Dabei wurde das Unbewußte als etwas angesehen, worin es von wi-
derwärtigen Impulsen und Vorstellungen sowie von tief verborgenen Feindse-
ligkeiten nur so wimmelte. Die Motivation eines Patienten war nach dieser
Anschauung von seinem Versuch geprägt, jene inneren Konflikte, die danach
strebten, sich äußerlich zu manifestieren, unter Kontrolle zu halten. Ein diagnostisches Gespräch diente dazu, die negativen Aspekte des Patienten zu untersuchen und herauszufinden, was in seinem Unbewußten im argen lag und be-
arbeitet werden mußte. Mit Hilfe des therapeutischen Werkzeuges der Interpretation wurde dann versucht, die verhängnisvollen Vorstellungen und Gefühle des Patienten ans Licht zu bringen. Alles, was von ihm als schrecklich
empfunden wurde, mußte dem Bewußtsein zugänglich gemacht werden.

Erickson hingegen sah das Unbewußte als eine positive Kraft an. Wenn ein
Patient seinen unbewußten Einflüssen folgte, mußte er davon profitieren. Erickson hat gelegentlich das Beispiel des Tausendfüßlers angeführt, der mit seinen
vielen Füßen problemlos zurechtkommt, solange er dies unbewußt tut, der
jedoch sofort in Schwierigkeiten gerät, wenn er versucht, diese bewußt zu koordinieren. Erickson hat immer wieder betont, man müsse dem eigenen Unbewußten vertrauen und unbewußten Einflüssen folgen. Beispielsweise war er der
Ansicht, wenn er einen Gegenstand verlege, so sei dabei sein Unbewußtes im
Spiel, und er würde das besagte Objekt zum richtigen Zeitpunkt wieder finden,
um eine positive Aktion ausführen zu können. Ein unter diesen Vorausset-

zungen durchgeführtes diagnostisches Gespräch erforscht die positiven Aspekte des Unbewußten. Die Patienten werden aufgefordert, ausführlich darüber zu sprechen, was sie bisher getan haben, um das Problem zu lösen, weil das Unbewußte, wenn es nach seinen Wünschen handeln kann, tue, was für die betreffende Person am besten sei. Erickson hat Vorgänge im Unbewußten nie interpretiert. Er war sogar bereit, Patienten in einen Zustand der Amnesie zu versetzen, damit sie schmerzhafte Erfahrungen vergessen konnten oder sich auf eine gesteuerte, nicht furchterregende Weise daran erinnern konnten.

Zum Abschluß

Erickson hatte zu jedem wichtigen Thema der orthodoxen Therapie seiner Zeit eine gegensätzliche Ansicht. Er benutzte Hypnose, als dies noch niemand sonst tat, er praktizierte Kurzzeit-Therapie, als Therapie generell nur langfristig gegeben wurde, und er arbeitete mit Direktiven, als nicht-direktive Therapie die allgemein akzeptierte Methode war. Auch konzentrierte er sich auf das vom Patienten vorgetragene Problem, als die meisten anderen Therapeuten sich in der Therapie nur mit den Vorgängen in der Vergangenheit des Patienten befaßten. Außerdem war er in der therapeutischen Beziehung persönlich engagiert und nicht neutral, er konzentrierte sich stärker auf die Gegenwart als auf die Vergangenheit, und er verstand das Unbewußte seiner Patienten als eine positive Kraft, deren Impulse er zu fördern versuchte. Alle diese Ansichten und Verhaltensweisen Ericksons werden heute allgemein akzeptiert. So hat er sich vom Außenseiter zu einer zentralen Gestalt moderner Psychotherapie verwandelt.

1

Milton H. Erickson
– eine Kurzbiographie

(1967)

Milton H. Erickson wird allgemein als führender Spezialist in medizinischer Hypnose angesehen. Seine Schriften über Hypnose sind wegweisend, wenn es um Themen wie Methoden zur Induktion von Trance, experimentelle Untersuchung der Möglichkeiten und Grenzen hypnotischer Erfahrung und die Beziehung zwischen Hypnotiseur und Hypnotisiertem geht.

Weniger bekannt ist wahrscheinlich, daß Dr. Erickson auch eine einzigartige Sicht und Methode psychotherapeutischer Arbeit entwickelt hat, die der Weiterentwicklung therapeutischer Arbeit einen wichtigen Anstoß gab. Er hat viele Jahre lang daran gearbeitet, effektive und praxistaugliche Behandlungsmethoden zu entwickeln, die häufig, jedoch nicht immer, mit einer formellen Induktion von Trance verbunden sind. Jene, die Erickson in erster Linie als Hypnotherapeuten ansehen, wird es vielleicht überraschen zu hören, daß er sich im Telefonbuch seit eh und je als Psychiater und Familienberater bezeichnet.

Dr. Erickson ist sowohl Psychiater als auch Psychologe, und er hat seinen medizinischen Titel (den des Facharztes für Psychiatrie) und seinen psychologischen Magistertitel gleichzeitig erhalten. Deshalb ist er Mitglied sowohl der American Psychiatric Association als auch der American Psychological Association. Außerdem gehört er der American Psychopathological Association an, und er ist Ehrenmitglied zahlreicher Gesellschaften für medizinische Hypnose in Europa, Lateinamerika und Asien. Milton Erickson war weiterhin Gründungspräsident der Amerikanischen Society for Clinical Hypnosis sowie Begründer und Herausgeber der Zeitschrift jener Gesellschaft. Seit 1950 arbeitet er intensiv in seiner Privatpraxis in Phoenix, Arizona, und hält sowohl in den Vereinigten Staaten wie auch in vielen anderen Ländern Seminare und Vorträge über Hypnose.

Dr. Erickson ist in Aurum, Nevada, geboren, einer Stadt, die heute nicht mehr existiert, und er ist einer der wenigen Menschen, die in einem Planwagen nach *Osten* gereist sind, nämlich als seine Familie auf eine Farm in Wisconsin umzog. Sein Interesse an Hypnose entwickelte sich, als er an der Universität von Wisconsin Psychologie studierte und im Rahmen dieses Studiums an einer Hypnose-Demonstration von Clark L. Hull teilnahm. Beeindruckt von dem, was er gesehen hatte, lud Erickson Hulls Versuchsperson in seine Wohnung ein und hypnotisierte den Mann selbst. Von jenem Zeitpunkt an brachte er sich selbst das Hypnotisieren bei. Als Versuchspersonen nahm er alle in seiner Umgebung in Anspruch, die sich dafür zur Verfügung stellten, darunter Mitstudenten und Freunde, und wenn er während der Sommerferien auf die Farm seiner Eltern zurückkehrte, auch die Mitglieder seiner Familie. Im Herbst des folgenden Jahres nahm er an einem Hypnose-Seminar von Hull teil, in dem es hauptsächlich darum ging, Ericksons Erfahrungen im Hypnotisieren während des vorangegangenen Sommers und seine experimentelle Arbeit im Laboratorium zu überprüfen. Als Erickson sein drittes Jahr auf dem College begann, hatte er bereits mehrere hundert Personen hypnotisiert. Außerdem hatte er zahlreiche Experimente und Hypnose-Demonstrationen vor der Fakultät der Medical School sowie vor der psychologischen Abteilung und dem Personal des Mendota State Hospitals durchgeführt.

Nachdem Erickson am Colorado General Hospital sein Abschlußexamen in Medizin abgelegt und sein medizinisches Praktikum sowie eine Spezialausbildung am Colorado Psychopathic Hospital abgeschlossen hatte, übernahm er die Position des Junior Psychiatrist am Rhode Island State Hospital. Wenige Monate später, im April 1930, wurde er Mitglied des Research Service am Worcester State Hospital und stieg schon sehr bald vom Junior zum Senior und schließlich zum Chief Psychiatrist des Research Service auf. Vier Jahre später zog er als Director of Psychiatric Research and Training am Wayne County General Hospital and Infirmary nach Eloise, Michigan. Außerdem wurde er Associate Professor of Psychiatry am Wayne State University College of Medicine sowie Vollzeit-Professor der dortigen Graduate School. Kurzzeitig war er auch Gastprofessor für klinische Psychologie an der Michigan State University in East Lansing. Seine umfangreichsten Hypnose-Experimente führte er in Eloise durch, und dort wurde ihm auch klar, daß Ideen aus dem Bereich der Hypnose bei der Ausbildung von Psychiatern von besonderem Nutzen waren. Als Ausbilder von Psychiatern und Medizinstudenten legte Dr. Erickson großen Wert darauf, daß seine Studenten lernten, wie man einen Patienten beobachtet. Seiner Ansicht nach steigert die Ausbildung zum Hypnotiseur die für den Arztberuf erforderliche Beobachtungsfähigkeit. Seine eigene Beobachtungsgabe ist legendär. Darauf angesprochen, ob seine körperliche Behinderung ihn zu einem besseren Beobachter gemacht hätte, sagte er: »Ich habe einen Polio-Anfall gehabt, als ich siebzehn Jahre alt war, und ich lag damals ohne jedes Körpergefühl im Bett. Ich hätte nicht einmal die Position meiner Arme oder Beine im Bett angeben können. Damals verbrachte ich viele Stunden damit, meine Hand, meinen Fuß oder meine Zehen durch eine Empfindung zu lokalisieren, und ich wurde mir sehr intensiv dessen bewußt, was Bewegungen waren. Später, als ich mit dem Medizinstudium begann, lernte ich, wie Muskeln beschaffen sind. Ich benutzte jenes Wissen, um die Muskeln, die die Polio-Erkrankung mir gelassen hatte, möglichst funktionell einzusetzen und um mit möglichst wenig Anspannung zu hinken. Um das zu lernen, brauchte ich zehn Jahre. Auch wurde ich mir in extremem Maße körperlicher Bewegungen bewußt, was sich für mich als äußerst nützlich erwiesen hat.«

Dr. Erickson kann einen guten Pianisten nicht an den Tönen, die derselbe produziert, erkennen, weil er tontaub ist. Auch diesen Umstand bezeichnet er als einen besonderen Aktivposten bei seiner Arbeit. »Es wird so viel über die Sprechweise eines Menschen kommuniziert«, sagt er. »Meine Tontaubheit hat mich gezwungen, auf Veränderungen im Tonfall eines Sprechers zu achten. Dadurch werde ich weniger vom Inhalt des Gesprochenen abgelenkt. Viele Verhaltensmuster spiegeln sich in der Art, *wie* ein Mensch etwas sagt, im Gegensatz zu dem, *was* er sagt.«

Dr. Erickson ist außerdem farbenblind. Und auch das wurde für ihn zu einer positiven Möglichkeit, als er damit experimentierte, mit Hilfe von Hypnose künstlich Farbenblindheit hervorzurufen. Aufgrund seines Zustandes war es ihm unmöglich, als Experimentator die Versuchsperson unbewußt zu beeinflussen. In meinen Augen wird eine der außergewöhnlichsten Szenen in Ericksons Aufsatz »The Hypnotic Induction of Hallucinatory Color Vision Followed by Pseudo Negative After-Images« geschildert. Man zeigte bei den dort be-

schriebenen Versuchen den Versuchsteilnehmern in Trance weiße Papierbögen,
und die Versuchspersonen halluzinierten dann Farben auf dieselben. Anschließend zeigte man ihnen sofort wieder weiße Papierbögen, und sie halluzinierten
das Nachbild darauf: die Komplementärfarbe. Die weißen Papierbögen hielt Dr.
Erickson empor, der weder im Wachzustand noch in Trance Farben visualisie-
ren kann. (Die einzige Farbe, an deren Anblick er sich erfreuen kann, ist Pur-
pur. Obgleich dies nicht immer die passende Farbe ist, sorgt er dafür, daß sie
möglichst ständig in irgendeiner Form in seiner Nähe zu finden ist. Er trägt
purpurfarbene Krawatten und Sporthemden, seine Pyjamas sind purpurfarben,
und das Badezimmer in seinem Haus hat purpurfarbene Wände.)

Dr. Erickson bezeichnet Therapie gern als eine Möglichkeit, Patienten zu
helfen, ihre Grenzen zu erweitern, und er hat sein Leben lang versucht, dies zu
tun. Als er im Jahre 1919 an Polio erkrankte, teilte man ihm mit, daß er nie
mehr würde gehen können. Daraufhin konzentrierte er sich viele Stunden lang
darauf, eine winzige Bewegung in den Muskeln seiner Beine hervorzurufen.
Innerhalb eines weiteren Jahres gelang es ihm dann, sich auf Krücken fort-
zubewegen. Er nahm sogar während seines Studiums an der Universität von
Wisconsin eine Arbeit in einer Konservenfabrik an, die er im Sitzen verrichten
konnte. Nach seinem ersten Studienjahr an der Universität gab sein Arzt ihm
den Rat, sich während der Sommerferien viel Bewegung in der Sonne zu verschaffen, ohne dabei die Beine zu bewegen. Dadurch kam Erickson auf den
Gedanken, eine Kanureise zu machen. Eine Kanufahrt würde ihm das erforderliche Training verschaffen. Also machte er sich im Juni mit einem 5 Meter
langen Kanu auf, bekleidet mit einem Badeanzug, einem Overall und einem an
den Ecken geknoteten Taschentuch auf dem Kopf als Sonnenschutz. Er hatte
nicht genug Kraft in den Beinen, um das Kanu aus dem Wasser ziehen zu können, und er konnte auch nur wenige Meter weit schwimmen. Als Proviant
nahm er einen kleinen Sack Bohnen, ein Säckchen Reis und ein paar Kochgerä-
te auf seine Sommerreise mit. Zum Kaufen weiterer Nahrungsmittel hatte er
2,32 Dollar bei sich. Mit dieser Ausrüstung bereiste er von Juni bis September
die Seen von Madison, den Yahara River, den Rock River und schließlich den
Mississippi bis ein paar Meilen hinter St. Louis und dann zurück auf dem Illi-
nois River, durch den Hennepin Canal zum Rock River und nach Madison. Er
ernährte sich auf der ganzen Reise von Fischen, die er fing, sowie von eßbaren
Pflanzen, die an den Ufern wuchsen, wo er nachts schlief, und außerdem von

Gemüse, das er aus dem Mississippi fischte – Abfällen, die die Köche der auf dem Fluß verkehrenden Dampfboote über Bord geworfen hatten. In diesen Abfällen fanden sich stets ein paar ganze Kartoffeln oder Äpfel, die irrtümlich weggeworfen worden waren. Am Ende jenes Sommers war Erickson 1.200 Meilen weit gereist, praktisch ohne Vorräte und ohne Geld, ohne über die notwendige Kraft zu verfügen, um sein Kanu über Stauwehre tragen zu können. Am Anfang seiner langen Reise war er körperlich so schwach gewesen, daß er kaum ein paar Meilen flußabwärts paddeln konnte, ohne sich dabei völlig zu erschöpfen.

Die Reise war für Erickson wesentlich schwieriger, als sie für jeden anderen gewesen wäre. Er gehörte zu der Art von jungen Männern, die es ablehnten, irgend jemanden wegen irgend etwas um Hilfe zu bitten. Genauer gesagt weigerte er sich, direkt um etwas zu bitten, doch war er äußerst findig darin, Situationen so zu arrangieren, daß andere Menschen »spontan« Dinge für ihn taten. Als er einmal von seiner Kanu-Reise erzählte, erwähnt er: »Manchmal paddelte ich in Rufweite eines Fischerboots. Da ich in der Sonne eine sehr dunkle Hautfarbe bekam und das geknotete Taschentuch auf dem Kopf trug, wurden die Fischer gewöhnlich neugierig und riefen mir bald ein paar Fragen zu. Ich erzählte ihnen daraufhin, daß ich Medizinstudent von der University of Wisconsin war und daß ich diese Kanufahrt machen würde, um meinen Gesundheitszustand zu verbessern. Dann fragten sie gewöhnlich, wie es mit dem Fischen gehe, worauf ich antwortete, es sei ja noch früh am Tag. Am Ende eines solchen Gesprächs gaben sie mir regelmäßig Fische, obwohl ich sie nicht ein einziges Mal darum gebeten habe. Gewöhnlich boten sie mir zunächst Wels an, doch ich weigerte mich dann stets, diesen anzunehmen. Diese Fischart war nämlich sehr teuer, und schließlich verdienten diese Männer mit dem Fischfang ihr Brot. Nachdem ich den Wels abgelehnt hatte, gaben sie mir die doppelte oder dreifache Menge an Flußbarsch.«

Obgleich Dr. Erickson sein Kanu nicht über ein Stauwehr tragen konnte, brauchte er nie um Hilfe zu bitten. Er sagte: »Ich kletterte dann auf einen jener Pfähle, die immer an Stauwehren zu finden sind. Schon bald sammelten sich dann jedesmal Neugierige um mich, während ich dort oben in einem deutschen Buch las, das ich mit auf die Reise genommen hatte, um mich auf mein Studium vorzubereiten. Irgendwann fragte mich dann gewöhnlich einer der Neugierigen, was zum Teufel ich denn eigentlich dort oben auf dem Pfahl machen wür-

de. Dann schaute ich von meinem Buch auf und sagte, ich würde darauf warten, daß mir einfiele, wie ich mein Kanu über das Stauwehr befördern könnte.
Und dann fanden sich immer ein paar freiwillige Helfer.«

Erickson gelang die lange Kanureise mit Hilfe freiwilliger Helfer und indem
er dann und wann irgendwo am Fluß für einen Tag eine Arbeit annahm. Sein
Gesundheitszustand verbesserte sich durch diese Reise erheblich. Nach seiner
Rückkehr war sein Brustkorb 15 cm größer geworden, er konnte eine Meile
weit schwimmen, und er konnte nun von morgens bis abends stromaufwärts
gegen eine 6,5 km/h schnelle Strömung anpaddeln. Außerdem war es ihm
mittlerweile auch möglich, sein Kanu über einen Staudamm zu tragen.

Viele Jahre später, 1952, erlitt Dr. Erickson einen erneuten Polio-Ausbruch,
was wirklich äußerst selten vorkommt. Dadurch wurden sein rechter Arm und
seine rechte Körperseite stark beeinträchtigt. Doch nicht einmal ein Jahr nach
diesem Vorfall machte er sich, auf zwei Krücken gestützt, auf eine schwierige
Wanderung in die Berge von Arizona.

Als Dr. Erickson Eloise verließ und sich in Phoenix niederließ, tat er dies
hauptsächlich um seiner Gesundheit willen. Er betreibt seine Privatpraxis in
einer einzigartigen Umgebung. Das Büro, in dem er seine Patienten empfängt,
liegt in dem Haus, in dem er wohnt, einem kleinen Ziegelhaus mit vier Zimmern, das in einer angenehmen Wohngegend liegt. Sein Wartezimmer ist das
Wohnzimmer der Familie, und seine Patienten haben all die Jahre an seinem
Familienleben und an der Entwicklung seiner acht Kinder teilgenommen. Er
empfängt seine Patienten in einem Büro, das gerade so groß ist, daß sein
Schreibtisch, ein paar Stühle und einige Regale darin Platz finden. An einer
Wand hängt ein Bild von seinen Eltern, die über neunzig Jahre alt wurden, und
im ganzen Raum verteilt sind Familienerinnerungen zu sehen, darunter ein
ausgestopfter Dachs. Dieser »Behandlungsraum« ist in fast absurder Weise be-
scheiden für einen Psychiater vom Ansehen eines Dr. Erickson, doch hält er
dieses Ambiente nun einmal für passend. Einer seiner Schüler, der ebenfalls in
Phoenix eine Praxis eröffnete, suchte dafür nach geeigneten Räumlichkeiten,
und er machte Dr. Erickson einmal Vorhaltungen, daß sein Behandlungsraum
doch wirklich unzureichend sei. Erickson entgegnete daraufhin, der Raum sei
anfangs sogar noch viel karger gewesen, denn damals hätte nur ein Kartenspiel-
tischchen und zwei Stühle darin gestanden. Dann setzte er hinzu: »Aber *ich* war
darin.«

Neben seiner Privatpraxis erledigt Dr. Erickson noch viele andere berufliche
Aktivitäten von zu Hause aus. Unter anderem übt er von dort unter Mithilfe
seiner Frau seine Funktion als Herausgeber von *The American Journal of Clini-*
cal Hypnosis aus. Elizabeth Erickson hat im Laufe der Jahre in vielen Bereichen
mit ihrem Mann zusammengearbeitet, und sie ist auch Co-Autorin vieler seiner
Schriften. Beide lernten einander kennen, als sie an der Wayne State University
Psychologie studierte und dort außerdem als Labor-Assistentin tätig war, und
sie haben im Jahre 1936 geheiratet. Dr. Erickson, der schon zuvor verheiratet
gewesen war, brachte drei Kinder mit in seine zweite Ehe. Elizabeth und er
haben gemeinsam noch fünf weitere Kinder bekommen und so eine große und
lebhafte Familie gegründet. Mrs. Erickson hat einmal festgestellt, daß sie in
dreißig aufeinanderfolgenden Jahren mindestens jeweils einen Teenager in der
Familie gehabt hätten. Die beiden jüngsten Kinder sind mittlerweile Teenager,
während die ältesten verheiratet sind und selbst schon Kinder haben.

Wenn Dr. Erickson über Hypnose und Therapie spricht, führt er immer
wieder seine Erfahrungen mit seinen Kindern als Beispiele an. Leser, die sich
fragen mögen, wie es wohl sein mag, wenn man einen Vater hat, der Meister-
Hypnotiseur ist, werden wahrscheinlich Freude an einem Artikel Ericksons mit
dem Titel »Pediatric Hypnotherapy« haben. Dort beschreibt der Autor, wie er
mit einem Vorfall, der seinen Sohn Robert betraf, umgegangen ist, um zu zeigen, was man tun kann, wenn Kinder unter Schmerzen leiden. Robert war die
Hintertreppe hinabgefallen, hatte sich die Lippe aufgerissen und sich einen
Zahn in den Oberkiefer gerammt. Das Kind blutete und schrie vor Schmerz und
Angst. Die Eltern eilten herbei und sahen, daß es sich um einen Unfall handelte.
Dr. Erickson schreibt darüber:

> Wir versuchten erst gar nicht, ihn aufzuheben und in den Arm zu neh-
> men, sondern sagten ihm, als er zum Atemschöpfen innehielt, um dann
> weiterheulen zu können, schnell, einfach und mitfühlend: »Das tut
> schrecklich weh, Robert. Es tut schrecklich weh.«
>   Da wußte mein Sohn ohne jeden Zweifel, daß mir klar war, worüber
> ich da redete. Er konnte mir zustimmen, und er wußte, daß ich ihm ganz
> und gar zustimmte. Da ich ihm bewiesen hatte, daß ich seine Situation
> vollkommen verstand, war er in der Lage, mir respektvoll zuzuhören.

Statt den Jungen zu beruhigen, fuhr Dr. Erickson dann auf die für ihn typische Weise fort:

Dann sagte ich zu Robert: »Und es wird auch noch weiter wehtun.« Durch diese einfache Aussage formulierte ich seine eigene Angst, ich bestätigte sein eigenes Urteil über die Situation, demonstrierte, daß ich die ganze Sache völlig verstand und daß ich völlig mit seiner Sichtweise übereinstimmte, denn in jenem Augenblick sah er lebenslange Qualen und Schmerzen vor sich liegen.

Der nächste Schritt für ihn und für mich war, als er erneut Atem holte, zu erklären: »Und du wünschst dir um jeden Preis, daß es aufhört wehzutun.« Wieder waren wir völlig einer Meinung, und er wurde durch meine Aussage in seinem Wunsch bestätigt und sogar ermutigt. Und es war *sein* Wunsch, der voll und ganz aus ihm selbst herausgekommen war und der sein eigenes dringendes Bedürfnis beinhaltete.

Nachdem die Situation auf diese Weise definiert war, konnte ich eine Suggestion anbieten, bei der ich mir einigermaßen sicher sein konnte, daß er sie akzeptieren würde. Diese Suggestion lautete: »Vielleicht wird es nach einer Weile aufhören wehzutun, vielleicht nach einer oder nach zwei Minuten.«

Diese Suggestion war in völliger Übereinstimmung mit seinen eigenen Bedürfnissen und Wünschen, und da sie mit »vielleicht wird« verbunden war, widersprach sie auch nicht seinem eigenen Verständnis der Situation. Deshalb konnte er die Idee akzeptieren und seine Reaktion auf sie einleiten.

Dr. Erickson wendete sich dann einem anderen wichtigen Punkt zu. Er schreibt darüber:

Robert wußte, daß er verletzt war; er konnte sein Blut auf dem Boden sehen, er schmeckte Blut in seinem Mund, und er sah es auf seinen Händen. Und trotzdem konnte er sich wie andere Menschen gleichzeitig auch in seinem Mißgeschick eine narzißtische Unterscheidung wünschen und auch den Wunsch nach einer noch narzißtischeren Tröstung entwickeln. Niemand möchte ein bißchen Kopfschmerzen haben, weil

Kopfschmerzen »ertragen« werden müssen, weil sie so gewaltig sein müssen, daß nur der Leidende sie zu ertragen vermag. Menschlicher Stolz ist auf eine so merkwürdige Weise gut und tröstlich! Deshalb wurde Roberts Aufmerksamkeit durch die simplen Feststellungen »Das ist ja schrecklich viel Blut auf dem Boden. Ist es gutes, rotes, starkes Blut? Schau es dir genau an, Mutter, schau nur. Ich glaube, das ist es, aber ich möchte sicher gehen« gleichzeitig auf zwei wichtige Themen gelenkt, die für ihn von überragender Bedeutung waren.

Bei der Prüfung stellte sich heraus, daß es tatsächlich »gutes starkes Blut« war, doch konnte dies nur am weißen Waschbecken im Badezimmer festgestellt werden. So konnte der Junge, der mittlerweile aufgehört hatte, vor Schmerz und Angst zu weinen und schreien, im Badezimmer gesäubert werden. Als er später zum Nähen der Wunde zum Arzt gebracht wurde, ging es nur noch darum, ob seine Naht so viele Stiche haben würde wie die, die seine Schwester einmal bekommen hatte. Der Arzt konnte sogar ohne örtliche Betäubung nähen, und der Junge beobachtete die Prozedur mit sichtlichem Interesse.

Obgleich Dr. Erickson eine normale Privatpraxis hat, legen viele seiner Patienten lange Reisen zurück, um ihn aufzusuchen. Manche kommen mit dem Flugzeug von Mexico City, um ihre Probleme von ihm kurieren zu lassen, fast so, als würden sie einen Chirurgen wegen einer Operation aufsuchen, und andere kommen in unregelmäßigen Abständen von der Westküste zur Behandlung. In den letzten Jahren hat er sowohl seine Tätigkeit als Therapeut als auch seine Lehrtätigkeit aufgrund von Krankheit einschränken müssen. Wenn er heute gelegentlich an Konferenzen teilnimmt, erscheint er im Rollstuhl, und auch seine Arbeit zu Hause hat er stark reduziert.

Viele Bewunderer von Dr. Erickson meinen, daß seine Ansichten über Therapie und Hypnose nicht in adäquater Weise in psychiatrischen Kreisen bekannt gemacht worden sind. Obwohl er sehr bekannt und eine umstrittene Persönlichkeit ist, sind seine grundlegenden Schriften der Öffentlichkeit immer noch nicht leicht zugänglich. Er hat im Laufe der Jahre seiner Tätigkeit mehr als 100 Fachaufsätze zu einer Vielzahl von Themen veröffentlicht, doch vermag weder der Leser eines einzelnen Artikels von Erickson noch der Zuhörer eines seiner Vorträge die Größe des Lebenswerks dieses Mannes und die Bedeutung der von ihm eingeführten Innovationen zu würdigen.

2

Kommentar zu Milton H. Erickson

(1967)

In jedem Beruf gibt es hin und wieder einen Menschen, den man als »Original«
bezeichnen kann, weil er mit seiner Arbeit im betreffenden Bereich stark von
der Arbeitsweise der meisten seiner Kollegen abweicht. Manchmal gelingt es
solch einem Mann, die Anschauungen seines gesamten Berufszweiges nachhal-
tig zu verändern; in anderen Fällen bleibt er ein Außenseiter, der nicht die geringste Spur hinterläßt. So hat beispielsweise Sigmund Freud in seinem Denken
und Handeln eine völlig neuartige Richtung eingeschlagen, er hat eine Anzahl
auch heute noch richtungsweisender Ideen entwickelt und überdies eine Organisation begründet, mit deren Hilfe er sich eine feste Anhängerschaft aufbauen
und sichern konnte. Harry Stack Sullivan hat zwar keinerlei organisatorische
Aktivität entwickelt, doch die Überzeugungskraft seiner neuartigen Ideen und
sein persönlicher Einfluß als Lehrer haben ebenfalls die Anschauungen seines
gesamten Berufsstandes entscheidend beeinflußt. Als Innovator im Bereich der
Psychiatrie kann man Milton H. Erickson zu Recht in einem Atemzug mit
Freud und Sullivan nennen. Ob er jedoch einmal einen ebensogroßen Einfluß
in seinem Tätigkeitsbereich haben wird wie die beiden erstgenannten, muß sich
noch erweisen.

Erickson hat ebenso wie Freud seine wichtigsten Ideen aus dem Bereich der
Hypnose abgeleitet. Im Gegensatz zu Freud ist er der hypnotischen Tradition
jedoch treu geblieben, und er ist auch zu völlig anderen Schlüssen über das
Wesen der Psychopathologie und der Möglichkeiten therapeutischer Veränderung
rung gelangt als jener. Wie Sullivan hat auch Erickson Beziehungen mehr Bedeutung beigemessen als dem Einzelmenschen. Doch im Gegensatz sowohl zu
Freud als auch zu Sullivan war Erickson primär zu allen Zeiten an der Erfor-

schung von Methoden zur Herbeiführung therapeutischer Veränderungen interessiert. Besonders einzigartig an ihm und das, was seinen Ansatz einer simplen neuen »Schule« oder »Methode« weit überlegen erscheinen läßt, ist seine Flexibilität. Er ist bereit, seinen therapeutischen Ansatz auf das konkrete Problem, mit dem er sich befassen muß, abzustimmen. In einer Zeit der Psychiatriegeschichte, in der man einen Psychiater aufgrund dessen beurteilte, ob er die »richtige« Theorie und Methode anwandte, entwickelte Erickson die experimentelle Therapie.

In der ersten Hälfte unseres Jahrhunderts, der Zeit, in der Erickson seinen Ansatz entwickelte, versuchte man sich in der Psychiatrie generell gegen Innovationen abzuschotten. Während die Psychoanalyse in der Privatpraxis und in den Universitäten an Ansehen gewann, fand in der Psychiatrie eine Richtungsänderung statt – weg vom ursprünglichen exploratorischen Ansatz Freuds, hin zu einer ritualisierten Behandlungsmethode und zur unermüdlichen Wiederholung stereotypisierter Vorstellungen. Im Verlauf dieses Prozesses kam es innerhalb der Psychiatrie zu einer eigentümlichen Schwerpunktverlagerung. Man versuchte, komplizierte menschliche Probleme in ein enges theoretisches Schema hineinzuzwängen, und fing an, Therapie anhand dessen zu beurteilen, ob die »richtigen« Verfahren angewandt worden waren, nicht also aufgrund etwaiger positiver Resultate. In diesem allgemeinen Klima seiner Zeit entwickelte Erickson eine Vielzahl therapeutischer Techniken, und er beharrte hartnäckig auf der Ansicht, daß man die Art der Behandlung vom spezifischen Problem des Patienten abhängig machen müsse. Im Laufe des letzten Jahrzehnts haben viele Psychiater sich der Erforschung neuer Methoden zugewandt, wodurch innovative Tendenzen wie die Verhaltenstherapie, Konditionierungsbehandlung sowie auch Ehe- und Familientherapie entstanden sind. Das Festhalten an ritualisierten Verfahrensweisen und die bedingungslose Loyalität und Konformität einer bestimmten Schule gegenüber sind mittlerweile weitgehend aufgegeben worden, und an ihre Stelle ist die Beurteilung therapeutischer Verfahren anhand ihrer Ergebnisse getreten. Mittlerweile wird es sogar weithin akzeptiert, daß man mit verschiedenen Arten von Patienten auf unterschiedliche Weise arbeiten sollte.

Wenn man sich mit Ericksons Schriften beschäftigt, erkennt man, daß er während seiner gesamten beruflichen Laufbahn an seiner Liebe zu experimenteller Arbeit festgehalten hat. Man könnte meinen, daß er sich unablässig gefragt hat: »Wenn ich dies tue, was wird dann der betreffende Patient tun, und wie würde sich die Reaktion eines anderen Patienten von der seinen unterscheiden?« In diesem Sinne hat Erickson sich sein Leben lang damit beschäftigt, auf welche Weise ein Mensch einen anderen beinflußt bzw. beeinflussen kann. Durch experimentelle Untersuchung zur Hypnose hat er die Grenzen interpersoneller Einflußnahme auf Sensorium und Verhalten eines Menschen untersucht. Er hat sich mit Fragen wie der beschäftigt, ob man einen Menschen dazu bringen kann, nicht zu hören, nicht zu sehen, keine Farben zu sehen, physische Empfindungen nicht zu spüren, sich anti-sozialen Einflüssen nicht zu widersetzen und sich der Gedankenprozesse, die hinter den eigenen Verhaltensweisen verborgen sind, nicht bewußt zu werden. Andererseits hat er auch erforscht, was sich durch Steigerung der Empfindungs- und Wahrnehmungsfähigkeit erreichen läßt. Er hat die Grenzen unbewußter Geistesaktivität sowie auch die möglichen Veränderungen in der subjektiven Wahrnehmung eines Menschen von Zeit und Raum untersucht.

Die Berichte Ericksons über diese experimentellen Untersuchungen zählen zu den fundiertesten Arbeiten in diesem Bereich. Viele davon würde man nur mit der Erickson eigenen Sorgfalt wiederholen können. Er nahm sich stets einige Stunden Zeit, um eine Trance zu induzieren, bevor er mit einem Experiment begann, und er berücksichtigte ebenso die individuellen Besonderheiten jedes Hypnotisierten wie auch eine außerordentlich große Zahl von anderen Variablen, die das Untersuchungsergebnis beeinflussen konnten. Er war sich völlig darüber im klaren, daß Voreingenommenheiten des Experimentators bei solchen Untersuchungen eine große Gefahr darstellen, und er traf umfangreiche Vorsichtsmaßnahmen, um sichergehen zu können, daß die Versuchsperson authentisch reagierte und nicht versuchte, etwas vorzutäuschen. Am wichtigsten ist jedoch vielleicht seine Erkenntnis, daß auch die Laborsituation eine Variable ist, die Gültigkeit von Ergebnissen in Frage stellen kann, weshalb er bereit war, einige Untersuchungen in einer normalen sozialen Umgebung durchzuführen. Wenn man bedenkt, daß heutzutage viele hypnotische Experimente mit kurzen, standardisierten Induktionen in einer Atmosphäre scheinbarer Objektivität durchgeführt werden, so erscheint Ericksons Arbeit dagegen sowohl wie eine Kunst als auch wie echte Wissenschaft.

Erickson hat sowohl auf die Erforschung psychischer Probleme als auch auf Möglichkeiten zu deren Lösung seinen experimentellen Ansatz angewandt. Als noch allgemein angenommen wurde, daß Worte und Verhalten eines Patienten ein Produkt bestimmter Arten von unbewußten Geistesvorgängen seien, überprüfte er diese Ansicht, indem er einer Versuchsperson bestimmte Vorstellungen »einprogrammierte« und anschließend das daraus resultierende Verhalten *(outcome behaviour)* beobachtete. Wie er in seinem Aufsatz »Experimential Demonstrations of the Psychopathology of Everyday Life« berichtet, vermittelte er Versuchsteilnehmern bestimmte Vorstellungen und Emotionen, belegte diese mit einer Amnesie und beobachtete das daraus resultierende Verhalten. Im Rahmen dieses Experiments vermittelte er den Versuchsteilnehmern unter anderem auch »Komplexe« in Form falscher Erinnerungen an traumatische Erfahrungen in der Vergangenheit, um deren Auswirkungen auf das Verhalten zu untersuchen. Eine der besten verfügbaren Analysen menschlicher Kommunikation enthält sein Aufsatz »The Method Employed to Formulate a Complex Story for the Induction of an Experimental Neurosis«. Ericksons detaillierte Analyse, die plausibel macht, warum er jedes einzelne Wort in der Geschichte über den Vorfall aus der Vergangenheit benutzte, zeigt ein außergewöhnliches Gewahrsein der Feinheiten zwischenmenschlicher Vorgänge. Sein Interesse an den subtilsten Verhaltensdetails ist in allen seinen Aufsätzen klar zu erkennen, insbesondere aus Berichten wie »The Permanent Relief of an Obsessional Phobia Through Communication with an Unsuspected Dual Personality« (Co-Autor L.S. Kubie).

Sowohl bei seinen wissenschaftlichen Untersuchungen als auch bei seiner therapeutischen Arbeit orientierte Erickson sich in seinem Vorgehen an den Bedürfnissen der Personen, mit denen er arbeitete, sowie an den Erfordernissen der Situation, des Zeitpunkts sowie an seinen eigenen aktuellen Bedürfnissen. Charakteristisch für seinen therapeutischen Ansatz ist die Auffassung, daß menschliche Probleme unendlich verschiedenartig sind, und seine therapeutische Einstellung erscheint als unendlich flexibel. Dennoch ist in der Art, wie er mit Patienten arbeitet, eine gewisse Konsistenz zu erkennen, so daß sich trotz aller Unterschiedlichkeit der einzelnen Behandlungen für den aufmerksamen Beobachter doch eine Art Behandlungsstil herauskristallisiert.

Wenn man sich daranmacht, Ericksons Therapiemethode zu untersuchen, so besteht ein Teil der Problematik, mit der wir konfrontiert werden, darin, daß es keinen geeigneten theoretischen Rahmen gibt, der uns bei der Beschreibung seines Denkens und Handelns helfen könnte. Seine Verfahrensweisen basieren auf einer Reihe neuartiger Prämissen über das Wesen der Psychopathologie und therapeutischer Veränderung, und diese Prämissen sind noch nicht auf systematische Weise formuliert worden. Wenn Erickson über Fälle schreibt, so beschreibt er dieselben im Sinne von Theorieansätzen wie denen der Hypnose, der Konditionierung oder der Psychodynamik. Beschäftigt man sich jedoch damit, wie er konkret mit seinen Patienten arbeitet, so merkt man schnell, daß diese traditionellen Theorieansätze dem Geschehen nicht entsprechen. Wenn man sich gründlich mit Ericksons literarischem Werk beschäftigt, so kann sich daraus eine neue Sichtweise für den Bereich therapeutischer Arbeit entwickeln, jedoch nur, wenn man bereit ist, das, was er tut, mit vorurteilsfreiem Blick zu betrachten. Gemessen an traditionellen Sicht- und Denkweisen ist das, was Erickson tut, oft nicht nachvollziehbar; aus der Perspektive seines eigenen Ansatzes hingegen erscheint häufig das, was in der traditionellen Therapie geschieht, als nicht nachvollziehbar.

Wenn Erickson einen Fall beschreibt, so beschreibt er das, was der Patient in jener Situation getan hat, und das, was er selbst getan hat. Auf diese Weise zwingt er uns, das Verhalten beider Beteiligten in der Interaktion zu untersuchen. Diese Art der Fallbeschreibung bewirkt, daß er in seiner Arbeit als – verglichen mit anderen Therapeuten – besonders manipulativ erscheint, ein Eindruck, der durch seine bereitwillige Versicherung, Therapie sei eine Kunst der Manipulation, noch unterstützt wird. Doch wenn man privat mit Therapeuten einer beliebigen Schule spricht und sie bittet, einmal zu beschreiben, was sie tatsächlich mit einem bestimmten Patienten angestellt haben, so erscheinen auch sie aufgrund einer solchen Beschreibung gewöhnlich als manipulativ. Wenn man sich die Mühe einer solchen Befragung macht, wird man feststellen, daß auch viele andere gute Therapeuten Verfahrensweisen benutzen, die denen Ericksons ähneln oder sogar gleich sind. Sicherlich würden nicht alle Psychiater ein verheiratetes Paar, dessen beide Partner Bettnässer sind, auffordern, gemeinsam das Bett zu nässen, so wie es in »Indirect Hypnotic Therapy of an Enuretic Couple« geschildert wird, doch greifen viele erfahrene Therapeuten aktiv in das Leben ihrer Patienten ein und geben ihnen spezifische Verhaltensanweisungen. Allerdings erwähnen die meisten Therapeuten in ihren Fallbeschreibungen häufig nichts über derartige Interventionen, sondern beschreiben statt dessen, was sie gemäß der Theorie einer bestimmten Schule hätten tun *sollen*, also keineswegs das, was sie tatsächlich getan *haben*.

Die Information darüber, was Erickson in der Therapie konkret tut, liegt in verschiedenartiger Form vor: in seinen Schriften, zu denen Fallberichte und theoretische Erörterungen zählen, in seinen Demonstrationen mit Patienten vor Gruppen und in Form seiner Vorträge und Gespräche über Therapie. Viele seiner Vorträge, Demonstrationen und Gespräche sind auf Tonband aufgezeichnet worden; Erickson ist wahrscheinlich der am häufigsten aufgenommene Therapeut in der gesamten Geschichte der Psychotherapie, und es gibt bereits Pläne für ein Archiv dieser Tonaufzeichnungen. Die beste Information über die Arbeitsweise Ericksons liefern seine Fallbeschreibungen. Doch sind viele seiner therapeutischen Verfahren noch nicht schriftlich dargestellt worden, und man kann nur in Gesprächen mit Erickson selbst etwas darüber erfahren. Bei solchen Gesprächen merkt man dann auch, daß es trotz der schriftlichen Fixierung der »Fakten« eines bestimmten Falls stets noch wesentlich mehr Aspekte gibt, die jedoch in einem bestimmten Kontext nicht erwähnt werden. Erickson hebt jeweils die Aspekte hervor, die für eine bestimmte Person, mit der er sich über einen Fall unterhält, am zweckmäßigsten sind. Leser seiner Fallberichte müssen sich stets vor Augen halten, daß Erickson versucht, mit einer Zuhörerschaft zu kommunizieren, die in wesentlich traditionelleren Sichtweisen ausgebildet worden ist, und daß er sich mit dem, was er sagt, auf jene Art von Zuhörern einstellt.

Ich werde versuchen, ein paar verallgemeinernde Aussagen über die praktischen und theoretischen Aspekte von Ericksons Vorgehensweisen herauszuarbeiten. Dabei beziehe ich mich auf Informationen, die seinen veröffentlichten Schriften und vielen Gesprächen entstammen, die ich mit ihm geführt habe.[*] Die hier dargebotene Sicht seiner Arbeit muß nicht unbedingt mit Ericksons eigenen Anschauungen übereinstimmen. Wie er selbst seine Arbeit sieht, läßt sich seinen Schriften entnehmen. Was hier gesagt wird, ist als Zusatz und als Kommentar zu seinen Schriften zu verstehen. Wenn der Leser sich ein eigenes Bild von jenen Schriften macht, wird er Ericksons Werk möglicherweise in einem anderen Licht sehen als der Autor des vorliegenden Buches. Einige prak-

---

[*] Gregory Bateson hat sich im Rahmen seines Projekts zur Erforschung der Kommunikation unter anderem mit Dr. Ericksons Arbeit beschäftigt. Viele der Gespräche mit Erickson wurden zusammen mit John Weakland im Rahmen gemeinsamer Untersuchungen der Hypnose und dieses therapeutischen Ansatzes durchgeführt.

tische Aspekte seiner Therapie lassen sich wohl am leichtesten herausarbeiten und werden deshalb im folgenden zuerst beschrieben.

Die meisten Therapeuten und therapeutischen Ansätze beschränken sich auf eine bestimmte Art von Patienten. Ericksons Fälle hingegen decken das gesamte Spektrum menschlicher Probleme ab. Er hat Menschen geholfen, indem er die Last der Geburt am Anfang des menschlichen Lebens zu lindern half, und er hat Menschen geholfen, auf eine würdevolle Weise aus dieser Welt zu scheiden, indem er unheilbar an Krebs Erkrankte behandelte (so in »Hypnosis in Painful Terminal Illness« beschrieben). Seine Fallstudien umfassen alle Lebensphasen: Kindheitsprobleme, die Schwierigkeiten der Heranwachsenden, Eheprobleme sowie die Komplikationen des mittleren Lebensalters und des Ruhestandes. Erickson hat nicht nur Neurotiker und Psychotiker behandelt, sondern er war auch bereit, sich mit den weniger eindeutig zu definierenden psychischen Problemen von Hirngeschädigten und Körperbehinderten zu befassen (so in »Hypnotically Oriented Psychotherapy in Organic Disease«).

Erickson beschränkt sich nicht auf die Behandlung von Einzelpatienten, sondern er arbeitet auch mit Ehepaaren und mit ganzen Familiengruppen. Er sieht Symptome in manchen Fällen als individuelle Probleme und in anderen als Ergebnis einer bestimmten Art von Ehe. Wenn er mit Ehepaaren arbeitet, behält er sich die Entscheidung vor, mit ihnen entweder zusammen oder in getrennten Einzelsitzungen zu arbeiten. Bei Problemen von Kindern schließt er im einen Fall die Eltern ausdrücklich von der Behandlung aus, wohingegen er in einem anderen ihre Teilnahme zwingend verlangt. In einem besonders extremen Fall soll bei einer seiner Familiensitzungen sogar nur der Patient anwesend gewesen sein, den er dann dazu brachte, in Trance alle anderen Familienmitglieder als im Raum anwesend zu halluzinieren.

Obgleich Erickson meist in seinem Büro arbeitet, ist er bereit, sich an einen Ort des Geschehens zu begeben, wenn eine Behandlung dies erfordert. Er scheint sich im Privathaus oder am Arbeitsplatz eines Patienten ebenso wohlzufühlen wie in einem Warteraum auf einem Flughafen oder in seinem Büro. Da er oft therapeutisch arbeitet, ohne das, was er tut, ausdrücklich als Therapie zu bezeichnen, arbeitet er manchmal an den Problemen eines Patienten, obgleich es sich angeblich nur um eine Hypnose-Demonstration vor einer großen Gruppe handelt und er sich mit den Anwesenden frei unterhält. Wenn er es für notwendig hält, begleitet er den Patienten in die problematische Situation. Beispielsweise hat er einmal mit einem jungen Mann gearbeitet, der jedesmal in Ohnmacht fiel, sobald er ein bestimmtes Restaurant betrat. Erickson besuchte mit diesem Mann zusammen das betreffende Restaurant und löste das Problem im Laufe dieses Besuchs. Er hat sogar einmal eine junge Patientin, ein kleines Mädchen, auf einem Fahrrad über die Straße gefahren.

Viele Therapeuten halten sich sehr strikt an die Regel, daß eine Therapiestunde eine festgesetzte Zeitspanne nicht überschreiten sollte; Zeit wird von ihnen häufig wie eine starre Entität behandelt. Für Erickson hingegen ist Zeit ein veränderbarer Faktor. Mit manchen Patienten arbeitet er tatsächlich fünfzig Minuten, wie es allgemein üblich ist, mit anderen nur ein paar Minuten, und bei wieder anderen Patienten kann sich eine Sitzung über mehrere Stunden hinziehen. Erickson ist auch sehr flexibel, was die Häufigkeit der Therapiesitzungen anbetrifft. Manche Patienten besuchen ihn täglich, andere wöchentlich und wieder andere ziemlich unregelmäßig. Durch seine Verzerrungstechniken beeinflußt er das Zeitgefühl der Patienten; durch seine Verwirrungsmethoden verursacht er Desorientiertheit hinsichtlich der Zeit; und er greift sogar zu dem Mittel, im Hinblick auf bestimmte Erfahrungen das Zeitgefühl durch Amnesie völlig auszuschalten.

Die Gesamtbehandlungsdauer variiert bei ihm zwischen sehr langen und erstaunlich kurzen Therapien. Mit einigen Patienten vereinbart er regelmäßige Sitzungen, mit anderen ein paar Stunden über viele Monate verteilt. Es ist auch nicht ungewöhnlich für ihn, nach einem Vortrag oder Seminar eine Therapiesitzung zu geben, und er behandelt auch gelegentlich Patienten am Telefon oder setzt eine Behandlung brieflich fort.

So wie Erickson mit dem Faktor Zeit spielt, nutzt er auch die Honorarfrage therapeutisch. Gewöhnlich nimmt er ein feststehendes Honorar für eine Therapiestunde, doch manchmal fordert er auch die Patienten auf, das Honorar von Mal zu Mal selbst festzulegen und sich Notizen darüber zu machen. In anderen Fällen berechnete er kein Honorar pro Therapiesitzung, sondern legte ein Honorar fest, das er erhält, sobald der Patient ein bestimmtes Ergebnis erreicht hat.

Der Behandlungsansatz

Ebenso wie die äußeren Bedingungen seiner Therapie – beispielsweise Ort, Zeit und Honorar – variiert Erickson auch Art und Maß seines Engagements.

Obgleich er viele Behandlungsprozeduren bei mehreren Patienten anwendet, wozu ihn der Alltag einer professionellen psychotherapeutischen Praxis zwingt, versucht er sich grundsätzlich auf jeden Patienten individuell einzustellen. Carl Whitaker hat einmal gesagt, eine Behandlungssitzung habe ihm persönlich dann am meisten Spaß gemacht, wenn er anschließend hätte sagen können: »Das habe ich noch nie so gemacht.« Erickson bringt eine ähnliche Freude zum Ausdruck, doch scheint diese weniger seinem Bedürfnis nach Spontaneität in der Therapie zu entspringen als seiner nie versiegenden Neugier bezüglich der Frage, was wohl geschehen mag, wenn er etwas anderes ausprobiert. Wenn der x-te Patient seinen Behandlungsraum betritt, der unter psychogenen Kopfschmerzen oder unter einer Phobie leidet, kann er eine der vielen Prozeduren anwenden, die in früheren ähnlichen Fällen zum Erfolg geführt haben. Doch scheint er gewöhnlich eine Variante vorzuziehen, die seinen eigenen Interessen zum betreffenden Zeitpunkt ebenso entspricht wie den Bedürfnissen des betreffenden Patienten. Diese Vielfalt erschwert es, seinen Therapieansatz in einer übergreifenden therapeutischen Theorie zu erfassen. Natürlich geht er in seiner Arbeit von gewissen Grundprinzipien aus; deshalb kann man Ericksons therapeutische Verfahren ebensoleicht erkennen wie ein Gemälde von Picasso. Doch wenn man versucht, aus der Vielzahl seiner Verfahren Gesetzmäßigkeiten herauszukristallisieren und sie auf systematische Weise zu beschreiben, so ist das Ergebnis stets eine unzulängliche Vereinfachung, die den Feinheiten seines Handelns in nicht vertretbarer Weise Gewalt antut. Es ist ungefähr so, als würde jemand Picassos Gemälde auf den Nenner bringen, daß sie aus kräftigen Farben und wuchtigen Linien bestünden. Dennoch werde ich hier wie bereits an anderer Stelle[*] versuchen, ein paar verallgemeinernde Aussagen über Ericksons Ansatz zu formulieren, um einige Faktoren aufzuzeigen, die seinen unterschiedlichen therapeutischen Vorgehensweisen gemeinsam sind. Obgleich ich diese Faktoren im folgenden jeweils separat beschreiben werde, bilden sie zusammen einen kohärenten Behandlungsansatz.

Die therapeutische Haltung

Um mit der Vielzahl menschlicher Probleme umgehen zu können, muß ein Therapeut gegenüber Patienten ein großes Spektrum von Verhaltensmöglich-

---

[*] *Strategies of Psychotherapy*, Grune & Stratton, 1963.

keiten zur Verfügung haben. Don D. Jackson hat es einmal in einem Gespräch als eines seiner wichtigsten Ziele in der Therapie bezeichnet, seine eigene Freiheit im Umgang mit Patienten zu maximieren; diese Thematik durchzieht auch Ericksons gesamte Arbeit. Manchmal saß er während der Arbeit mit einem Patienten nur einfach da und hörte zu, in einem anderen Fall gab er dem Betreffenden praktische Ratschläge, und bei einem dritten arbeitete er mit komplexen und subtilen Direktiven. Es war für ihn kein Problem, einem Patienten gegenüber streng und hart zu sein und ihn einer Art Feuerprobe zu unterziehen, doch ebensogut konnte er zu Patienten gütig und freundlich sein. Allerdings weigerte er sich, gegenüber Menschen, die unter starkem Kummer litten, die übliche Art von bestätigendem und mitfühlendem Bedauern zum Ausdruck zu bringen, weil er das weder als Ausdruck menschlichen Verständnisses noch als hilfreich ansah. Außerdem konnte er ebensogut mit Menschen arbeiten, die ihn mochten, wie mit solchen, die ihn nicht mochten.

Erickson war der Ansicht, daß Therapeuten ihre Arbeitsweise nicht aus Loyalität einer bestimmten Methode oder einem Lehrer gegenüber irgendwelchen Einschränkungen unterwerfen sollten. Er hat diese Ansicht einmal in einem Vortrag über hypnotische und therapeutische Technik wie folgt formuliert:

Einer der wichtigen Punkte, was das Thema Technik angeht, ist die Bereitschaft, diese Technik und jene Technik zu lernen, sich dabei jedoch darüber im klaren zu sein, daß man sich als eigenständige Persönlichkeit ganz und gar von jedem Lehrer unterscheidet, der einem eine bestimmte Technik vermittelt hat. Sie müssen aus den Techniken, die wir erlernen, die Elemente extrahieren, die es Ihnen ermöglichen, sich als Persönlichkeit auszudrücken. Und wenn es um Techniken geht, dann ist noch ein weiterer Punkt wichtig: Sie müssen sich der Tatsache bewußt sein, daß jeder Patient, der zu Ihnen kommt, eine andere Persönlichkeit hat, eine andere Einstellung, einen anderen Erfahrungshintergrund. Sie müssen sich ihm als einer Person mit einem bestimmten Bezugsrahmen für den betreffenden Tag und die aktuelle Situation nähern. Denken Sie stets daran, daß der Patient letztendlich der entscheidende Faktor in der Arzt-Patient-Beziehung ist, und seien Sie bereit, sich von der Anwendung einer bestimmten Lehre oder einer bestimmten Technik zu lösen. Bringen Sie Ihre eigene Persönlichkeit nur in dem Maße zum Ausdruck, das erforderlich ist, um dem Patienten zu begegnen und ihn zu einer Antwort zu bewegen. In Übereinstimmung damit müssen Sie dann die Technik, einen Ansatz, eine Verfahrensweise und eine Art von Verständnis anwenden, die es dem Patienten ermöglichen, sich auf das hin zu orientieren, was geschehen wird.

Autoritative Methoden behagen mir nicht; aufgrund meiner persönlichen Erfahrung bevorzuge ich permissive Methoden. Was Ihr Patient tut und was er lernt, muß er in seinem Inneren entdecken. Sie können einem Patienten nichts unter Zwang einverleiben. Bei autoritativen Methoden hat der Patient kaum die Möglichkeit, die Dinge, mit denen Sie beginnen, anzunehmen und sie dann auf eine Weise weiterzuentwickeln, die seinen Bedürfnissen gerecht wird. Es gibt jedoch Situationen, in denen der Patient zu Ihnen kommt, weil er möchte, daß Sie die Verantwortung übernehmen, und es gibt auch Situationen, in denen Sie eine solche Verantwortung übernehmen sollten. Sie sollten also mit autoritativen Techniken sehr vorsichtig sein, und Sie müssen bereit sein, sie anzuwenden. Doch sollte es in jedem Fall *Ihre* autoritative Technik sein, nicht diejenige von irgend jemand anders.

Sie müssen sich auch darüber klar sein, daß es eine individuelle Angelegenheit ist, ob eine autoritative Verhaltensweise von einem bestimmten Menschen verstanden wird. Es gibt Patienten, die nichts verstehen, sofern Sie nicht den sprichwörtlichen Baseballschläger nehmen und ihnen damit eins auf den Kopf geben, und wenn das bei jemandem der Fall ist, dann sollten Sie dies auch tatsächlich tun. Doch bin ich der Meinung, daß Sie zumindest die Freiheit haben zu entscheiden, ob Sie einen Schläger aus Weichholz oder einen aus Hartholz benutzen wollen. Es ist völlig Ihre Sache, was für eine Art von Schläger Sie benutzen wollen, und wenn Sie ihn benutzen, dann machen Sie es so, daß Ihr Patient Ihrer Definition folgt. Sie können zu einem Patienten sagen: »Nun hören Sie auf zu reden, und setzen Sie sich hin!« Das ist eine Art Hartholzschläger. Sie können aber auch sagen: »Ich weiß nicht, wann genau Sie sich hinsetzen wollen, aber nehmen wir einmal an, Sie würden versuchen, diesen Stuhl jetzt auf dem Boden zu halten.« So haben Sie das gleiche mit einem Weichholzschläger gesagt, und der Patient weiß, was Sie ihm sagen wollen. Und der

Patient ist Ihnen dankbar, weil er nun einmal zu der Art von Patienten gehört, die für so etwas dankbar sind, und weil Sie Ihre Autorität auf eine taktvolle und gleichzeitig etwas schnodderige Weise zum Ausdruck gebracht haben.

Denken Sie stets daran: Die Arbeitsweise, für die Sie sich entscheiden, muß *Ihre* Art zu arbeiten sein, denn im Grunde können Sie niemanden imitieren. In den entscheidenden Situationen in der Therapie müssen Sie sich auf adäquate Weise selbst ausdrücken; eine Imitation reicht dann nicht aus.

Veränderungserwartung

Man könnte meinen, daß ein Therapeut, dessen Arbeit ja darin besteht, Menschen zu verändern, von denselben erwartet, *daß* sie sich verändern, aber das ist nicht immer so. Viele Therapeuten hegen einen sehr tiefen Pessimismus hinsichtlich der Möglichkeit einer wirklichen Veränderung in der Lebensweise ihrer Patienten. Diese Sichtweise mag teilweise mit der traditionellen Vorstellung zusammenhängen, daß psychische Probleme von frühester Kindheit an determiniert sind und daß Veränderungen nur sehr langsam und nur unter großen Schwierigkeiten zu erzielen sind.

Erickson scheint sich seinen Patienten mit der Erwartung zu nähern, daß Veränderung nicht nur möglich, sondern unvermeidlich ist. Von ihm geht eine ungeheure Sicherheit aus – obgleich er auch unsicher sein kann, wenn er möchte – und eine Haltung der Zuversicht, als ob es ihn überraschen würde, wenn Veränderung *nicht* eintreten würde. Seine positive Sicht der Dinge wird nicht unbedingt durch die Zeitspanne beeinflußt, seit welcher der Patient ein Problem hat, oder durch die Menge an Therapie, die er bereits erhalten hat. Er stellt sich sogar ausgesprochen gern der Herausforderung, Patienten zu behandeln, bei denen alle bisherigen Therapieversuche versagt haben. Erickson geht an jede Situation als etwas völlig Neues heran, und er läßt sich auf die Annahme ein, daß manche Veränderungen im Leben ihre Zeit brauchen. Doch andererseits ist er davon überzeugt, daß lebenslange Gewohnheiten sich manchmal über Nacht verändern können. Gewöhnlich handelt er so, als sei eine Veränderung zum Besseren hin eine natürliche, nicht aufzuhaltende Entwicklung.

Hervorhebung des Positiven

Für Erickson ist normales Verhalten und Wachstum charakteristisch für alles Lebendige und Psychopathologie eine Störung. Die positiven Kräfte im Menschen versuchen stets, die Regie zu übernehmen, und Ericksons therapeutische Intention ist, dies möglich zu machen. Diese Sichtweise ergibt sich aus seiner Vorstellung vom Unbewußten, die im krassen Gegensatz zur Sicht Freuds steht, welche beinhaltet, daß das Unbewußte ein Morast gegeneinander arbeitender Triebe und widerwärtiger Bestrebungen ist. Für Erickson ist das Unbewußte eine positive Kraft, die zum Besten des Individuums wirkt, sofern er aufhört, sie daran zu hindern. Er zieht zur Erklärung seiner Anschauung gelegentlich den Vergleich mit dem Gehen heran. Wenn man versucht, ganz bewußt zu gehen, fängt man zunächst an zu stolpern; überläßt man das Gehen jedoch dem Unbewußten, so kann man sich mühelos fortbewegen. Diese Sichtweise Ericksons ist aus der Hervorhebung der positiven Wesensart des Unbewußten in der traditionellen Hypnose entstanden. Doch sollte man unterscheiden zwischen dem, was Erickson zu einem Patienten über dessen Unbewußtes sagt, und dem, was er über das Wesen des Unbewußten sagt, wenn er das Konzept selbst analysiert.

Aufgrund seiner positiven Sichtweise untersucht Erickson die unheilvollen Gedanken oder Begierden eines Patienten nicht auf eine Weise, die zu dem Ergebnis führt, daß es außerhalb des Bewußtseins des Patienten sogar noch viel üblere Gedanken und Begierden gibt. Genauso geht Erickson an die Ehe- und Familientherapie heran. Er hilft einem Ehepaar nicht dabei herauszufinden, wie feindselig die Gefühle beider gegeneinander sind, sondern er hilft den Partnern, die guten Aspekte ihrer Beziehung zu entdecken.

Was der Patient als einen Defekt oder als Anzeichen für einen üblen Charakter bezeichnet, definiert Erickson selbst gewöhnlich auf eine für die Patienten völlig neuartige Weise. So kann es sein, daß er die große Nase einer Frau als den Faktor bezeichnet, der die Individualität der Betreffenden hervorhebt, und die Zahnlücke einer jungen Frau gibt dieser die Möglichkeit, einen jungen Mann mit Wasser zu bespritzen. Eine besondere Fähigkeit Ericksons ist die Art, wie er einer positiven Sichtweise Geltung verschaffen kann, ohne daß dies wie eine bloße Kompensation oder wie ein billiger Bestätigungsversuch wirkt. Für Erickson ist die positive Sichtweise die realistische.

Akzeptieren, was der Patient anbietet

Der paradoxeste Aspekt von Ericksons Therapiemethode ist seine Bereitschaft zu akzeptieren, was der Patient ihm anbietet, und gleichzeitig eine Veränderung einzuleiten. Therapie ist für Erickson ein Prozeß, der darin besteht, die Situation des Patienten zu akzeptieren und gleichzeitig den Patienten in eine neue Richtung zu lenken. Es ist so, wie wenn man einen Fluß umleitet und dabei die Kraft des Flusses selbst benutzt, um ihm einen neuen Weg zu bahnen. Beispielsweise beschreibt Erickson in »An Hypnotic Technique for Resistant Patients«, wie er mit einem offen feindseligen Patienten umgeht.

Es gibt viele Arten von schwierigen Patienten, die zur Psychotherapie kommen, jedoch offen feindselig, widerständig und defensiv sind und die mit jeder Äußerung deutlich machen, daß sie nicht bereit sind, in der Therapie mitzuarbeiten, zu der sie jedoch merkwürdigerweise erschienen sind. ... Ein solcher Widerstand sollte offen, ja sogar dankbar akzeptiert werden, denn er enthält eine wichtige Mitteilung über einen Teil des Problems solcher Patienten, und man kann ihn oft benutzen, um zu ihren Abwehrmechanismen vorzudringen. Dies ist dem Patienten selbst nicht klar; wahrscheinlich ist ihm sehr unbehaglich, weil er sein eigenes Verhalten gewöhnlich als unkontrollierbar, unangenehm und unkooperativ interpretiert, statt als eine informative Äußerung über wichtige Bedürfnisse. Der Therapeut, der sich dessen bewußt ist, kann – insbesondere, wenn er in der Hypnotherapie erfahren ist – diese oft scheinbar unkooperativen Verhaltensformen leicht und oft schnell in guten Rapport umwandeln, in ein Gefühl, verstanden zu werden, und in eine Haltung, in welcher der Betreffende zuversichtlich das Erreichen der von ihm angestrebten Ziele erwartet. ... Vielleicht läßt sich dies durch das etwas extreme Beispiel eines Patienten veranschaulichen, der beim erstmaligen Betreten der Praxis alle Psychiater mit einem Ausdruck bezeichnete, der in der Vulgärsprache häufig benutzt wird. Ich antwortete daraufhin sofort: »Sie haben wahrscheinlich einen verdammt guten Grund dafür, *das und noch viel mehr* zu sagen.« Die Wörter in Kursivschrift wurden vom Patienten nicht als gezielte Suggestion, noch mitteilsamer zu werden, erkannt, doch sie waren äußerst wirksam.

Erickson akzeptiert auch das Verhalten eines Patienten, der nicht offen feindselig, sondern verängstigt ist. Er berichtet:*

Anne (21 Jahre alt) betrat den Behandlungsraum zögernd und verängstigt. Schon am Telefon hatte sie so gewirkt. Sie sagte mir am Telefon, sie sei absolut sicher, daß mir nicht gefallen würde, sie zu einem Termin zu empfangen. Beim Betreten des Behandlungszimmers sagte sie: »Ich habe es Ihnen doch gesagt. Ich werde jetzt wieder gehen. Mein Vater ist tot, meine Mutter ist tot, meine Schwester ist tot, und das ist alles, was für mich übriggeblieben ist.« Sie wurde gedrängt, dennoch Platz zu nehmen, und nach einigem Nachdenken wurde mir klar, daß dieses Mädchen sich Kommunikation nur als mit Unfreundlichkeit und Brutalität verbunden vorstellen konnte. Man mußte sich brutal geben, um sie von Ernsthaftigkeit zu überzeugen. Jede andere Vorgehensweise, jede Form von Freundlichkeit und Güte wäre mißverstanden worden. Sie war einfach nicht in der Lage, höflichen und freundlichen Äußerungen zu vertrauen...

Nachdem ihre Vorgeschichte kurz aufgenommen worden war, wurden ihr zwei wichtige Fragen gestellt: »Wie groß sind Sie, und wieviel wiegen Sie?« Mit einem Blick, der ein Höchstmaß an Bekümmertheit ausdrückte, antwortete sie: »Ich bin 1,45 Meter groß, und ich wiege zwischen 100 und 110 Kilo. Ich bin nichts als eine simple fette Drecksau. Niemand würde mich jemals anschauen, es sei denn angewidert.« Dies ermöglichte eine geeignete Eröffnung. Die Antwort lautete: »Sie haben nicht die ganze Wahrheit gesagt. Ich werde sie Ihnen jetzt ganz einfach und unumwunden sagen, damit Sie sich nichts vormachen und damit Ihnen klar wird, daß ich genau weiß, was mit Ihnen los ist. Denn dann werden Sie mir wirklich glauben, was ich Ihnen zu sagen habe. Sie sind *keine* simple fette widerliche Sau. Sie sind der fetteste, unappetitlichste, widerlichste Eimer Schweineschmalz, den ich jemals gesehen habe, und es ist entsetzlich, Sie anschauen zu müssen.« (Erst sechs Monate nach diesem »Akzeptieren« *gestattete* Erickson es diesem Mädchen, so attraktiv zu werden, daß sie heiraten konnte.)

---

* Hypnosis: Its Renascence as a Treatment Modality«, *Trends in Psychiatry*, 1967, Merck and Co., Inc., Vol. 3, Nr. 3, 1-43.

Doch nicht nur in seinen Eröffnungen akzeptiert Erickson die Bedürfnisse seiner Patienten, sondern die gesamte Behandlung eines Falls hat bei ihm diese
Orientierung. Das »Akzeptieren« findet gewöhnlich in der Form statt, daß ein
Rahmen akzeptiert wird, wobei jedoch die Art, wie er definiert wird, Veränderung ermöglicht. Man kann fast beliebig Beispiele aus seinen Fallbeschreibungen wählen, um dies zu veranschaulichen, doch wollen wir uns mit einem
besonders bizarren Fall beschäftigen, der in dem Aufsatz »Special Techniques of
Brief Hypnotherapy« beschrieben wird. Ein junger Mann, der zum Militär
wollte, hatte das Problem, daß er nur durch ein 20 bis 25 Zentimeter langes
Holz- oder Eisenrohr urinieren konnte. Erickson akzeptierte dies, brachte den
jungen Mann aber dann dazu, durch ein etwas längeres Bambusrohr zu urinieren. Nachdem der Patient somit akzeptiert hatte, daß Länge und Material des
Rohrs verändert werden könnten, wurde er allmählich dazu gebracht zu entdecken, daß auch seine Finger, wenn er sie um den Penis legte, eine geeignete
Röhre darstellten. Schließlich war er dann auch mit der Vorstellung einverstanden, daß sein Penis schon an sich eine geeignete Röhre sei.

Erickson legt besonderen Wert darauf, daß Symptome die Art sind, wie der
Patient mit dem Therapeuten kommuniziert, und daß man diese Art zu kommunizieren akzeptieren muß. Wenn eine Patientin verkündet, ihre Kopfschmerzen seien unverzichtbar, stimmt Erickson ihr in diesem Punkt zu, wirft
jedoch anschließend Fragen auf wie die, wie lange und wie häufig die Kopfschmerzen denn sein müßten, und ob einmal im Jahr vielleicht ausreichen würde. Manchmal erscheint Ericksons Akzeptieren als ein Bestandteil seines »Kon-
trakts« mit dem Patienten. Ich erinnere mich an einen Farmarbeiter, der zu ihm
kam und sich selbst als einen dummen Trottel bezeichnete. Erickson akzeptierte
diese Aussage, brachte den Patienten jedoch dann so weit, zu akzeptieren, daß
selbst ein dummer Trottel lernen könne, auf einer Schreibmaschine zu schreiben, seine Finger zu schulen, daß er lesen könne, um seine Kochkunst zu verbessern, und daß er sogar ein College besuchen könne, um herauszufinden, bei
wie vielen Kursen er durchfallen würde. Erst als der Patient erfolgreich ein
College besuchte, löste Erickson die Übereinkunft darüber auf, daß der Patient
ein dummer Trottel sei.

Dieser Prozeß des »Akzeptierens« scheint unmittelbar aus der Technik der
Hypnose hervorzugehen, bei welcher die Widerstände des Hypnotisierten nicht
bekämpft, sondern gefördert werden. Wenn eine Versuchsperson gebeten wird,

zu spüren, daß sich eine Hand leicht anfühlt, und der Betreffende sagt, sie würde schwer, sagt der Hypnotiseur, das sei in Ordnung, und sie könne auch *noch* schwerer werden. Diese Art der Reaktion akzeptiert die Beziehung und definiert das Widerstandsverhalten als eine kooperative Veränderung im Empfinden. Ericksons therapeutische Verfahren folgen dieser Tradition des Akzeptierens und der Förderung dessen, was der Patient selbst anbietet. Doch wenn man das Sich-schlecht-Fühlen eines Patienten fördert, so bedeutet dies nicht unbedingt, daß man sein Bedürfnis, sich schlecht zu fühlen, fördert, wie ein naives Verständnis der Konditionierungstheorie nahelegen könnte. Dem Akzeptieren kann vielmehr später eine Bewegung in Richtung einer Veränderung folgen, und eine solche Veränderung wird dann wahrscheinlicher eintreten, wenn zunächst das Bedürfnis nach Sich-schlecht-Fühlen akzeptiert worden ist.

Hervorheben des Spektrums der Möglichkeiten

Erickson akzeptiert nicht nur, daß er selbst ein ganzes Spektrum an therapeutischen Ansätzen zur Verfügung hat, sondern er gesteht auch dem Patienten ein Spektrum alternativer Verhaltensmöglichkeiten zu. Patienten sehen ihre Situation häufig wie eine Art Falle an, in der es nur eine Lösungsmöglichkeit gibt, die ihnen jedoch als ungünstig erscheint. Für Erickson ist das Leben unendlich vielfältig. Es gibt eine Vielzahl von beruflichen Entscheidungsmöglichkeiten, eine riesige Zahl von Möglichkeiten, mit nahestehenden Menschen umzugehen, und eine unendliche Zahl von Perspektiven, aus denen man eine bestimmte Situation betrachten kann. Seine Fähigkeit, jene Aspekte des Lebens, die der Patient als negativ ansieht, ins Positive umzudeuten, ist eine der Arten, wie er die Sicht des Patienten verändert. Bei besonders rigiden Patienten benutzt er auch oft Scherze sowie Wortspiele und Rätsel. Wenn ein Patient darauf beharrt, daß er absolut im Recht ist und genau weiß, wie die Dinge liegen, gibt Erickson ihm Aufgaben wie die, zwölf Bäume so in sechs Reihen anzuordnen, daß jede Reihe 4 Bäume enthält. Wenn der Patient dann mit absoluter Sicherheit behauptet, die Aufgabe sei unlösbar, zeigt Erickson ihm, wie leicht das Rätsel zu lösen ist.

Bereitschaft, Verantwortung zu übernehmen

Die Frage der Verantwortung ist in der Therapie sehr wichtig. Manche Therapeuten sind der Ansicht, der Patient solle die volle Verantwortung für wichtige

Entscheidungen in seinem Leben übernehmen, und der Therapeut solle ihn hinsichtlich dieser Entscheidungen absolut nicht beeinflussen. Doch weiß jeder, der eine gute Ausbildung in Hypnose erhalten hat, daß ein Therapeut aufgrund des allgegenwärtigen zwischenmenschlichen Einflusses wichtige Entscheidungen eines Patienten gar nicht *nicht* beeinflussen *kann*. Es geht also gar nicht darum, *ob* man die Verantwortung übernehmen sollte, wichtige Entscheidungen eines Patienten zu beeinflussen, sondern darum, wie man das bezeichnen sollte, worin die Verantwortung liegt.

Erickson geht von der Annahme aus, daß er das Leben des Patienten bei allem, was er tut, beeinflußt, selbst wenn er versucht, dies nicht zu tun, und die Frage ist sowohl, wie man dies auf sinnvolle und wirksame Weise tun kann, als auch, wie man das, was geschieht, bezeichnen sollte. Wenn ein Patient um Handlungsdirektiven bittet, werfen viele Therapeuten ihn auf seine Eigenverantwortung zurück. Auch Erickson ist bereit, mit einigen Patienten auf diese Weise zu arbeiten, doch ist er ebenso bereit, die volle Verantwortung für eine Entscheidung zu übernehmen, sofern er dies für notwendig hält. Es kann sein, daß er in das Leben eines Patienten eingreift, indem er ihn auffordert, sich eine andere Arbeit oder eine neue Wohnung zu suchen oder sich eine neue Art von Verhalten anzueignen. Er ist auch bereit, zu einem Patienten, der Schwierigkeiten mit seinen Eltern hat, zu sagen: »Überlassen Sie Ihre Eltern mir.« Andererseits jedoch hält Erickson es für sehr wichtig, daß der Patient die Verantwortung für sein eigenes Leben übernimmt.

Obgleich Erickson in bestimmten Situationen Verantwortung übernimmt und einen Patienten explizit anleitet, kann er auch zum anderen Extrem hinleiten, indem er die gesamte Verantwortung für eine Veränderung dem Patienten selbst auferlegt und ihn sogar entscheiden läßt, was in der Therapie getan werden soll und wie es getan werden soll (siehe z. B. »The Burden of Responsibility in Effective Psychotherapy«). Wie bei allen Themen dieser Art ist Erickson der Ansicht, daß die Antwort auf die Frage, wieviel Verantwortung der Therapeut auf sich nehmen sollte, vom konkreten Patienten abhängt, der vor ihm steht, nicht also von irgendeiner allgemeinen Regel.

Unterbindung von Symptomverhalten

Erickson sieht Symptomverhalten als eine Art Fehlfunktion. Ihm geht es weniger um die mutmaßlichen »Wurzeln« des Symptoms in der Vorstellung des

Patienten, sondern um die Funktion des Symptoms in der aktuellen Situation des Betreffenden. Das therapeutische Ziel besteht für ihn darin, das Symptomverhalten in ein Verhalten umzuwandeln, das funktionaler ist und der Entwicklung des Patienten förderlich. Er nähert sich dem Symptom direkt und debattiert nicht mit dem Patienten darüber, was »hinter« dem Symptom steckt. In manchen Fällen hilft er Patienten, zu einer anderen Art des Verhaltens überzuwechseln, in anderen verwehrt er dem Symptom die Ausdrucksmöglichkeit, so daß es nicht weiter existieren kann. Das erreicht er durch Benennen *(labeling)* des Verhaltens, indem er es unter Anleitung verändert oder indem er den Patienten durch Zuspitzen der Situation zwingt, das Symptom aufzugeben. Wenn ein Patient, der sich schämt und sich schuldig fühlt, weil er das Bett näßt, dazu gebracht werden kann, sich zeitweilig zu schämen, weil sein Bett trocken geblieben ist, so wie es in »Special Techniques of Brief Hypnotherapy« berichtet wird, ist er von seinem Symptom befreit. Und wenn ein junger Mann, der sein Bett näßt, mitten in der Nacht aufstehen, eine Meile gehen und dann wieder in das nasse Bett steigen muß, dann liegt der Punkt, an dem er das Bettnässen aufgeben muß, sicher nicht fern. Die Prüfungen, die Erickson Patienten auferlegt, sind gewöhnlich äußerst nützlich für sie. Beispielsweise kann es sein, daß er sie zwingt, sich ein dringend notwendiges Körpertraining zu verschaffen. Der Patient wird also gezwungen, seine Lebensweise zu verbessern, denn solange er sich in der Prüfungssituation befindet, ist das aufgezwungene Verhalten ohnehin gut, und wenn diese beendet wird, weil das Symptom verschwunden ist, so ist das ebenfalls gut für ihn.

Therapeuten, die nie direkt an der Beseitigung von Symptomen gearbeitet haben, haben dadurch in sich die Überzeugung gefestigt, daß der Patient, sobald er sein Symptom verloren hat, ein neues und viel schlimmeres entwickeln wird. Das ist jedoch nach Ericksons Erfahrung und nach der Erfahrung anderer, die mit ähnlichen Methoden wie er arbeiten, nicht der Fall. Wenn ein Mensch sein Symptomverhalten in einem bestimmten Bereich verändert, so werden dadurch gewöhnlich auch Probleme in anderen Bereichen günstig beeinflußt. Gelegentlich bietet Erickson auch eine Alternative zu einem Symptom an; doch häufiger scheint er es als eine Selbstverständlichkeit anzusehen, daß das generelle Verhalten sich in eine positivere Richtung entwickeln wird, wenn ein bestimmtes Fehlverhalten beseitigt wird.

Veränderung tritt in Beziehung zum Therapeuten ein

Erickson hat zweifellos großen Respekt vor der Macht von Vorstellungen, das Leben eines Menschen zu verändern. Doch ist er andererseits der Ansicht, daß eine Vorstellung Veränderungen am wirkungsvollsten in einer bestimmten Art von Beziehung verursacht. Eines seiner Ziele bei der Arbeit mit Patienten ist, eine intensive Beziehung zu begründen, in der das, was er sagt und tut, für den Patienten von großer Bedeutung ist. Er glaubt nicht, daß die Intensität der Beziehung ein Produkt reinen Zufalls ist so wie es in einer »spontanen« Übertragungsbeziehung der Fall ist, sondern daß sie das Ergebnis der Art ist, wie er sich bewußt dem Patienten zuwendet und wie der Patient sich ihm zuwendet. Innerhalb des Rahmens einer intensiven Beziehung initiiert er Veränderung, indem er den Patienten zur Kooperation mit ihm oder zur Rebellion gegen ihn veranlaßt. Manchmal schlägt er dem Patienten Verhaltensmöglichkeiten vor, und dieser kooperiert und stellt fest, daß er sich infolge dessen verändert. In anderen Situationen bringt Erickson den Patienten dazu, die notwendigen Veränderungen durch Rebellion gegen ihn als den Therapeuten einzuleiten. Beispielsweise hat er in seinem Aufsatz »Hypnotically Oriented Psychotherapy in Organic Disease« beschrieben, wie er eine Patientin motivierte.

Der Plan, der entwickelt wurde, war ziemlich kompliziert. Manchmal variierte er nicht nur von Tag zu Tag, sondern auch im Laufe eines Tages, so daß die Patientin, abgesehen von gewissen Punkten, nie wußte, was sie zu erwarten hatte, und selbst das, was sie oft tun mußte, ihr als sinnlos erschien. Sie blieb permanent in einem Zustand des Sich-Bemühens, Suchens, frustrierten Kämpfens und in einem emotionalen Zustand, in dem Wut, Verwirrung, Abscheu, Ungeduld und ein intensives, fast brennendes Verlangen, die Dinge selbst in die Hand zu nehmen und sie auf geordnete, sinnvolle Weise zu tun, unglaublich stark wurden. (Während dieser Aufsatz geschrieben wurde, interessierte sich die Patientin dafür, was darin stehen würde, und sie sagte mehrmals nachdrücklich: »Ich habe Sie schrecklich gehaßt; Sie haben mich unglaublich wütend gemacht, und je verrückter ich wurde, um so angestrengter habe ich mich bemüht.«)[*]

---

[*] Dr. Erickson ließ seine Patienten oft die Aufsätze, in denen ihr Fall beschrieben wurde, lesen, um sicherzustellen, daß der Bericht den Tatsachen entsprach.

Erickson berichtet immer wieder über Fälle, in denen ein Patient genas, um zu beweisen, daß er Unrecht hatte. So beschreibt er beispielsweise in »Special Techniques of Brief Hypnotherapy« den Fall einer Braut, die angesichts des unmittelbar bevorstehenden Vollzugs der Ehe in Panik geriet. Erickson gab ihr eine Verhaltensanweisung, die unter anderem beinhaltete, daß sie festlegen sollte, an welchen Tagen sexuelle Begegnungen ihrer Meinung nach akzeptabel waren, und Erickson erwähnte in diesem Zusammenhang, daß er persönlich dafür den Freitag besonders bevorzuge. Er schreibt:

Diese Aufführung aller Tage der Woche unter Hervorhebung der Präferenz des Autors, was den Freitag anbetraf, wurde systematisch wiederholt, bis die Patientin deutliche Anzeichen von Verdruß zeigte.

Am folgenden Freitag berichtete der Ehemann der Frau:

»Sie hat mir aufgetragen, Ihnen zu berichten, was gestern abend passiert ist. Es ging so schnell, daß ich nicht die geringste Chance hatte. Sie hat mich praktisch vergewaltigt. Und dann hat sie mich vor Mitternacht noch einmal geweckt, damit wir es noch einmal machen. Und heute morgen hat sie gelacht, als ich sie fragte, warum sie das alles getan hätte, und sie sagte mir, ich sollte Ihnen berichten, daß es *nicht* am Freitag gewesen sei. Daraufhin sagte ich ihr, daß heute Freitag sei, woraufhin sie nur lachte und sagte, Sie würden verstehen, daß es nicht am Freitag gewesen sei.«

Wie in vielen Fällen, die er auf diese Weise behandelte, gefällt es Erickson auch in diesem zu berichten:

Was darauf folgte, war eine weiterhin glückliche eheliche Beziehung, der Kauf eines Hauses und die Geburt dreier gewollter Kinder im Abstand von jeweils zwei Jahren.

In manchen Fällen konzentriert Erickson Widerstand gegen ihn derart auf einen Bereich, daß der Patient eine Direktive befolgt, um zu beweisen, daß Erickson Unrecht hat. Beispielsweise wollte er in einem Fall, den er in »The

Identification of a Secure Reality« beschreibt, eine hilflose Mutter dazu bringen, einige Stunden lang buchstäblich auf ihrem Sohn, der ihr ständig Probleme bereitete, zu sitzen. Er berichtet, daß sie verschiedene Einwände gegen diese Aufforderung vorgebracht habe; doch habe sie diese Einwände schließlich fallengelassen, weil er sie auf einen Haupteinwand fokussierte: daß sie zu schwer sei, um auf ihrem Jungen zu sitzen. Nachdem dies zum einzig verbleibenden Einwand geworden war, behauptete er, sie werde feststellen, daß sie kaum schwer genug sei, um den Jungen auch nur am Boden halten zu können, wodurch er ihrem Gewicht praktisch einen positiven Wert zuschrieb (er arbeitete außerdem auch an ihrem Übergewichtsproblem). Sie glaubte jedoch nicht, daß das so sei, und entwickelte den Wunsch, seine Ansicht zu widerlegen. Doch die einzige Möglichkeit, sie zu widerlegen, war, sich auf den Jungen zu setzen; als sie dies tat, stellte sie fest, daß sie ihr gesamtes Gewicht dazu benötigte.

Wenn die Frage des Gewinnens für einen Patienten eine ungeheure Bedeutung erlangt, ist Erickson auch bereit, sich von ihm besiegen zu lassen. Nachdem der Patient gewonnen hat, ist er gewöhnlich bereit, Erickson in anderen Bereichen, die zu Veränderung führen, zu folgen.

Es ist diese Fähigkeit Ericksons, Lösungen, Kompromisse und Möglichkeiten zu finden, scheinbar unlösbare Probleme zu lösen, die ihn in seiner Arbeit mit Patienten so clever erscheinen läßt. Therapeuten, die seinen Ansatz übernehmen wollen, haben oft das Gefühl, ihnen würden Lösungen wie diejenigen, die ihm offenbar völlig ohne jede Mühe zufliegen, niemals einfallen. Doch wenn man einmal anfängt, sich mit Ericksons Ansatz zu beschäftigen, erscheinen einem ähnliche Ideen bald als völlig naheliegende Möglichkeiten zur Lösung von Problemen. Die Lösungen stellen sich ein, sobald man anfängt, die Prämissen über therapeutische Arbeit zu begreifen, welche die Grundlage dieses Ansatzes sind.

Über den Gebrauch von Anekdoten

Obgleich Erickson offenbar nie etwas darüber geschrieben hat, benutzt er bei der Behandlung von Patienten gern Geschichten und Anekdoten. Er lehrt mit Hilfe von Vergleichen, die auf irgendeine Weise mit dem Problem des Patienten in Verbindung stehen, wobei die Art der Verbindung für den Patienten oft nicht leicht zu erkennen ist. Die Anekdoten können Ericksons persönliche Erlebnisse zum Inhalt haben, sie können Beschreibungen von Situationen sein, die er in der Vergangenheit mit Patienten erlebte, oder es kann sich um Geschichten und Witze handeln, die zum gemeinsamen kulturellen Fundus Ericksons und seiner Patienten gehören. Wie jeder gute Lehrer versucht auch er, Ideen durch Gleichnisse zu veranschaulichen, insbesondere Ideen, die sich auf direktere Weise nicht ausdrücken lassen. Manchmal benutzt Erickson auch Geschichten und Anekdoten, um eine Idee zu »ankern« *(to peg)*, so daß der Patient sie nicht vergißt oder sie als eine Möglichkeit akzeptiert, die für ihn vorher inakzeptabel war. Beispielsweise pflegt Erickson hin und wieder zu behaupten, ein Mensch könne sich allein aufgrund einer Idee innerhalb weniger Sekunden von einer lebenslangen Gewohnheit lösen. Anschließend berichtet er dann über die Erfahrung eines Pflegers in einem Krankenhaus, der es sich zur Gewohnheit gemacht hatte, jeden Mittag einen Milk-Shake zu trinken, und der dies seit zwanzig Jahren tat. Als er sich eines Tages wie gewöhnlich seinen Shake zubereitete, erklärte ihm eine der Krankenschwestern, seit einigen Tagen sei keine Kuhmilch zu bekommen gewesen, deshalb würde er seither seinen täglichen Milk-Shake mit Muttermilch machen. Der Pfleger stellte den Shake sofort weg und trank fortan nie mehr Milk-Shake zum Mittagessen, womit er eine langjährige Gewohnheit verändert hatte. Das einzige, was sich tatsächlich verändert hatte, war die Einführung einer neuen Vorstellung gewesen, da der Unterschied am Getränk selbst nicht festzustellen war.

Doch sollte hier betont werden, daß Ericksons Therapie keineswegs größtenteils aus Diskussionen oder Vorträgen im gewöhnlichen Sinne besteht. Er kombiniert Gespräch mit Aktivitäten, wobei die Aktivitäten sowohl im Behandlungszimmer als auch außerhalb desselben stattfinden können.

Die Bereitschaft, Patienten freizugeben

Obgleich Erickson Verantwortung übernimmt und Patienten Anleitungen zum Handeln gibt, scheint er sich keine Sorgen darüber zu machen, daß ein Patient von ihm abhängig werden könnte. Der Bezugsrahmen, den er in der therapeutischen Beziehung schafft, beinhaltet die Vorstellung, daß die Beziehung temporär ist und dazu dient, bestimmte Ziele zu erreichen. Da Erickson das »Bewußtsein« der Beziehung nicht benutzt, um den Patienten auf Distanz zu halten, können er selbst und der Patient sich darin intensiv engagieren. Doch ist ein Bestandteil des Paradoxes seiner Herangehensweise die Art, wie er es schafft, schon im Augenblick des Kontakts die Beendigung anzulegen und durch die zukünftige Auflösung der Beziehung gerade deren Intensität zu sichern. Aufgrund seiner generell positiven Einstellung seinen Patienten und seines Respekts ihnen gegenüber ist Erickson bereit, eine Veränderung einzuleiten und den Patienten dann freizugeben und die Veränderung sich weiterentwickeln zu lassen. Er läßt nicht zu, daß die Notwendigkeiten der Behandlungssituation das Leiden des Patienten perpetuieren, was in einer Langzeit-Therapie der Fall sein kann. Da er den Sinn einer Therapie nicht darin sieht, eine umfassende, vollständige Klärung oder Heilung herbeizuführen, durch die alle gegenwärtigen und zukünftigen Probleme des Patienten ein für alle Male behoben werden, ist er bereit, Patienten freizugeben. Sein Ansatz beinhaltet, Hindernisse zu beseitigen, deren Entfernung es dem Patienten ermöglicht, sich eigenständig weiterzuentwickeln. Der Prozeß der Beendigung der Therapie wird bei Erickson zu einem Bestandteil des natürlichen Behandlungsverlaufs, da er bereit ist, zu sporadischen Sitzungen überzugehen oder die Behandlung für eine Zeit ganz einzustellen. Durch Unterbrechung der Behandlung und durch spätere Follow-up-Sitzungen bleibt er einerseits im Leben des Patienten weiterhin eine wichtige Person, gibt ihm aber gleichzeitig die Freiheit, auf eigenen Füßen stehend den Veränderungsprozeß fortzusetzen.

Die Theorie dieses Ansatzes

Mittlerweile müßte dem Leser klar geworden sein, daß der hier kurz skizzierte therapeutische Ansatz nicht in das Schema der üblichen Theorien über Psychopathologie und therapeutische Veränderung hineinpaßt. Zwischen den konventionellen Anschauungen über Therapie und Ericksons Ansatz besteht eine unüberbrückbare Kluft.

Während Erickson seine Methoden entwickelte, sind in der Psychiatrie und Psychologie zwei wichtige theoretische Ansätze entstanden: die psychoanalytische Theorie und die Konditionierungstheorie. Obgleich sich beide in vielerlei Hinsicht voneinander unterscheiden, haben sie eine Reihe von Prämissen über Psychopathologie gemeinsam:

1. Die Beobachtungs- und Behandlungseinheit ist das Individuum.
2. Der primäre Gegenstand des Interesses ist die Vergangenheit des Indivi-

duums. Seine aktuelle Situation ist als Verhaltenseinfluß von sekundärer, wenn nicht gar zu vernachlässigender Bedeutung. Nach psychoanalytischer Anschauung ist das Indiviuum ein Ausdruck der infantilen Neurose und aus der Vergangenheit stammender Traumata, die seine Wahrnehmung und sein Verhalten hervorgerufen haben und auch weiterhin einen dynamischen Einfluß darauf haben. Gemäß der Konditionierungstheorie ist das aktuelle Verhalten eines Menschen ein Produkt früherer Konditionierungen, die mittlerweile zu Bestandteilen neurologischer Prozesse geworden sind.

3. Was ein Individuum sagt und tut, wird als Bericht über den Prozeß verstanden, der sich in seinem Inneren abspielt. Symptome sind Ausdrucksformen der unbewußten dynamischen Konflikte eines Menschen oder seiner konditionierten Art, wahrzunehmen und sich zu verhalten.

4. Das theoretische Problem besteht darin, Metaphern über die Prozesse im Inneren des Individuums zu ersinnen, die die Art seines Verhaltens am besten zu erklären vermögen.

Aus dieser Definition des Geschehens im Sinne der orthodoxen Psychotherapie ergeben sich Therapieziele und -methoden. Das Therapieziel muß darin bestehen, die Prozesse in der Person zu verändern. In der Psychoanalyse versucht der Therapeut, die unbewußte Dynamik des Patienten zu verändern, und in der Konditionierungstherapie versucht er, alte Konditionierungen zu hemmen und neue Wahrnehmungen zu entwickeln. Der Konditionierungstherapeut (Verhaltenstherapeut) versucht, alte konditionierte Reaktionen durch Medikamente oder durch reziproke Hemmung zu unterdrücken, oder er versucht, durch verbale Konditionierungsverfahren neue Reaktionen zu konditionieren und alte zu unterdrücken. In der Psychoanalyse versucht man, dem Patienten einen Einblick in sein Unbewußtes zu ermöglichen und Verdrängungen aufzuheben, indem man ihm seine Übertragungsverzerrungen erläutert.

Weil das therapeutische Problem auf diese Weise definiert worden war, entwickelte sich in der Psychiatrie eine ziemlich überzogene Vorstellung von den Möglichkeiten einer Therapie. In jeder Therapie, die auf der psychoanalytischen Theorie oder auf der Konditionierungstheorie gründet, ist implizit die Vorstellung präsent, daß eine erfolgreiche Behandlung die Probleme des Patienten völlig beseitigen wird und daß er dann in seinem weiteren Leben keinerlei

Schwierigkeiten mehr haben wird. Wenn der Einfluß der Vergangenheit aufgelöst worden ist, ist das Individuum angeblich von seinen neurotischen oder psychotischen Tendenzen befreit und fortan in der Lage, sich erfolgreich mit allen Problemen des Lebens auseinanderzusetzen. Jede Behandlung, die weniger als dies bewirkt, wird als bloße Übertragungsheilung, soziale Verbesserung, Symptomunterdrückung oder unterstützende Therapie bezeichnet. Einzigartig für die Psychoanalyse ist die Vorstellung, daß eine Behandlung, je länger sie ist, um so erfolgreicher ist, weshalb Kurzbehandlungen natürlich als inadäquat angesehen werden müssen.

Das größte Verdienst dieser Theorien ist, daß sie in ihren Prämissen kohärent sind und daß sie in einem Maße ausgearbeitet worden sind, so daß sie sich als Theoriesystem lehren lassen. Ihre größte Schwäche ist ihre implizite Grundannahme, daß das Individuum allein und autonom lebt und nicht auf andere Menschen in der aktuellen Situation reagiert. Folglich wird der Einfluß des sozialen Netzes, in dem ein Patient lebt, weder gewürdigt noch auch nur wahrgenommen, und dies gilt auch für die Konsequenzen, die eine Veränderung beim Patienten selbst für dessen Angehörige und für andere ihm nahestehende Menschen hat. Da die »Behandlungseinheit« jener Ansätze das Individuum ist, gestattet der theoretische Rahmen keine Beschreibung eines Austauschs zwischen dem Therapeuten und dem Patienten. Ein letzter Nachteil, den insbesondere die Psychoanalyse hat, ist die Tatsache, daß nie nachgewiesen wurde, daß »tiefe« Langzeit-Therapie jemals irgendwelche therapeutische Veränderungen bewirkt hat.

Was auch immer die Verdienste dieser traditionellen Theorien und der aus ihnen resultierenden Behandlungsmethoden sein mögen, in jedem Fall sind sie weitgehend irrelevant, wenn man die Therapie Milton H. Ericksons zu beschreiben versucht. Untersucht man, wie er mit seinen Patienten arbeitet, so wird klar, daß seine Beobachtungseinheit nicht das isolierte Individuum ist und daß er auch nicht sonderlich stark an der Vergangenheit des Patienten interessiert ist. Es geht ihm vielmehr um die aktuelle Situation, und er versteht Symptome als Versuche des Patienten, sich an jene Situation anzupassen. Erickson sieht Symptomverhalten nicht lediglich als einen Bericht über den inneren Zustand des Patienten an, sondern auch als eine Art, wie der/die Betreffende mit anderen Menschen – und nicht zuletzt auch mit sich selbst – umgeht. Er tritt seinen Patienten nicht mit der Vorstellung gegenüber, daß er sie »vollstän-

dig reinigen« kann, so daß sie mit allen zukünftigen Problemen fertig zu werden
vermögen. Vielmehr sieht er Therapie als eine Möglichkeit, in das Leben eines
Patienten, der sich in Schwierigkeiten befindet, so einzugreifen, daß der Patient
sich von seinem aktuellen Dilemma zu befreien und dadurch auf erfolgreichere
Weise seinen Weg in der realen Welt zu gehen vermag. In seiner Behandlungs-
praxis greift Erickson nicht zu Dekonditonierungsprozeduren reziproker Hemmung und ebensowenig zu verbalen Konditionierungsprozeduren, er ermutigt
nicht zum Verständnis unbewußter Prozesse und interpretiert auch keine Über-
tragungsvorgänge. Was Erickson in der Therapie tut, basiert auf einer anderen
Art von Prämissen darüber, was Psychopathologie ist und was man damit
anfangen sollte. Diese Prämissen sind noch nicht zu einer kohärenten Theorie
zusammengefaßt worden, und dies wird auch nicht geschehen, solange niemand ein theoretisches Modell entwickelt, das beschreibt, was zwischen Menschen vor sich geht. Erickson hat einen wichtigen ersten Schritt auf dem Weg
zur Entwicklung einer interpersonellen Theorie getan, indem er operationale
Prozeduren entwickelte, mit deren Hilfe sich Veränderungen in der Art, wie
Menschen miteinander umgehen, herbeiführen lassen.

Ericksons Leistung läßt sich anhand einer Idee aus dem Bereich der Kommunikationstheorie verdeutlichen. Gregory Bateson hat einmal formuliert, daß
jeder Ausdruck oder jede Botschaft eines Individuums sowohl als ein Bericht als
auch als Direktive verstanden werden kann. Ein Mensch, der sagt: »Ich fühle
mich unglücklich«, berichtet über seinen Zustand. Er beeinflußt oder lenkt
durch seine Aussage die Person, mit der er spricht – möglicherweise indem er
lediglich signalisiert: »Behandle mich so, wie man einen Menschen behandelt,
der sich unglücklich fühlt.« Weil die traditionelle Psychiatrie und Psychologie
nur eine Person ins Zentrum der Beobachtung stellte, registriert sie nur den
Bericht-Aspekt der Botschaft. Wenn ein Mensch sagte: »Ich habe Angst«, wurde seine Aussage lediglich als Bericht über seinen Zustand begriffen. Das theoretische Problem bestand darin, eine Erklärung für seinen Zustand zu finden.
Ein weiteres Beispiel: Wenn ein Mensch beim Sprechen den Mund hinter einer
Hand verbirgt, so könnte man dies als Ausdruck des unbewußten Wunsches,
nicht zu sprechen, interpretieren. Worte oder Handlungen eines Menschen
wurden also als Berichte verstanden, als Hinweise, die Aufschluß über die
Wahrnehmungsprozesse und die affektiven Prozesse im Inneren des Betreffenden gaben.

Erickson hat dem die Hervorhebung des »Befehls«-Aspekts einer Botschaft hinzugefügt. Er geht davon aus, daß die Äußerung eines Menschen sich an einen anderen Menschen richtet und daß beide in die Beschreibung einbezogen werden sollten. Wenn ein Hypnose-Empfänger berichtet, daß seine Hand sich leicht anfühlt, so berichtet er nicht nur über eine Empfindung; nach Ericksons Ansicht macht er vielmehr außerdem auch eine Aussage über Kooperation oder Widerstand in Beziehung zum Hypnotiseur. Ein Patient, der sich erregt verhält und sagt, er sei zu nervös, um sich hinzusetzen, berichtet nicht nur über seinen derzeitigen Zustand, sondern er versucht gleichzeitig, den Therapeuten so zu beeinflussen, daß dieser ihn auf eine bestimmte Weise behandelt. Aufgrund seiner Sicht menschlichen Verhaltens läßt sich Ericksons Behandlungsmethode im Rahmen der psychoanalytischen oder der Konditionierungstheorie nicht adäquat beschreiben, weil die Perspektive dieser Theoriesysteme sich auf das Individuum beschränkt.

Bestimmte Vorstellungen aus der Konditionierungstheorie eignen sich dazu, Ericksons therapeutischen Ansatz zu beschreiben, allerdings nur, wenn man deren ursprünglichen Blickwinkel erweitert. Nach Ericksons Ansicht treten Stimuli nie einzeln auf, und es gibt weder einen einzelnen Reiz noch eine einzelne Reaktion und auch keine singuläre Verstärkung. Vielmehr vertritt er, daß dieselben immer nur in der Mehrzahl auftreten, gleichzeitig, und oft überdies im Konflikt miteinander. Erickson würde sagen, daß ein Mensch auf eine Weise »nein« sagen, so daß es »›ja‹, ›nein‹, ›vielleicht‹ oder Ich frage mich, ob Sie das wirklich so gemeint haben«‹ bedeuten kann. Jede Botschaft wird immer auf vielfältige Weise spezifiziert. Außerdem sieht Erickson Konditionierung eher auf eine Situation als auf eine Person bezogen. Wenn er eine Frau dazu bringen kann, auf andere Weise auf ihren Ehemann zu reagieren, so wird der Ehemann auf sie ebenfalls anders reagieren, und damit ist ein neues System des Austauschs entstanden, das weiterhin bestehen bleiben wird. Dies ist Konditionierung durch Installieren neuer Verstärkungen, doch um das, was Erickson in diesem Rahmen tut, wirklich zu erfassen, muß man den Sinn dieser Begriffe so erweitern, daß sie verschiedene Ebenen und ein soziales Netz umfassen.

Man wird beim Lesen von Ericksons Schriften feststellen, daß Wörter, die im Rahmen der Individualtheorien eine bestimmte traditionelle Bedeutung haben, von Erickson oft in einem völlig anderen Sinne verwendet werden. Beispielsweise hat das Wort »Symptom« im Sinne der traditionellen Theorien die Bedeutung »Ausdruck eines unbewußten Konflikts«, bezeichnet also eine Verhaltensmanifestation eines innerpsychischen Phänomens. Erickson hingegen benutzt den Begriff »Symptom« in seinen späteren Schriften zur Bezeichnung einer Art von Verhalten, das eine soziale Anpassung beinhaltet und eine Schwierigkeit des Patienten zum Ausdruck bringt. Es wird also angenommen, daß das Symptom eine soziale Funktion hat, und das Therapieziel besteht darin, das Symptomverhalten zu verändern, also nicht das, was mutmaßlich »dahintersteckt«. Wenn ein Symptom »Wurzeln« hat, so sind diese im sozialen Netz zu suchen.

Ein anderer Begriff, dem Erickson eine neue Bedeutung gegeben hat, ist »Hypnose«. Nach traditioneller Anschauung war Hypnose ein Zustand eines Individuums. Der Schwerpunkt lag dabei auf der Suggestibilität der Versuchsperson, auf der Tiefe ihrer Trance usw. Erickson ist nun hingegangen und hat sowohl die hypnotisierte Person als auch den Hypnotiseur in die Beschreibung einbezogen. Wenn er von »Hypnose« spricht, meint er damit nicht nur Prozesse, die sich im Inneren des Hypnotisierten abspielen, sondern er meint den gesamten Austausch zwischen zwei Menschen. Folglich legt er in seiner Arbeit besonderen Wert darauf, die Kooperation der Versuchsperson bzw. des Patienten zu gewinnen, sich mit Widerstand auseinanderzusetzen, die Bestätigung dafür zu erhalten, daß etwas geschieht usw. Diese umfassendere Definition des Begriffs Hypnose macht es manchmal schwierig festzustellen, ob Erickson einen Patienten hypnotisiert hat oder nicht. Er arbeitete mit einer Art von interpersonellem Austausch, den er selbst als hypnotisch ansieht, obgleich keine formelle hypnotische Induktion im traditionellen Sinne stattgefunden hat. Die Tatsache, daß er Hypnose als einen Prozeß definiert, an dem zwei Personen beteiligt sind, macht eine Neuformulierung jenes uralten Phänomens erforderlich.

Ein noch extremeres Beispiel für Ericksons Neudefinitionen bekannter Begriffe ist die Art, wie er »Unbewußtes« verwendet. Das Unbewußte ist *per definitionem* immer ein Begriff gewesen, der sich auf eine Person bezog – ein Etwas im Inneren einer Person. Erickson jedoch versteht das »Unbewußte« anders, und diese andere Sichtweise beeinflußt sein therapeutisches Vorgehen.

Die Vorstellung des Unbewußten ist weitgehend aufgrund von Untersuchungen über Hypnose entstanden, die im letzten Viertel des 19. Jahrhunderts durchgeführt wurden. Wenn ein Proband in Trance den Suggestionen folgte und nicht erklären konnte, warum er tat, was er tat, wurde es notwendig, eine motivierende Kraft im Inneren dieser Person zu postulieren, die außerhalb seines Bewußtseins lag. Freud entwickelte diese Idee weiter, indem er die Hypothese aufstellte, daß das Unbewußte ein Teil des Geistes sei, der dynamische, instinktgebundene Kräfte beinhalte, welche das Denken und Verhalten des Menschen bestimmen. Freud interessierte sich auch für die gemeinsame Sprache oder die Logik des Unbewußten bei verschiedenen Menschen. Auch Jung postulierte mit seiner Idee des kollektiven Unbewußten eine Ähnlichkeit im Unbewußten verschiedener Menschen.

Ich bin der Ansicht, daß Erickson mit seinen Prämissen die traditionelle Sichtweise des Unbewußten verändert hat. Zunächst untersuchte er die unbewußte Ideenbildung und die Unterschiede zwischen bewußten und unbewußten Denkprozessen. Ein Beispiel für diese Sichtweise ist in Ericksons Aufsatz »The Use of Automatic Drawing in the Interpretation and Relief of a State of Acute Obsessional Depression« nachzulesen. Später dachte er darüber nach, ob das Unbewußte eines Menschen eventuell die Produktionen des Unbewußten eines anderen Menschen lesen und interpretieren könne. Zusammen mit Lawrence Kubie schrieb er den Aufsatz »The Translation of Cryptic Automatic Writing of One Hypnotic Subject by Another in a Trance Like Dissociated State«. Darin wird die Tatsache, daß eine Person das automatisch Geschriebene einer anderen akkurat entziffern konnte, wie folgt kommentiert:

> Die Beobachtung untermauert aus einer neuen Perspektive eine Tatsache, die jene, die sich mit unbewußten Prozessen beschäftigen, oft hervorgehoben haben, die aber trotzdem mysteriös geblieben ist – nämlich daß unterhalb der Vielfalt der bewußt organisierten Persönlichkeitsaspekte das Unbewußte in einer Sprache spricht, für die eine erstaunliche Einheitlichkeit kennzeichnend ist, und daß jene Sprache außerdem Gesetzmäßigkeiten unterliegt, die so konstant sind, daß das Unbewußte eines Menschen besser in der Lage ist, das Unbewußte eines anderen Menschen zu verstehen, als der bewußte Aspekt der Persönlichkeit beider.

Der nächste Schritt war für Erickson meiner Meinung nach die Annahme, daß die Sprache des Unbewußten nicht nur expressiven Charakter hatte – daß sie nicht nur ein Bericht darüber war, was sich im Inneren des Betreffenden abspielte –, sondern daß sie außerdem auch eine Art war, mit einer anderen Person zu kommunizieren. Das heißt, daß wir sowohl mit Hilfe einer bewußten Sprache als auch mit Hilfe einer unbewußten Sprache miteinander kommunizieren und daß wir letztere ebenfalls verstehen und auf sie antworten können. Diese unbewußte Sprache benutzt einen anderen Code; es findet eine Kondensierung statt, das Zeitgefühl fehlt, usw. Die Kommunikation findet in Form von Körperbewegungen, der Sprachmelodie und den Metaphern und Analogien statt, die in unserer verbalen Kommunikation enthalten sind.

Wenn man annimmt, daß Erickson von der Prämisse ausgeht, daß es mindestens zwei Kommunikationsebenen gibt – wobei die eine plump bewußte Kommunikation und eine andere ebenso undifferenziert unbewußte Kommunikation genannt wird –, dann werden viele seiner Vorgehensweisen verständlicher. Die Fähigkeit, unbewußte Kommunikation zu verstehen, hält er für eine unverzichtbare Fähigkeit eines Therapeuten. Seine eigene Fähigkeit, bewußt kinesische Kommunikation zu empfangen, ist legendär. Er weist immer wieder darauf hin, wie wichtig es ist, daß ein Therapeut merkt, wenn ein Patient nickt oder den Kopf schüttelt und dies im Widerspruch zu dem steht, was er gerade sagt, oder daß eine Frau ihre Handtasche mit einem Schal verhüllt, während sie verbal den Anschein erweckt, völlig offen zu sein – und all die vielen anderen nonverbalen Kommunikationen dieser Art. Erickson sagt, ob verheiratete Patientinnen eine Affäre hätten, könne man generell daran erkennen, wie sie sich beim ersten Gespräch hinsetzen würden, und zwar sei dies völlig unabhängig von der gesellschaftlichen Schicht immer gleich. Doch bietet Erickson nie Interpretationen an, die versuchen, die Sprache des Unbewußten in die des Bewußtseins zu übersetzen; er behandelt sie vielmehr als zwei vollkommen unterschiedliche Arten der Kommunikation, die beide gleichermaßen akzeptabel sind. Tatsächlich handelt es sich bei dem, was er unter »Akzeptieren« des Patienten versteht, um ein Akzeptieren dieser multikommunikativen Art des In-Beziehung-Tretens. Niemals würde er beispielsweise einem Patienten mitteilen, daß dieser, indem er eine Hand auf den Mund legt, auf unbewußte Weise ausdrücke, daß er über irgend etwas nicht sprechen wolle. Vielmehr akzeptiert Erickson jene Bewegung als die für den betreffenden Patienten adäquate Art, ihm etwas mitzuteilen. Würde er die Aufmerksamkeit des Patienten auf diese Bewegung lenken, so würde er dadurch die Kommunikation unterbrechen, was mit Sicherheit kein positives Ergebnis nach sich ziehen würde. Der Patient könnte sogar versuchen, sich bestimmter Arten zu kommunizieren bewußt zu bedienen, die ihren Zweck am besten erfüllen, wenn sie der Kontrolle des Bewußtseins entzogen bleiben.

Für Erickson ist es akzeptabel, mit einem Patienten über ein Thema zu sprechen und gleichzeitig über völlig andere Dinge mit ihm zu kommunizieren. Beispielsweise hält er gelegentlich einen akademischen Vortrag und hypnotisiert gleichzeitig eine bestimmte Person im Publikum, oder er spricht mit einem Patienten über scheinbar belanglose Dinge und führt mit ihm gleichzeitig mit Hilfe von Körperbewegungen und Intonationsänderungen ein Gespräch über die wirklich wichtigen Themen. Viele Körperbewegungen, die ein Therapeut unabsichtlich benutzt, setzt Erickson bewußt ein, beispielsweise Haltungsveränderungen, Fokussieren des Körpers in Beziehung zum Patienten und Wechsel der Stimmlage, um reaktive (responsive) Körperbewegungen hervorzurufen. Er benutzt die verbale Kommunikation als eine unter vielen Möglichkeiten zu kommunizieren, und mit Hilfe von Hypnotisierten, die kein Englisch sprachen, hat er gezeigt, daß man Trance auch ausschließlich durch nonverbale Verhaltensweisen induzieren kann.

Ericksons Äußerungen über »unbewußtes Gewahrsein« werden aus dieser Perspektive verständlich. Um mit Hilfe eines »unbewußten Kommunikationsmittels« mit einem anderen Menschen einen Austausch zu entwickeln, müssen wir uns auf einer bestimmten Ebene dessen bewußt sein, was wir da tun, denn sonst könnten wir uns nicht korrigieren und auch nicht die Kommunikation der anderen Person empfangen und darauf antworten. Doch kann dieser Prozeß ohne jedes bewußte Gewahrsein dessen, was wir getan haben, vonstatten gehen. Deshalb muß es mindestens zwei Ebenen des »Gewahrseins« geben, wenn wir mindestens auf zwei Ebenen Kommunikation austauschen. Besonders charakteristisch für Erickson ist seine Bereitschaft, die separate Existenz dieser Ebenen zuzulassen, ohne die Aufmerksamkeit des Patienten auf sie zu lenken. Erickson ist bereit, in beiden Codes zu kommunizieren und beide in dem Austausch separat ihre Funktion erfüllen zu lassen.

Die Ursache für therapeutische Veränderung

In Ericksons Arbeit mit Patienten ist implizit die Vorstellung enthalten, daß ein psychisches Problem letztlich interpersonellen Charakter hat. Die Arten, wie der Patient mit anderen Menschen umgeht und wie andere Menschen mit ihm umgehen, verursacht sein Leiden und seine spezifischen Verhaltenseinschränkungen. Geht man von dieser Sichtweise aus, so verwandelt sich das Problem, wie man die betreffende Person verändern kann, zu der Frage, wie man ihre Beziehungen zu anderen Menschen, einschließlich des Therapeuten, verändern kann. Frühere Theorien über den »Grund« für therapeutische Veränderung greifen nicht, wenn man das Problem in diesem Sinne versteht. Irgendwann in seiner beruflichen Laufbahn hat Erickson sich strikt von der Überzeugung abgewendet, daß ein Mensch sich dann verändert, wenn er herausfindet, warum er so ist, wie er ist, oder wenn ihm klar wird, was »hinter« seinem Problem steckt. Man kann seinen therapeutischen Ansatz nicht verstehen, wenn man Therapie als einen Prozeß ansieht, der im Unbewußten existierende Vorstellungen zu Bewußtsein bringt oder der dem Patienten zu verstehen hilft, wie er mit anderen Menschen umgeht. Erickson hilft dem Patienten nicht zu verstehen, in welcher Beziehung seine Vergangenheit zu seiner Gegenwart steht, und er hilft ihm auch nicht zu verstehen, warum er so ist, wie er ist, oder warum er auf eine bestimmte Weise zu anderen Menschen in Beziehung tritt. In seinen Fallberichten findet man nicht jene Aussagen, die für viele Therapeuten typisch sind, in der Art wie: »Wir wollen einmal versuchen herauszufinden, was hinter dieser Sache steckt«, oder: »Ist Ihnen aufgefallen, daß Sie über sie genauso sprechen wie über Ihre Mutter?«, oder: »Sie scheinen auf mich zu reagieren, als ob ich jemand anders wäre«, oder: »Wie empfinden Sie das?«, oder: »Sie scheinen wütend zu sein.« Es entspricht nicht seinem Ansatz, Patienten aufzufordern, zurückzutreten und zu untersuchen, was sie selbst sagen und tun (es sei denn, ein Patient wünscht sich genau das ausdrücklich, und in diesem Fall kann es sein, daß Erickson ihm diese Möglichkeit sehr intensiv mittels hypnotischer Techniken verschafft). Wenn ein Patient sich ihm gegenüber so verhält, als wäre er eine mit magischen Fähigkeiten ausgerüstete, machtvolle Person, so weist Erickson den Patienten nicht darauf hin. Vielmehr kann es sein, daß er in einem solchen Fall das Verhalten des Patienten dazu benutzt, um eine Veränderung zu induzieren, oder er verändert das Verhalten des Patienten so, daß dieser anders reagiert. Doch scheint er in jedem Fall der Ansicht zu sein, daß es nicht förderlich ist, dem Patienten sein Verhalten zu Bewußtsein zu bringen. Eine Folge dieses Ansatzes ist, daß seine ehemaligen Patienten sich nicht in der Sprache der Psychologie ausdrücken und auch nicht in dieser Ideologie denken. Ebensowenig wenden sie psychologische Interpretationen auf andere Menschen an. Sie erreichen den Zustand der Normalität, ohne sich mehr um ein Verständnis des Vorgefallenen zu bemühen als der normale, nicht-behandelte Durchschnittsmensch.

Ein Argument, das häufig angeführt wird, um darauf hinzuweisen, wie wichtig es ist, ein Verständnis des Geschehens zu entwickeln, ist, daß ohne ein solches Verständnis therapeutische Veränderungen nach der Behandlung keinen langen Bestand haben. Es gibt nichts, was für diese Überzeugung spricht, und andererseits spricht vieles dafür, daß Veränderung *ohne* Reflexion über das Geschehen Bestand *hat*. Erickson scheint der Meinung zu sein, daß auch die soziale Situation eines Menschen sich verändert, wenn er sich als Individuum verändert, und daß die Beständigkeit der Veränderung zu der neu entstandenen Situation in Beziehung steht.

Viele Therapeuten unserer Zeit sind der Ansicht, Therapie sei eine »Erfahrung«, die schon an sich zur Veränderung führe. Manche unter ihnen sprechen von einer Erfahrung der Nähe mit einem anderen Menschen, von der Erfahrung, den eigenen Platz in einer existentiellen Welt zu entdecken, von einem Gewahrwerden neuer Tiefen der Wahrnehmung durch ein LSD-Erlebnis, usw. Erickson hingegen scheint nicht der Ansicht zu sein, daß eine Erfahrung schon an und für sich eine Veränderung herbeiführt. Obgleich auch seine Patienten sicherlich mit ihm Erfahrungen machen, und oft sehr intensive, hat dies nur dann produktive Konsequenzen, wenn es eine Veränderung im Alltag des Patienten provoziert und dieselbe unmittelbar herbeiführt.

Ein theoretisches Modell, das Ericksons Therapie gerecht zu werden scheint, ist das Lehrer-Schüler-Modell, wobei anzumerken ist, daß dies dem Versuch gleichkommt, das eine Unbekannte durch ein anderes Unbekanntes zu erklären, da wir auch über den Prozeß des Lehrens, der grundlegende Veränderungen im Schüler induziert, nicht viel wissen. Wenn man sich Lehren als Prozeß der Informationsübermittlung vorstellt, so ist dieses Modell nicht adäquat. Versteht man hingegen darunter einen Prozeß des Herbeiführens von Veränderungen in der Beziehung des Lehrers zum Schüler, so wird das Modell hilfreicher. Erickson lehrt einen Patienten, mit ihm ebenso wie mit anderen Menschen auf eine neuartige Weise umzugehen. Dies erreicht er in erster Linie, indem er die typischen Verhaltensweisen des Betreffenden unterbindet und indem er ihm gleichzeitig neuartige Erfahrungen anbietet, die sich als erfolgbringender und befriedigender erweisen. Häufig geleitet er einen Patienten zu der Entdeckung, daß er das, was er nicht zu wissen glaubte, in Wirklichkeit bereits wußte. Eines der

Lieblingsbeispiele Ericksons ist das von der Frau, der es nicht gelang, das Schreiben zu erlernen, obwohl viele Menschen versuchten, es ihr beizubringen. Erickson brachte ihr bei, verschiedene Arten von Linien zu zeichnen, was ihr auch problemlos gelang, beispielsweise gerade Linien, Kreise, Halbkreise usw. Anschließend ließ er sie diese Formen zusammenfügen und geleitete sie dann zu der Entdeckung, daß sie die Buchstaben des Alphabets bereits schreiben konnte. Es ist typisch für Ericksons Art zu lehren, daß er dem Patienten nicht sagt, was er zu tun beabsichtigt; er arrangiert eine Situation, in der die Erfahrung selbst dem Patienten bestätigt, was er gelernt hat. Beispielsweise hat Erickson einmal einen Fall beschrieben, in dem der Ehemann alle Entscheidungen für seine Frau traf und sie so in einer Art tyrannische Abhängigkeitsbeziehung hinzwang, die in der Frau nur Widerstand und Undankbarkeit hervorrief. Als Erickson gefragt wurde, warum er dem Ehemann nicht erklären würde, was da vor sich gehe, antwortete er, es hätte keinen Sinn, dem Mann die Situation zu erklären, weil er sie nicht verstehen würde. Nachdem Erickson jedoch eine Situation kreiert hatte, in der die Frau ihren Willen bekam, erhielt der Mann von seiner Frau eine Reaktion, die er noch nie zuvor erlebt hatte, und auf diese Weise lernte er, seine Frau anders zu behandeln.

Ein Schlüsselfaktor zum Verständnis von Ericksons Therapie ist die Erkenntnis, daß Erickson nicht von der Annahme ausgeht, therapeutische Veränderungen träten infolge eines Zuwachses an Bewußtheit oder Wissen im üblichen Sinne ein. Er bringt dem Patienten nicht bei, was er wissen sollte, sondern kreiert eine Situation, die zwingend ein neues Verhalten des Patienten erfordert, wodurch sich dann automatisch eine neuartige Erfahrung einstellt. Erickson scheint anzunehmen, daß der Mensch nicht in erster Linie ein vernunftbegabtes Tier ist, sondern ein lernender Organismus, der nur durch die aktive Teilnahme an einer Erfahrung lernt.

Wenn man diese vielen Aspekte von Ericksons Therapie zusammenfügt, wird ein allgemeiner Behandlungsansatz deutlich. Erickson nähert sich jedem neuen Patienten mit der Erwartung, daß für diese spezielle Person und Situation ein einzigartiger Behandlungsprozeß angemessen ist. Weiterhin bedient er sich eines Spektrums unterschiedlicher therapeutischer Umgebungen: Er kann mit dem Patienten in seinem Behandlungszimmer, im Heim des Klienten oder an dessen Arbeitsplatz arbeiten. Die Behandlungsdauer kann zwischen einer und mehreren Stunden variieren, das Honorar kann in verschiedenen Formen festgesetzt werden, und es kann sich um eine Langzeit- oder eine Kurzzeit-Therapie handeln. Seine Einstellung gegenüber Patienten, die neu zu ihm kommen, ist von der Erwartung geprägt, daß die Situation des Patienten sich auf natürliche Weise bessern wird, wenn die Hindernisse, die ihn hemmen, beseitigt worden sind. Erickson ist bereit, die volle Verantwortung für das zu übernehmen, was mit dem Patienten geschehen kann, und er ist andererseits auch bereit, diese Verantwortung abzulehnen, wenn ihm dies als der Situation entsprechend erscheint. Während der ersten Sitzungen akzeptiert er, was der Patient ihm anbietet, und definiert die Beziehung als eine, in der er bereit ist, innerhalb eines Rahmens zu arbeiten, den der Patient bereits verstehen kann. Er bewegt sich so schnell wie möglich auf eine Veränderung zu; seine Interventionen zielen darauf, dem Patienten neuartige Erfahrungen zu erschließen, den Patienten zu einer Aktivität zu provozieren, die neuartiges Verhalten erforderlich macht, und Symptomverhalten zu unterbinden, das den Patienten am freien Handeln hindert. Erickson nutzt so weitgehend wie eben möglich die Art, wie der Patient mit anderen Menschen umgeht. Wenn er gewisse Veränderungen im Leben des Patienten initiiert hat, ist er bereit, den Patienten freizugeben, so daß dieser die Möglichkeit hat, sich im weiteren auf seine eigene, autonome Weise zu entwickkeln.

Diese zusammenfassende Darstellung von Ericksons Therapieansatz ist bewußt sehr allgemein gehalten. Ein Grund dafür ist, daß es schwierig ist, das, was er tut, spezifischer zu formulieren, ohne auf die Details von Fallgeschichten zu verweisen, die er aufgeschrieben und über die er Vorträge gehalten hat. Jeder seiner Fälle ist einzigartig. Eine andere Schwierigkeit bei verallgemeinernden Aussagen über Erickson ist die, daß es stets irgendeine Aussage zu dem zu geben scheint, was er sagt. Er hat diese für seine Arbeit charakteristische Tatsache immer wieder hervorgehoben. Vor vielen Jahren führte einmal ein Wissenschaftstheoretiker ein langes Gespräch mit Erickson, um allgemeine Tendenzen und Strukturen aus seinen therapeutischen Vorgehensweisen herauszufiltern. Der junge Mann wollte klare Aussagen über seine »Methode«, und Erickson bemühte sich, ihm etwas über seine Tätigkeit zu vermitteln. Irgendwann unterbrach Erickson das Gespräch und ging mit seinem Besucher vor das Haus. Er deutete auf die Straße, an der das Haus lag, und fragte den jungen Mann, was er sehe. Etwas verwirrt antwortete dieser, er sehe eine Straße. Daraufhin fragte Erickson ihn, ob er noch irgend etwas anderes sehe. Da der Besucher immer noch verwirrt war, deutete Erickson auf die Bäume, die die Straße säumten. »Fällt Ihnen an diesen Bäumen irgend etwas auf?« Nachdem der Besucher die Bäume eine Weile aufmerksam betrachtet hatte, antwortete er, sie alle seien nach Osten geneigt. »Richtig«, sagte Erickson erfreut. »Alle außer einem. Der zweite vom Ende aus gezählt ist nach Westen gebeugt. Es gibt immer eine Ausnahme.«

Zu jenem Zeitpunkt glaubte ich, Erickson mache sich übertriebene Mühe, um etwas zu erklären. Doch jedesmal, wenn ich selbst versuche, komplizierte Prozesse zu vereinfachen – insbesondere, wenn es um die Beschreibung von Ericksons Arbeit geht –, kommt mir die Erfahrung in Phoenix an jenem Nachmittag in den Sinn.

3

Ericksons Beitrag zur Therapie

(1982)

Ich werde in diesem Aufsatz über einige persönliche Erfahrungen mit Milton Erickson berichten und zu formulieren versuchen, wie ich diesen außergewöhnlichen Menschen und seine Arbeit verstehe. Obwohl ich bereits mehrfach versucht habe, meine Ansichten über Erickson auszudrücken, ist und bleibt er für mich ein Mysterium. Zwar bin ich ihm seit vielen Jahren immer wieder begegnet, doch habe ich ihn nie vollständig begriffen. Ich habe Hunderte von Stunden darauf verwendet, sein Leben und seine Arbeit zu untersuchen, und doch kenne ich ihn immer noch nicht so gut wie andere Menschen, mit denen ich wesentlich weniger Kontakt gehabt habe. Im Laufe der Jahre habe ich mich mit einer ganzen Reihe von Therapeuten intensiv beschäftigt, und mit Erickson intensiver als mit jedem anderen. Nachdem ich viele seiner Therapiemethoden erlernt hatte, wendete ich sie in meiner eigenen Praxis und in meinem Unterricht an. Es vergeht kein Tag, an dem ich nicht irgend etwas von dem, was ich von Erickson erlernt habe, in meiner eigenen Arbeit benutze. Dennoch vermag ich seine grundlegenden Ideen nur teilweise zu begreifen. Wahrscheinlich würden sich mir wichtige therapeutische Innovationen erschließen, wenn ich verstehen würde, was Erickson hinsichtlich der Veränderung von Menschen zu erklären versucht.

Dabei macht er keineswegs ein Geheimnis aus seiner Arbeitsweise. Vermutlich ist er der meistbeobachtete Therapeut, den es je auf der Welt gegeben hat. Viele Jahre lang hat er sowohl in den USA als auch in anderen Ländern Seminare und Workshops vor großem Publikum abgehalten. Er hat etwa hundert Schriften veröffentlicht. Tausende suchten ihn einzeln und in Gruppen auf, um mit ihm zu sprechen. Seine Vorträge, Demonstrationen und Gespräche sind in einem Ausmaß elektronisch dokumentiert worden, wie es bisher noch nie bei einem Kliniker der Fall war. Er hat stets großzügig seine Zeit und sein Wissen all denen zur Verfügung gestellt, die sich dafür interessierten. Obgleich Erickson seinen Gesprächspartnern gerne klarmachte, daß sie noch viel zu lernen hätten, versuchte er nie, mysteriös oder undurchsichtig zu wirken. Er gab sich wirklich große Mühe, seine Ideen so zu vereinfachen und zu erklären, daß jeder sie verstehen konnte. Oft war er frustriert, wenn wir seine Ideen nur teilweise verstanden. Ich weiß nicht, wie oft ich ihn im Laufe der Jahre gefragt habe, warum er etwas Bestimmtes in der Therapie tue, und er daraufhin antwortete: »Das ist doch klar.« Ich pflegte dann zu entgegnen: »Milton, *mir* ist es überhaupt nicht klar«, und dann fragte ich weiter, bis ich auf eine neue und unerwartete Feinheit seines Denkens stieß.

Doch nicht nur das Ungewöhnliche seiner Ideen machte es schwierig, Erickson völlig zu verstehen. Ein Problem war auch die Art, wie er mit anderen Menschen sprach. Erickson paßte sich in der Art, wie er redete, an seine Gesprächspartner an. Für seine therapeutische Arbeit war ebenso wie für seine Lehrtätigkeit charakteristisch, daß er sich auf die Sprechweise seiner Partner einstellte und in diesen Rahmen neuartige Ideen einbrachte. Dieses Sich-Einstellen auf die Sprachgewohnheiten seines Gegenübers, um eine Verbindung herzustellen, erweckte bei Kollegen, die völlig gegensätzliche Vorstellungen hatten, den Eindruck, daß Erickson im Grunde genauso denke und handele wie sie selbst. Er wußte sich in vielen verschiedenen Terminologien auszudrücken, so daß Kollegen und Patienten häufig fälschlich vermuteten, sie verstünden seine Theorien und diese entsprächen sogar ihren eigenen Ansichten; später waren sie dann oft überrascht, daß Erickson eine für sie völlig unerwartete Vorstellung formulierte. Ericksons Überzeugungen und Prämissen hinsichtlich Therapie waren keineswegs naheliegend. Wenn man ihn nach seiner Meinung über eine bestimmte Theorie fragte, antwortete er oft in Form einer Fallbeschreibung, die eine Metapher mit vielen Anspielungen auf die Frage und ihren Hintergrund war.

Durch die Art, wie Erickson in seinen Gesprächen Geschichten benutzte, lieferte er Gesprächspartnern mit ganz unterschiedlichem Background Metaphern, in denen sie ihre eigenen Vorstellungen wiedererkennen konnten. Er erzählte jede Anekdote so, daß völlig unterschiedliche Menschen glaubten, er

habe sie gerade ihretwegen erzählt. Als einige Mitglieder meiner Ausbildungs-
gruppe einmal zu einem gemeinschaftlichen Treffen mit Erickson nach Phoenix
fuhren, berichteten sie mir nach ihrer Rückkehr, was sie dort erlebt hatten.
Einer von ihnen erwähnte eine Geschichte, die Erickson über ihn erzählt hätte.
Eine andere Teilnehmerin sagte, Erickson habe diese Geschichte *ihretwegen*
erzählt. Und wieder jemand anders sagte, die beiden hätten nicht gemerkt, daß
sich die betreffende Geschichte einzig und allein auf eine ganz bestimmte Erfahrung bezogen hätte, die *er* gemacht hätte. Schließlich stellte sich heraus, daß alle
in der Gruppe geglaubt hatten, Erickson hätte eine persönliche Metapher ausschließlich für sie erzählt. Alle fühlten sich von Erickson verstanden, und alle
glaubten, speziell sie hätten Erickson wirklich verstanden. Es handelte sich um
Menschen mit ziemlich unterschiedlichem Background und mit ebenso unterschiedlichen Ansichten. Und bei den Metaphern handelte es sich um Geschichten und Fallbeschreibungen, die Erickson schon viele Male erzählt hatte (allerdings erzählte er solche Geschichten immer wieder anders). Einige davon
hatte ich bereits viele Jahre früher gehört, und ich war mir damals ebenfalls
völlig sicher gewesen, daß er sie ganz speziell meinetwegen erzählt hätte.

Die Tatsache, daß Erickson auf vielen Sinnebenen gleichzeitig zu sprechen
pflegte, verkomplizierte das Problem, sich ein klares Bild von seinen Anschauungen zu machen, noch zusätzlich. Wenn man ihn fragte, wie man bei einem
bestimmten therapeutischen Problem verfahren solle, gab Erickson seinen Rat
und fügte dem gewöhnlich eine Fallbeschreibung hinzu, um zu erläutern, was
er selbst in einem ähnlichen Fall getan hatte. Doch war das, was er erzählte, nie
nur eine Fallbeschreibung. Es konnte gleichzeitig auch eine Metapher sein, die
sich auf die Veränderung oder Lösung eines persönlichen Problems der Person
bezog, mit der er gerade sprach. Erickson konnte einen Fall so schildern, daß
man einerseits über die allgemeine Natur des betreffenden Problems informiert
wurde, und außerdem lernte, eine bestimmte therapeutische Technik anzuwenden, und zusätzlich auch noch zu einer Veränderung im eigenen Leben oder im
eigenen Denken ermutigt oder aufgefordert wurde.

Eine von Ericksons großen Fähigkeiten war die indirekte Beeinflussung
anderer Menschen. Unter anderem deshalb fühlten sich viele in seiner Gegenwart unwohl. Wenn man mit Erickson sprach, konnte man sich nie völlig
sicher sein, ob er lediglich seinen fachmännischen Rat gab oder ob er gleichzeitig auf subtile Weise eine Veränderung in einem nicht offen angesprochenen

privaten Problem suggerierte. In einem Fallbeispiel, das eine therapeutische Technik erläuterte und etwas über ein Problem aussagte, konnte sich gleichzeitig eine Parallele verbergen, die er zwischen seinem Gesprächspartner und der Person in dem Fallbeispiel zog. Erickson gefiel es, Menschen zu verändern, ohne daß sie etwas davon merkten. Wenn sie vor einer Beeinflussung auf der Hut waren und einer Idee, die Erickson ansprach, Widerstand entgegensetzten, so ging es Erickson gewöhnlich darum, ihnen eine völlig andere Idee zu vermitteln, wovon sie *nichts* merkten. Häufig bot er vordergründig mindestens eine Idee an, die Widerstand wecken sollte, während er den Betreffenden durch eine andere, weniger offensichtliche Idee zu beeinflussen versuchte.

Erickson pflegte verschiedenen Gesprächspartnern den gleichen Fall auf völlig unterschiedliche Weise zu erzählen. Zwar blieben die Grundzüge des Falls die gleichen, doch hob er jeweils unterschiedliche Dinge hervor. Diese Beeinflussung mit Hilfe von Metaphern fand ständig statt, sowohl im Verlauf von Gesprächen als auch während seiner therapeutischen Arbeit. Ihn schien es zu langweilen, nur auf einer Ebene zu agieren.

Da Erickson stets in komplexen Analogien lehrte, ist es schwierig, eine bestimmte Idee oder Technik eindeutig als seine Sichtweise zu bezeichnen. Er veranschaulichte uns seine Theorien in Form von Metaphern mit vielen Referenten, wobei er je nach dem Hintergrund und sozialen Kontext seiner Gesprächspartner unterschiedliche Aspekte hervorhob.

Eine der Hauptschwierigkeiten für das Verständnis von Ericksons Sichtweisen ist das Problem der Sprache. Er formulierte neuartige Ansichten über das Wesen des Menschen und über Möglichkeiten, Menschen zu verändern, in einer Sprache, die entwickelt worden war, um Anschauungen der Vergangenheit zum Ausdruck zu bringen. (Man fühlt sich an Harry Stack Sullivan erinnert, der unentwegt darum gerungen hat, zwischenmenschliche Beziehungen in einer Sprache zu beschreiben, die für die Beschreibung von Individuen entwickelt worden war.) Meiner Ansicht nach hat Erickson der Welt etwas völlig Neues angeboten – eine Beschreibung der Feinheiten menschlicher Beeinflussung (zumindest waren dies die Ideen, über die er mit mir gesprochen hat). Doch mußte er sich dazu einer Sprache bedienen, die für eine völlig andere Vorstellung vom Wesen des Menschen entwickelt worden war. Die Terminologie zur Beschreibung eines Individuums eignet sich einfach nicht zur Beschreibung von Ericksons therapeutischen Ansätzen.

Auch die Sprache der Hypnose und der Hypnotherapie ist in meinen Augen zu begrenzt, um die Feinheiten vieler von Ericksons Trance-Induktionen und seinen Gebrauch hypnotischen Einflusses in der Therapie zu beschreiben. Wie kann man über eine hypnotische Induktion im Sinne von »Schlaf« sprechen, wenn eine Person hypnotisiert wird, während sie im Raum auf und abgeht? Oder wie kann man über den komplexen zwischenmenschlichen Einfluß einer Trance-Induktion im Laufe eines Gesprächs im Sinne von »unbewußt« sprechen? Beispielsweise versuchte Erickson, die Tatsache zu erklären, daß eine Versuchsperson, die der Direktive folgte, eine negative Halluzination zu entwickeln, das betreffende Objekt sehen müsse, um vermeiden zu können, es zu sehen. Manchmal benutzte Erickson den Begriff »unbewußtes Gewahrsein«, um dieses Phänomen zu beschreiben. Doch der Begriff »unbewußt« is definitionsgemäß etwas, das sich außerhalb des Bewußtseins oder des Gewahrseins befindet.

Eine solche Terminologie ist offensichtlich nicht dazu geeignet, die subtilen Prozesse zu erklären, für die Erickson sich interessierte. Er arbeitete an der Entwicklung einer neuen Art, über Menschen, Hypnose und Therapie zu denken, ohne daß ihm eine deskriptive Sprache zur Verfügung stand, die jene neuartige Sichtweise hätte ausdrücken können. Es war ungefähr so, als würde man versuchen, im Sinne von Hebeln und Gewichten über Quantentheorie zu sprechen. Ich persönlich vermute, daß er deshalb immer mehr dazu überging, sich in Form von Gleichnissen, Bildern und Geschichten auszudrücken. Zwar gab ihm das nicht die Möglichkeit, seine Ideen im streng analytischen Sinne zu beschreiben, doch konnte er so zumindest einen adäquaten Eindruck von der Komplexität seiner Vorstellungen vermitteln.

Viele, die heute hier anwesend sind, haben Erickson nie persönlich kennengelernt. Andere sind so jung, daß sie ihm nur noch in sehr hohem Alter begegnet sein können. Nun war er zweifellos auch noch im hohen Alter, als er bereits sehr gebrechlich war und sich im Rollstuhl fortbewegen mußte, noch sehr beeindruckend, doch möchte ich hier einen Eindruck von seinen mittleren Jahren vermitteln, von jener Zeit, in der er noch ein sehr dynamischer Mensch war.* Ich glaube, daß sein Erfolg als Therapeut teilweise auf jener Ausstrahlung

---

* Viele stellen sich Erickson als einen alten, gebrechlichen Mann vor, der nur mit großen Schwierigkeiten sprechen konnte. Ich halte das für bedauerlich. In seinen

persönlicher Macht beruhte, die von ihm ausging. Und nicht nur seine Persönlichkeit übte einen starken Einfluß aus, sondern seine Macht wurde noch verstärkt durch seinen Ruf, er könne Menschen beeinflussen, ohne daß diese es
überhaupt merkten. Ziemlich viele Leute hatten ganz einfach Angst vor ihm.

Ich entdeckte Ericksons Macht, als ich im Jahre 1953 zum erstenmal von
ihm hörte. Während ich an Gregory Batesons Forschungsprojekt über Kommunikation mitarbeitete, sagte ich zu Bateson, daß ich gern an einem Kurs eines
Hypnotherapeuten teilnehmen wolle, der nach San Francisco komme. Ich
wollte mich mit den kommunikativen Aspekten der Hypnose beschäftigen.
Bateson fragte mich, wer den Kurs halte, und ich antwortete, es sei Milton H.
Erickson. »Ich werde ihn anrufen und ihn fragen, ob Sie teilnehmen können«,
erwiderte Bateson daraufhin. So stellte sich heraus, daß Bateson Erickson kannte. – Er schien alle wichtigen Gestalten im Bereich der Sozialwissenschaften zu
kennen. – Bateson und Margaret Mead hatten Erickson und seine Frau wegen
einer Reihe von Filmen über Trance-Tänze zu Rate gezogen, die sie in Bali
aufgenommen hatten. Sie wollten herausfinden, ob die Tänzer, die Masken
trugen, in Trance verfielen. (Übrigens haben G. Bateson und M. Mead Erickson
dazu aufgefordert, jene außergewöhnliche Beschreibung von Kommunikations-
prozessen zu veröffentlichen, die in »A Study of an Experimental Neurosis
Hypnotically Induced in a Case of Ejaculatio Praecox« enthalten ist.)

Bateson rief Erickson in seinem Hotel in San Francisco an (wir waren in
Menlo Park) und fragte ihn, ob ich an dem Kurs teilnehmen könnte. Erickson

---

besten Jahren hatte er eine bessere Kontrolle über seinen stimmlichen Ausdruck und
über seine Körperbewegungen als jeder andere Mensch, den ich kennengelernt habe.
Dies waren wichtige Elemente seiner Meisterschaft in der Beeinflussung von
Menschen. Er verfügte über außergewöhnliche Fähigkeiten, mit anderen zu
kommunizieren. Leider ist dies nur sehr unzureichend visuell dokumentiert worden.
Vor einigen Jahren fragte ich ihn, ob er damit einverstanden sei, wenn seine Arbeit auf
Video aufgezeichnet würde, doch antwortete er, er wolle nicht, daß er der Nachwelt
als hilfloser alter Mann, der nur mit Mühe zu kommunizieren vermochte, in der
Erinnerung bliebe. Schließlich erklärte er sich doch mit einer Video-Aufzeichnung
einverstanden. Dieses Video aus seiner letzten Zeit, als er schon sehr gebrechlich war,
hat wohl das Bild vieler von Erickson sehr stark geprägt, und sie haben keine
Vorstellung davon, wie kraftvoll und dynamisch er in seinen besten Jahren war.

antwortete, ich sei herzlich willkommen. Dann redeten sie eine Weile miteinander, und schließlich legte Bateson den Telefonhörer auf und sagte:»Dieser Mann manipuliert mich so, daß ich nach San Francisco fahre und mich mit ihm zum Abendessen treffe.« Da ich mich generell für Manipulation interessierte, fragte ich:»Was hat er denn zu Ihnen gesagt?« Bateson antwortete:»Er hat gesagt: 'Warum kommst du nicht nach San Francisco, und wir essen zusammen?'« Selbst unumwundene Aussagen Ericksons waren Leuten wie Gregory Bateson und vielen anderen verdächtig, die seine Macht fürchteten.

Den Ruf, ein machtvoller Mensch zu sein, der Menschen mit ihrem Wissen und ohne daß sie es merkten, beeinflußte, hat Erickson eindeutig genossen. Im Rahmen unseres Projekts haben wir einmal ein Abendseminar mit Erickson durchgeführt, bei dem unter anderem Don D. Jackson anwesend war. Während wir über Hypnose sprachen, hielt Jackson einen Stift in einer Hand und drehte ihn unentwegt. Schließlich sagte er:»Ich kann nicht aufhören, diesen Stift zu drehen, und Milton, ich glaube, du hast etwas damit zu tun.« Erickson antwortete:»Nun, du kannst den Stift weiter drehen.« Anschließend gab er Jackson ein paar Suggestionen und forderte ihn dann auf, mit dem Drehen aufzuhören. Später fragte ich Erickson privat, wodurch er bewirkt hätte, daß Jackson den Stift gedreht hätte. Ich hoffte, auf diese Weise Aufschluß darüber zu erhalten, wie er spezielle Verhaltensweisen induziere, während er angeblich nur ein Gespräch führte. Erickson antwortete:»Ich hatte nicht das Geringste damit zu tun. Aber weil Jackson zu glauben schien, ich hätte etwas getan, nutzte ich die Gelegenheit.«

Um einen anderen Aspekt von Ericksons manchmal geradezu furchterregenden Fähigkeiten als Hypnotiseur und als Mensch hervorzuheben, möchte ich einen Vorfall beschreiben, der mich und John Weakland sehr beeindruckt hat. Eines Abends luden wir Erickson zum Essen in einem mexikanischen Restaurant ein. Daß es ein echtes mexikanisches Restaurant war, stellte ich fest, nachdem ich etwas von der dort üblichen scharfen Soße auf mein Essen gegossen hatte. Als ich davon aß, mußte ich nach Luft schnappen, und mir lief das Wasser aus den Augen. Erickson zog mich deswegen auf. Irgendwie kamen wir im Gespräch dahin, daß Erickson behauptete, für ihn seien scharfe Soßen kein Problem, er nehme es mit jeder auf. Um dies zu beweisen, rief er die Kellnerin und ließ sie den Küchenchef holen. Er forderte den Mexikaner auf, ihm die schärfste Soße zu bringen, die er zubereiten könne. Dem Koch schien diese

Herausforderung zu gefallen. Wenig später kam er mit einer kleinen Schüssel
zurück, die er Erickson vorsetzte. Dann blieb er erwartungsvoll am Tisch stehen, um das weitere Geschehen zu beobachten. Erickson nahm einen Löffel,
tauchte ihn in die Soße, steckte ihn anschließend in den Mund und führte ihn
um seine Zunge herum. An seinem Gesicht war keine Ausdrucksveränderung
zu erkennen, und aus seinen Augen trat auch nicht die geringste Spur von
Wasser. »Köstlich«, stellte er fest. Ich war sehr beeindruckt – noch mehr, nachdem ich den erstaunten Ausdruck auf dem Gesicht des mexikanischen Kochs
bemerkt hatte.

Abgesehen von seiner Fähigkeit, andere Menschen zu beeinflussen, hatte
Erickson etwas, das es schwer machte, sich ihm zu widersetzen. Ich erinnere
mich an einen Bericht eines Psychiaters über ein Erlebnis mit Erickson hier in
Phoenix. Der Betreffende war ein reifer, verantwortungsvoller Mann, der in
seinem Bereich eine wichtige Position innehatte. Er erzählte, Erickson habe
einen Achtstundentag mit ihm verbracht, und er habe kein Mittagessen zu sich
nehmen können, weil auch Erickson dies nicht getan habe. Er sei sehr hungrig
gewesen. Daraufhin fragte ich ihn, warum er Erickson nicht gesagt habe, er sei
hungrig und wolle etwas zu Mittag essen. Daraufhin erwiderte er, er habe irgendwie das Gefühl gehabt, so etwas könne er nicht zu Erickson sagen, da
dieser sich so große Mühe machte, ihn zu unterrichten. Monate später war er
immer noch wütend darüber, daß er in jener Situation so hungrig gewesen sei,
ohne etwas daran ändern zu können. Ich bemerkte, Erickson müsse ihn wohl
für wichtig gehalten haben. Er verbrachte nämlich nicht oft acht Stunden mit
einem Besucher; schon allein diese Tatsache war also zweifellos als Kompliment zu bewerten. Das schien dem Psychiater zu gefallen, und es schien ihm
über das versäumte Mittagessen hinwegzuhelfen.

Erickson hat Macht immer sehr geschätzt. Es fiel ihm nie schwer, Macht zu
übernehmen oder auszuüben. Er hat einmal gesagt, er sei auf einer Konferenz
gewesen, und weil dort keiner Macht gehabt habe, habe er die Leitung der
Konferenz übernommen. Angesichts seiner Bereitschaft, Machtpositionen zu
übernehmen und Macht zu nutzen, halte ich es für einen glücklichen Umstand,
daß er ein gütiger Mensch war. Hätte jemand den Einfluß, den er ausüben
konnte, für destruktive Ziele genutzt, so hätte das sehr üble Folgen haben können. Erickson jedoch war nicht nur gütig und wohlwollend, sondern auch stets
sehr hilfsbereit, sowohl im Behandlungsraum als auch außerhalb desselben.

Ich verbringe viel Zeit damit, Therapeuten davon abzuhalten, helfen zu wollen. Ich glaube nicht, daß es gut ist, Menschen wohlwollende Hilfe aufzudrängen, und ich bin der Meinung, Therapie sollte nur dann gegeben werden, wenn Menschen eindeutig darum bitten. Über diese Problematik habe ich mir allerdings im Hinblick auf Erickson nie Sorgen gemacht. Er veränderte jeden, von dem er glaubte, Veränderung würde dem Betreffenden gut tun, und das tat er unabhängig davon, ob diese Person ihn in irgendeiner Form direkt darum gebeten hatte oder nicht. Ich habe nie Zweifel an seiner ethischen Untadeligkeit und an der Gutartigkeit seiner Absichten gehabt, und ich habe mir auch nie Sorgen darüber gemacht, daß er irgend jemanden zu seinem persönlichen Vorteil ausbeuten könnte.

Ein ähnliches Problem taucht auf, wenn es um das Mitwirken von Einzelpatienten oder von Familien vor Publikum zu Demonstrationszwecken geht. Ich habe mich immer dagegen gewehrt, Patienten bei Lehrveranstaltungen mitwirken zu lassen, weil ich dies für eine Form von Ausbeutung halte. Im Hinblick auf Erickson jedoch habe ich mir nie Sorgen wegen dieser Problematik gemacht. Er zog nicht nur in seinen Kursen Patienten zu Demonstrationen vor großem Publikum heran, sondern er behandelte sie sogar während seiner Hypnose-Demonstrationen, und zwar mit positiven Ergebnissen. Allerdings gestaltete er solche Situationen stets so, daß das Demonstrationsobjekt für seine Bereitschaft, bei der Demonstration mitzuwirken, eine angemessene Gegenleistung erhielt. Außerdem schützte er die Betreffenden auch insofern, als die Veränderungen, die er bei ihnen induzierte, dem Publikum nicht bekannt wurden. Sein außerordentlich kunstfertiger Umgang mit der Sprache ermöglichte es ihm, sogar während einer öffentlichen Demonstration einen privaten Austausch mit dem Demonstrationsobjekt zu pflegen.

Obwohl Erickson Bühnenhypnose verurteilte, waren seine Hypnose-Demonstrationen perfekte Bühnenshows. Er konnte gleichzeitig eine Hypnosetechnik lehren, das Demonstrationsobjekt therapeutisch behandeln, einem Kollegen einen bestimmten Diskussionspunkt erläutern und das Publikum unterhalten. Und um die Geschwindigkeit, mit der er arbeitete, hätte ihn jeder Bühnenhypnotiseur beneidet.

Ich erinnere mich beispielsweise an eine bestimmte Demonstration Ericksons vor einem großen Publikum. Er bat darum, daß sich ein Freiwilliger melden sollte, und daraufhin kam ein junger Mann nach vorn und setzte sich neben ihn. Ericksons einzige Trance-Induktion bestand darin, daß er den jungen Mann bat, die Hände auf die Knie zu legen. Dann sagte er: »Wären Sie bereit, weiterhin Ihre Hände auf Ihren Knien zu sehen?« Der junge Mann erklärte sich dazu bereit. Während Erickson mit ihm sprach, gab er einem Kollegen durch Zeichen zu verstehen, er solle sich auf die andere Seite des jungen Mannes begeben. Der Kollege hob einen Arm des jungen Mannes hoch, der daraufhin in der Luft blieb. Erickson sagte nun: »Wie viele Hände haben Sie?« – »Zwei natürlich«, sagte der junge Mann. Erickson fuhr fort: »Ich möchte, daß Sie sie zählen, während ich darauf deute.« – »In Ordnung«, antwortete der junge Mann herablassend. Erickson deutete auf die Hand auf einem Knie, und der junge Mann sagte: »Eins.« Dann deutete Erickson auf das andere Knie, wo der junge Mann weiterhin seine Hand liegen sah und fortfuhr: »Zwei.« Dann deutete Erickson auf die Hand in der Luft. Der junge Mann starrte sie verblüfft an. »Wie erklären Sie sich, daß da noch eine Hand ist?« fragte Erickson ihn. »Ich weiß es nicht«, antwortete der junge Mann. »Ich glaube, ich sollte beim Zirkus anfangen.« Jene gesamte hypnotische Induktion dauerte etwa so lange, wie ich gebraucht habe, sie hier zu beschreiben.

Es war immer ein Vergnügen, Erickson bei einer seiner Bühnen-Demonstrationen zuzuschauen. Besonders interessant waren einige, bei denen es um Widerstand gegen Hypnose ging. Zu Anfang bat er jeweils einen Freiwilligen aus dem Publikum, der Widerstand gegen Hypnose entwickeln sollte, sich zu melden. Auch in solchen Fällen schaffte Erickson es, die Versuchsperson selbst dann, wenn sie Widerstand zeigte, zur Kooperation zu bewegen.

Erickson machte es stets Freude zu zeigen, daß das Induzieren einer Trance sich nicht so leicht beschreiben ließ. Er illustrierte, daß es auf viele verschiedene Weisen getan werden könne. Bei einer Demonstration zeigte er, daß man eine Trance induzieren kann, ohne auch nur ein einziges Wort zu sagen. Er bat um einen Freiwilligen aus dem Publikum, der Widerstand zeigen solle. Ein junger Mann meldete sich. Erickson stand einfach da, und er sagte und tat nichts. Ich sah, wie der junge Mann in Trance fiel. Später fragte ich Erickson, was für eine subtile Methode er angewandt habe, um das zu schaffen. Er antwortete, er habe die Trance induziert, indem er *nichts* getan habe. Dieser junge Mann hatte sich vor all diese Leute hingestellt, um hypnotisiert zu werden, und Erickson tat nichts. »Irgend jemand *mußte* etwas tun«, erklärte Erickson, »deshalb verfiel der junge Mann in Trance.«

Dabei fühle ich mich an die Zeit erinnert, als ich selbst lernte, Hypnose in der Therapie anzuwenden. Ich ließ den Patienten Platz nehmen, und dann geleitete ich ihn durch eine Induktion. Im Laufe der Zeit fiel mir auf, daß einige Patienten in Trance verfielen, sobald sie sich in meinem Behandlungsraum hinsetzten. Tatsächlich weckte ich sie also auf, um sie hypnotisieren zu können. Ich glaube, nach einer Demonstration Ericksons wurde mir klar, daß ich bei Patienten, die zu mir kamen, um sich hypnotisieren zu lassen, nichts weiter zu tun brauchte, als ihnen nicht im Weg zu stehen. Wenn Erickson jemanden hypnotisierte, nutzte er den sozialen Kontext; er dachte immer in einem Bezugsrahmen, der mehr umfaßte als nur ihn selbst und den Patienten. Hypnose-Empfänger sind oft vor Publikum bessere Empfänger, wenn sie eine Triade mit Publikum und Hypnotiseur bilden, als in der Dyade mit dem Hypnotiseur.

Außer seiner Fähigkeit, Menschen zu beeinflussen, ohne daß sie etwas davon merkten, hatte Erickson noch eine andere Fähigkeit, deretwegen sich einige Leute in seiner Gegenwart unwohl fühlten. Er war ein außergewöhnlich guter Beobachter und konnte aufgrund der Körperhaltung und der Bewegungen eines Anwesenden praktisch lesen, was in dem Betreffenden vorging. Er legte großen Wert darauf, daß Therapeuten scharfe Beobachter sein müßten, die die Haltung und die Bewegungsreaktionen der Patienten als eigenständige Sprache zu deuten verstünden.

Erickson machte es Freude, an der Beobachtungsfähigkeit seiner Studenten zu arbeiten. Als ich ihn einmal zusammen mit John Weakland besuchte, rief er uns kurz in seinen Behandlungsraum, weil wir uns eine Patientin anschauen sollten. Eine Frau saß mit geschlossenen Augen auf einem Stuhl. Nachdem die Frau das Haus verlassen hatte, fragte Erickson uns, was wir beobachtet hätten. Die Frage war so allgemein gehalten, daß es uns schwerfiel, sie zu beantworten. Wir machten deshalb ein paar kluge Bemerkungen wie die, daß es eine Frau gewesen sei und daß sie sich in Trance befunden hätte. Erickson ging über unsere Antworten hinweg und wies uns darauf hin, daß die eine Gesichtshälfte der Frau etwas größer gewesen sei als die andere und daß ihre rechte Hand etwas größer gewesen sei als ihre linke Hand. Er bemerkte, dies sei natürlich wichtig für die Diagnose, und wir mußten ihm recht geben.

Im allgemeinen begeben sich Menschen nicht freiwillig in eine Situation, in der sie genau beobachtet werden. Viele, die bei ihm in der Ausbildung waren, fühlten sich angesichts seiner Beobachtungsfähigkeit beklommen. Ich habe einmal ein Gespräch mit einem Psychiater geführt, der vor vielen Jahren in Michigan bei Erickson in der Ausbildung zum Facharzt der Psychiatrie gewesen war. Er erzählte mir, Ericksons dortige Studenten hätten ihn sehr respektiert, wenn nicht gar gefürchtet. Erickson habe hohe Anforderungen an sie gestellt. Wenn er eine Frage gestellt hätte, hätte er den Angesprochenen anschließend förmlich mit seinem Blick festgenagelt. Seine Beobachtungsfähigkeit, die er auch seinen Schülern zu vermitteln versuchte, wurde zur Legende. Beispielsweise hat mir dieser Psychiater erzählt, eines Tages habe Erickson dessen Frau auf dem Krankenhausgelände getroffen und zu ihr gesagt: »Sie sind schwanger, nicht wahr?« Überrascht habe sie dies bestätigt. Sie hatte dies selbst gerade erfahren. Erstaunt hatte sie daraufhin Erickson gefragt: »Woran haben Sie das gemerkt?« Dieser antwortete: »Ihre Stirn hat eine andere Farbe.«

Erickson stellte hohe Anforderungen an sich selbst als Kliniker, und mit den gleichen Erwartungen konfrontierte er auch diejenigen, die er ausbildete. Er erwartete von einem Therapeuten, daß er ein scharfer Beobachter war, aber noch wichtiger war in seinen Augen, daß ein Therapeut über ein großes Spektrum von Fähigkeiten verfügte. Er wies immer wieder darauf hin, wie ein Therapeut einen Patienten mit Hilfe seiner eigenen Bewegungen und seiner Körperhaltung beeinflussen könne. Oft illustrierte er, wie man einer Idee durch eine Kopfbewegung oder durch eine andere Körperbewegung eine besondere Betonung geben könne. Nach seiner Meinung mußten Therapeuten auch ihren stimmlichen Ausdruck in einem Maße beeinflussen können, so daß sie bei der Vermittlung eines Gedankens bestimmte Worte hervorzuheben vermochten. Es gefiel ihm, einen Satz so zu sprechen, daß durch die Betonung bestimmter Wörter eine zweite Botschaft vermittelt wurde. Wenn er darüber sprach, wie er etwas einem Patienten gegenüber formuliert hatte, verdoppelte Erickson die Betonungen, die er benutzt hatte. Manchmal waren die Unterschiede, die er hervorhob, so subtil, daß sie kaum zu bemerken waren.

Erickson erwartete von einem Kliniker umfassendes Wissen über die verschiedenen Arten der Psychopathologie, außerdem weitreichende Menschenkenntnis und Kenntnis normaler sozialer Situationen, gesunden Menschenverstand, eine scharfe Beobachtungsfähigkeit und ein sehr breites Verhaltensspektrum, angefangen von einem sehr bestimmten Auftreten bis hin zur Hilflosigkeit. Weiterhin sollten Therapeuten über eine Kontrolle der eigenen Körperbewegungen und des stimmlichen Ausdrucks verfügen, wie ihn gewöhnlich nur

Schauspieler hatten. Nachdem ich Erickson eine Weile beobachtet hatte, dämmerte mir, was für ein Ausmaß an Fähigkeiten man brauchte, um ein Meister-Therapeut zu werden. Daraufhin machte ich mir ernsthaft Gedanken darüber, ob ich nicht besser zu einem weniger anspruchsvollen Beruf überwechseln sollte, beispielsweise dem eines Supervisors oder Lehrers.

Einer der wichtigsten Aspekte, die Ericksons Arbeit kennzeichneten, war sein Humor. Für ihn war Humor allgegenwärtig, und er benutzte ihn in allen nur erdenklichen Formen, angefangen von Verhaltensweisen, die er ins Komische wendete, bis hin zu Sprachwitzen, die er einflocht, wann immer sich die Gelegenheit dazu bot. Meiner Meinung nach hat sein Humor ihn davor geschützt, zum Opfer seiner Macht zu werden. Für ihn war die Absurdität des menschlichen Seins und Trachtens und der daraus resultierenden Probleme eine unbestreitbare Tatsache. Ich möchte das an einem Beispiel verdeutlichen. Ich habe ihn einmal wegen eines jungen Paares um Rat gefragt, das bei mir in Therapie war. Die Frau war verzweifelt über ihren Mann, der ihr überallhin auf dem Fuße folgte, besonders wenn sie am Wochenende Hausarbeit erledigte. Wenn sie in die Küche ging, ging er ebenfalls in die Küche, und wenn sie die Küche verließ, verließ er ebenfalls die Küche. Ihr Hauptkritikpunkt war, daß er ihr von Raum zu Raum folgte und ihr sogar beim Staubsaugen zusah. Sie hatte ihm das vorgehalten, und er hatte daraufhin gesagt, er habe versucht, damit aufzuhören, aber aus irgendeinem Grunde sei ihm das nicht möglich. Immer wieder ertappte er sich dabei, wie er ihr hinterherlief und sie beim Staubsaugen beobachtete.

Ich fragte Erickson, was ich tun könne, um das Problem dieses Paares zu lösen. Er meinte, die Lösung liege auf der Hand. Ich solle mit der Frau unter vier Augen sprechen und sie dazu bringen, meinen Anweisungen zu folgen. Am folgenden Samstag solle sie wie gewöhnlich staubsaugen, und wenn ihr Mann ihr von Raum zu Raum folge, solle sie keine Notiz davon nehmen. Wenn sie dann mit dem Staubsaugen fertig sei, solle sie den Beutel mit dem Staub nehmen und in jedem Raum, in dem sie zuvor gesaugt hätte, ein Häufchen aus dem Beutel auf den Boden schütten. Dabei sollte sie sagen: »Nun, das wäre das«, und den Schmutz nicht mehr anrühren, so daß er an der Stelle liegenbleibe, bis sie am nächsten Samstag wieder staubsauge. Ich trug der Frau auf, was Erickson mir vorgeschlagen hatte. Tatsächlich hörte der Mann auf, ihr im Haus hinterherzulaufen.

Ericksons Therapie zwingt uns mehr als die Methoden jedes anderen Therapeuten dazu, darüber nachzudenken, ob eine logische Beschreibung der Ereignisse wirklich adäquat ist, um das Verhalten und die Probleme von Menschen zu erklären. Erickson konnte sehr gut mit Paradoxen leben, wohingegen die meisten anderen Menschen versuchen, genau das zu vermeiden. Wenn er konnte, stellte er seine Interventionen in einen paradoxen Rahmen. Dazu möchte ich ein Beispiel aus Ericksons experimenteller Arbeit anführen.

Ein wichtiger Aspekt von Ericksons Arbeit war sein Interesse an Experimenten mit Menschen und Situationen. Er führte nicht nur Laborexperimente durch, sondern weil er wußte, wie stark die künstliche Laborsituation Ergebnisse verfälschen kann, versuchte er, wann immer möglich, in normalen Lebenssituationen zu forschen. Wenn Erickson mit einer Gruppe von Menschen zusammen war, führte er gewöhnlich irgendein Experiment durch, um herauszufinden, wie irgend jemand auf dies oder jenes reagierte. Auf einer Party hat er einmal zu mir gesagt, er habe vor, sich einen von den Gästen auszusuchen und seine »Augenfixierung« anzuwenden, um festzustellen, wie die betreffende Person reagieren würde. Oder er stellte sich die Aufgabe, jemanden dazu zu bringen, daß er sich von einem Stuhl auf einen anderen setzte, ohne daß er den Betreffenden direkt dazu aufforderte. Manchmal schien dies seine Methode zu sein, in einer Situation, in der sein aktiver Geist das Geschehen als reine Routine wahrnahm, nicht der Langeweile anheimzufallen. In anderen Fällen führte er in solchen sozialen Situationen gezieltere Experimente durch.

Ich erinnere mich an ein Experiment, bei dem Erickson sagte, er wolle demonstrieren, daß man einen Menschen dazu bringen könne, etwas zu vergessen, indem man ihn ständig daran erinnere. Erickson war ein Meister in der Kontrolle amnesischer Zustände, und er arbeitete damit sowohl in der Hypnose als auch in gewöhnlichen sozialen Beziehungen. Er berichtete über das folgende Experiment. In einem seiner Seminare saß eine Gruppe von Studenten an einem Tisch. Er arrangierte die Situation so, daß ein junger Kettenraucher zu seiner Rechten saß und keine Zigaretten hatte. Während die Gruppe über das gewichtige akademische Thema des Seminars diskutierte, wendete sich Erickson dem jungen Mann zu und bot ihm eine Zigarette an. Als der junge Mann nach der Zigarette griff, stellte jemand zu Ericksons linker Seite ihm eine Frage. Um die Frage zu beantworten, drehte Erickson sich scheinbar unabsichtlich von dem jungen Mann weg, bevor dieser eine Zigarette nehmen konnte. Die Dis-

kussion in der Gruppe nahm ihren Lauf, und irgendwann schien Erickson sich
daran zu erinnern, daß er seinem Nachbarn zur Rechten eine Zigarette angeboten hatte. Daraufhin wendete er sich ihm zu, und wieder stellte ihm jemand zu
seiner Linken eine Frage, woraufhin er erneut unabsichtlich die Zigaretten
außer Reichweite des Rauchers brachte. Natürlich hatte er diese Unterbrechun-
gen geplant. Alle Anwesenden außer dem Raucher selbst wußten, was da vor
sich ging. Nachdem sich die Situation mehrmals wiederholt hatte, verlor der
junge Mann das Interesse an den Zigaretten und streckte nicht mehr die Hand
danach aus, wenn sie ihm angeboten wurden. Am Ende des Seminars fragten
die anderen Studenten ihn, ob er denn nun eine Zigarette bekommen hätte. Er
konnte sich jedoch nicht einmal daran erinnern, daß ihm überhaupt eine angeboten worden war. Erickson äußerte die Ansicht, das Entscheidende sei das
Angebot, die unabsichtliche Abwendung und die Deprivation gewesen. Der
junge Mann konnte Erickson keinen Vorwurf wegen der Deprivation machen,
weil es eindeutig nicht Ericksons Schuld gewesen war, daß er die Zigarette nicht
bekommen hatte. Doch änderte das nichts an der Tatsache, daß er den Mangel
erlitten hatte. Auf diese geradezu klassische Double-bind-Situation hatte er
reagiert, indem er die gesamte Sequenz vergessen hatte.

Ständige Experimente dieser Art haben Erickson nicht nur zu seinem enor-
men Wissen über das menschliche Verhalten verholfen, sondern ihn auch zur
Entwicklung neuer therapeutischer Techniken inspiriert. Beispielsweise hatte
Erickson ein Verfahren zur Behandlung von Menschen entwickelt, die von
bestimmten Medikamenten, beispielsweise von Beruhigungsmitteln, abhängig
waren. Hätte er sich geweigert, ihnen das betreffende Medikament zu verschrei-
ben, so wären diese Patienten zu einem anderen Arzt gegangen, der es ihnen
weiterhin verschrieben hätte. Deshalb erklärte sich Erickson einverstanden, ein
Rezept auszustellen, wenn ihn jemand darum bat, und er fing dann an, auf
seinem Schreibtisch nach einem Rezeptblock zu suchen. Währenddessen begann er ein Gespräch mit dem Patienten, das immer interessanter wurde. Dieses
Gespräch wurde bis zum Ende der Behandlungszeit fortgesetzt. Erst wenn er
wieder draußen war, stellte der Patient fest, daß das Rezept vergessen worden
war. Doch ging er dann nicht zu einem anderen Arzt, weil die Sache mit Erickson nicht abgeschlossen war. Er konnte Erickson keinen Vorwurf machen, weil
er offensichtlich bereit gewesen war, das Rezept auszustellen, es jedoch *unabsichtlich* nicht getan hatte. Genauso wie bei den Zigaretten hatte er sich damit

einverstanden erklärt, war jedoch dann abgelenkt worden. Er sagte, der Patient
habe daraufhin allmählich das Interesse an dem Medikament verloren und es
vergessen.

Vielen von uns fällt es schwer, Ericksons Techniken anzuwenden, weil dies
oft großes Geschick erfordert. Ein gezieltes Kommunikationstraining ist noch
nicht zum festen Bestandteil der Therapeutenausbildung geworden. Der Wert
der Hypnose besteht unter anderem darin, daß sie zwingt, das Erteilen von
Direktiven zu erlernen. Durch eine Hypnoseausbildung lernt man, Menschen
zu motivieren, ihr Verhalten zu steuern, ihrer Reaktion zu folgen und vieles
mehr. All dies muß man bei der therapeutischen Arbeit beherrschen. Ericksons
besondere Eigenart als Hypnotiseur war sein Interesse an den interpersonellen
Prozessen der Trance-Induktion im Gegensatz zur rein rituellen Prozedur. Er
pflegte zu sagen, eine hypnotische Induktion müsse der Person des Hypnotiseurs, der Wesensart des Hypnotisierten und der konkreten Situation, in der
sich beide befänden, entsprechen. Für ihn war jede hypnotische Beziehung
ebenso wie jede therapeutische Beziehung einzigartig.

Die heute hier anwesenden Jüngeren werden sich vermutlich kaum vorstellen können, wie es war, Erickson in einer Zeit zu hören, als das gesamte
ideologische Klima in der Psychiatrie und Psychotherapie noch wesentlich
orthodoxer war als heutzutage. Hierzu ein Beispiel: In den fünfziger Jahren
nahm ich an einem Forschungsprojekt Gregory Batesons in einem Krankenhaus der Veterans Administration (Organisation für Kriegsteilnehmer) teil. Ich
untersuchte die Kommunikation eines vierzigjährigen Mannes, der als psycho-
tisch bezeichnet worden war, und führte außerdem mit diesem Manne eine
Therapie durch. Unter anderem sagte er, er habe Zement im Magen, und er
schien dies zeitweise wortwörtlich zu glauben. Er klagte unentwegt über Ver-
dauungsbeschwerden und über dieses schreckliche Gefühl in seinem Magen.
Damals fingen die fortschrittlicheren Kräfte in der Psychiatrie gerade an, sich
intensiver in die Welt des Unbewußten zu vertiefen. Hatte zuvor die genitale
Phase und der Ödipuskomplex im Mittelpunkt des allgemeinen Interesses gestanden, so hatte sich nun beim Studium der Psychose die Aufmerksamkeit auf
die orale Phase verlagert. Man bezeichnete die Brust als »dream screen«, und als
die tiefe Ursache einer Psychose hatte man die »steinerne Mutterbrust« – darüber sprach John Rosen damals – und das Gift der Muttermilch entdeckt. Da
auch ich mich damals der Avantgarde zurechnete, erzählte ich diesem armen

Kerl natürlich alles mögliche über seine Mutter und über seine orale Fixierung
usw., was ich für den Ursprung seiner Wahnvorstellung, er habe Zement im
Magen, hielt. Der Symbolismus erschien mir als völlig einleuchtend.
Ungefähr zu jener Zeit begannen meine Gespräche mit Erickson. Also fragte
ich ihn eines Tages, was ich mit den wahnhaften Vorstellungen dieses Patienten
über den Zement in seinem Magen anfangen sollte. Erickson sagte:»Ich würde
mit dem Patienten zusammen in den Eßsaal des Krankenhauses gehen und dort
etwas essen.« Daß Erickson eine so primitive Verfahrensweise vorschlug, überraschte mich sehr. Weiter sagte er, er würde den Patienten detailliert über Ver-
dauungsprozesse informieren: welche Art von Nahrung leichtverdaulich sei
und deshalb schnell verdaut werde, und mit welchen Speisen das Verdauungs-
system mehr Arbeit hätte, weshalb sie nur sehr langsam verdaut würden. Ich
hatte daraufhin das Gefühl, daß Erickson ganz einfach nicht wisse, wie man
mit psychotischen Wahnvorstellungen dieser Art umgehen müsse. Erst eine
Weile später geriet ich zufällig in den Eßsaal der Klinik und merkte, wie es dort
um die Qualität des Essens bestellt war. Mittlerweile war ich zu der Überzeugung gelangt, daß einer Therapie bei diesem Patienten mehr Erfolg beschieden
sein würde, wenn er in der normalen Welt leben, statt im Krankenhaus sitzen
und über seinen Magen klagen würde.

Als unser Projekt einige Jahre später bereits große Fortschritte gemacht hatte,
war Erickson uns immer noch voraus. Um 1958 arbeitete ich mit Psychotikern
bereits seit einigen Jahren in ihrem normalen Lebenszusammenhang, und wir
hatten sogar schon angefangen, die ganze Familie solcher Menschen therapeutisch zu behandeln. Wir hatten den Kommunikationsansatz entdeckt, und wir
untersuchten die Kommunikation von Kindern und Eltern und versuchten, sie
dazu zu bringen, ihre Gefühle und Vorstellungen über ihre Angehörigen zu
äußern. Unser Ziel war, auf einen Zustand größerer Harmonie und auf eine
engere Beziehung zwischen den Familienmitgliedern hinzuarbeiten. Als ich
einmal mit Erickson über unseren neuen Ansatz sprach, sagte er, er halte es für
einen Fehler zu versuchen, auf einen Zustand größerer Nähe zwischen jungen
erwachsenen Psychotikern und ihren Eltern hinzuarbeiten.»Das ist nicht die
Zeit für Nähe«, sagte er, »es ist eine Zeit, in der junge Menschen sich von der
Familie abnabeln sollten.« Natürlich hatte ich daraufhin das Gefühl, Erickson
könne die Bedeutung der Kommunikationstheorie nicht richtig einschätzen und
er sei nicht über den gerade neu entstehenden Trend zur Konzentration auf das

Familiengeschehen informiert. Erst einige Jahre später wurde mir klar, daß man die Probleme junger erwachsener Psychotiker tatsächlich nicht lösen kann, indem man sie näher an ihre Familie heranbringt, sondern daß man Eltern und Kindern helfen muß, sich voneinander zu trennen, und daß man der Gesamtfamilie helfen muß, diese Veränderung zu verkraften.

Ich möchte hier nicht den Eindruck erwecken, daß Erickson uns *immer* voraus gewesen ist und daß er selbst *nie* etwas hinzugelernt hat. Auch wir hatten einen gewissen Einfluß auf ihn, wie ich zu meiner Überraschung eines Tages feststellte. In jener Zeit hatte Erickson sein eigenes Verfahren, mit einer Person therapeutisch zu arbeiten, die als schizophren diagnostiziert worden war. Beispielsweise war bei ihm eine Lehrerin in Behandlung, die manchmal ziemlich verrückt war. Er überredete sie, ihre Wahnvorstellungen im Schrank in seinem Büro zurückzulassen, wo sie in Sicherheit seien, so daß sie sich wieder ungestört ihrem Unterricht widmen könne. Damit war sie einverstanden, und sie kam in unregelmäßigen Abständen zu Erickson zur Therapie. Dann zog sie in eine andere Stadt um, und sie machte sich Sorgen, sie könnte dort verrückt werden, und Erickson wäre dann nicht in der Nähe. Sie sagte, sie wisse nicht, was sie tun solle. Erickson antwortete ihr: »Wenn Sie einen psychotischen Anfall haben, dann stecken Sie ihn in einen dicken Umschlag und schikken ihn mir mit der Post.« Die Frau war damit einverstanden, und es ging ihr in der anderen Stadt auch weiterhin relativ gut. Hin und wieder schickte sie Erickson einen psychotischen Anfall in einem dicken Umschlag. Was mich an diesem Fall beeindruckte, war nicht allein die Tatsache, daß er der Frau den Vorschlag mit den Umschlägen gemacht hatte, sondern daß er diese Umschläge auch alle aufbewahrte. Er wußte, daß sie eines Tages zu ihm kommen würde und alle diese Umschläge würde sehen wollen. Und genau das tat sie irgendwann.

Wenn man sich mit dieser Therapie beschäftigt, könnte man meinen, Erickson hätte angenommen, er könne die Situation dieser Frau nicht verändern, sondern sie nur stabilisieren. Bei einem meiner späteren Besuche stellte Erickson mir eine junge Frau vor, die ihm gerade ihre Hochzeitsbilder zeigte. Nachdem sie das Haus verlassen hatte, erzählte er mir, sie sei schizophren gewesen und sei davon genesen. Daraufhin sagte ich, daß er meiner Meinung nach früher wohl eher der Ansicht gewesen sei, man könne Schizophrene nur stabilisieren, nicht heilen. Ich fragte ihn, ob das nicht zeige, daß sich seine frühere, eher traditionell orientierte Sicht der Schizophrenie geändert habe. Er bestätigte das und fügte hinzu: »Schließlich habe ich von euch auch etwas gelernt.« Ericksons größter Aktivposten war seine Bereitschaft, seine Verfahrensweisen zu verändern und mit neuen Techniken zu experimentieren. Er war Pragmatiker. Wenn man Erickson und seine Therapie aus einer umfassenden Perspektive betrachtet, so zeigen sein Pragmatismus sowie auch andere Charakteristika, daß er in seinen Ansichten typisch amerikanisch war. Die Geschichten und Beispiele, die er immer wieder anführte, handelten vom Leben auf einer Farm und von den Werten, die in Kleinstädten wichtig sind. Ob er vom Äpfelstehlen oder vom Schwimmen erzählte oder seine Begeisterung über das College-Leben zum Ausdruck brachte, alles, was er erzählte, war typisch amerikanisch. Er hatte eine bestimmte Vorstellung vom Leben in den Vereinigten Staaten, aus denen sich für ihn die verschiedenen Stadien des Familienlebens und eines normalen Menschenlebens ergaben. Er kannte die verschiedenen Regionen Amerikas und ihre speziellen Vorstellungen, Verhaltensweisen und Vorurteile. Er verstand andere Kulturen, weil er seine eigene so gut kannte und sie deshalb mit anderen vergleichen konnte.

Die psychiatrische Tradition, in der Erickson seine Wurzeln sah, unterschied sich von der in Europa entstandenen, welche sich auf die Klassifizierung von Krankheitsbildern und auf deren Diagnose konzentriert. Obgleich auch Erickson sich für Diagnose interessierte, bestand sein Hauptinteresse darin, Veränderungen zu bewirken. Er interessierte sich in erster Linie für Therapie, die er als eine eigenständige Kunstform ansah. Er hat immer wieder betont, daß man gewisse praktische Fähigkeiten entwickeln müsse, um therapeutisch arbeiten zu können. Da er Pragmatiker war, änderte er sein Vorgehen, wenn er merkte, daß er mit dem, was er versucht hatte, nicht zum Ziel kam. Statt mit etwas, das offensichtlich nicht zum Erfolg führte, weiterzuarbeiten, nur weil es irgendeiner Tradition entsprach, wechselte er sofort zu einer anderen Methode über. Er kümmerte sich nicht um irgendwelche Denkschulen, sondern konzentrierte sich auf die reale Welt mit ihren realen Problemen. Er empfahl, daß Therapeuten Methoden benutzen sollten, die ihren Zweck erfüllten, und daß sie Methoden, die dies offensichtlich nicht taten, verwerfen sollten, unabhängig davon, ob dieselben einer bestimmten Tradition entsprachen. Er sprach sich nicht dafür aus, sich an irgendeiner prominenten Persönlichkeit zu orientieren, um das eigene Vorgehen zu rechtfertigen, sondern war der Meinung, man solle die eigene Arbeit aufgrund der damit erzielten Ergebnisse verteidigen. Diese Ideen gelten als charakteristisch für den amerikanischen Pragmatismus, ebenso wie Ericksons Tendenz, aktiv ins Geschehen einzugreifen, statt ein außenstehender Beobachter zu bleiben und in dieser Position auf Veränderungen zu warten.

In den fünfziger Jahren entwickelten sich innovative Therapien in den Vereinigten Staaten geradezu explosionsartig. Plötzlich rückte die Frage, wie man Menschen verändern könnte, ins Zentrum des allgemeinen Interesses, und Studium und Klassifikation menschlicher Probleme traten in den Hintergrund. In jener Zeit entwickelten sich viele unterschiedliche Formen der Verhaltens- und Familientherapie. Es fand eine allgemeine Abkehr von der Philosophie und eine Hinwendung zum Pragmatismus statt, und man machte sich nun mehr Gedanken über soziale Veränderung. Erickson war insofern der Zeit voraus, als er selbst die genannten veränderten Trends im Therapiegeschehen bereits längst vorweggenommen hatte. Man könnte Ericksons Beitrag zur gegenwärtigen Revolution im therapeutischen Bereich mit Hilfe der Feststellung beschreiben, daß seine Ansicht über Vorgehen und Zweck einer Therapie genau das Gegenteil von dem beinhaltete, was traditionelle Therapeuten jener Zeit für richtig hielten. Daß es ihm gelungen ist, aus dem therapeutischen Mainstream auszuscheren und zu einer solchen Extremposition zu gelangen, ist im Grunde fast unglaublich. Ebenso schwer fällt es zu glauben, daß die damals tonangebende Tendenz so falsch gelegen haben soll, daß es jemandem als adäquat erschien, das genaue Gegenteil zu tun. Ich möchte deshalb nun einige konkrete Aspekte von Ericksons innovativen Vorstellungen aufführen und ihnen die noch vor einigen Jahren allgemein akzeptierten Ansichten gegenüberstellen.

Hypnose

In den vierziger und fünfziger Jahren wurde Hypnose so gut wie nie therapeutisch eingesetzt. In der psychiatrischen Ausbildung lernte man nicht, Patienten zu hypnotisieren, und Sozialarbeitern hätte man wahrscheinlich die Arbeitserlaubnis entzogen, wenn sie es gewagt hätten, einen Klienten zu hypnotisieren. Wenn man sich mit Hypnose auseinandersetzen wollte, mußte man an speziellen Seminaren reisender Dozenten teilnehmen. Trotz dieser allgemeinen Ächtung der Hypnose in jener Zeit benutzte Erickson sie in der Therapie, und er entwickelte ein großes Spektrum unterschiedlicher Techniken und trat dafür ein, Hypnoseunterricht zu einem festen Bestandteil der Ausbildung jedes Klinikers zu machen.

Symptome

Die Therapie war in jener Zeit nicht symptom-orientiert. Es hieß, Symptome seien unwichtig, und das eigentliche Problem liege in den Wurzeln der Charakterstruktur und der Persönlichkeit. Aufgrund dieser Sichtweise wußten die Kliniker nicht nur nicht, wie man Symptome verändern kann, sondern sie verkündeten dazu auch noch, man *solle* dies nicht tun, weil dann irgendein nicht näher beschriebenes Desaster eintreten würde. Erickson hingegen orientierte seine Therapie an den Symptomen. Er war der Meinung, man könne die Charakterstruktur eines Menschen verändern, indem man die Therapie auf das spezifische Problem konzentriere. Er pflegte zu sagen, das Symptom gleiche dem Griff eines Topfs, und wenn man den Griff gut festhalte, könne man mit dem Topf eine Menge tun. Er lehrte, man solle das Symptom keineswegs ignorieren, sondern sich im Gegenteil bemühen, alle Details darüber herauszufinden. Untersuche man Häufigkeit, Intensität seines Auftretens und dergleichen, so würde ein Symptom zu etwas, das man eher bewundern müsse, da es mit allen Aspekten des Lebens verbunden sei. Therapeuten, die Symptome ignorierten und sagten, man solle sich nicht um sie kümmern, würden nie lernen, die Komplexität des Symptomverhaltens zu würdigen. Außerdem würden sie auch nie lernen, das zu verändern, was der Patient gern ändern würde.

Einsicht und Unbewußtes

Am weitesten entfernte sich Erickson von seinen Kollegen, was seine Ansichten über die Einsicht des Patienten in seine Probleme und die Natur des Unbewußten betraf. In den vierziger und fünfziger Jahren war die Macht der Befürworter der Einsicht fördernden Therapie am größten. Damals taten Therapeuten nichts anderes, als ihre Patienten mit Interpretationen zu beglücken. Es wurde allgemein angenommen, daß das Problem eines Menschen ein Produkt seiner Verdrängung sei und daß deshalb die verdrängten Vorstellungen bewußt ge-

macht werden müßten. Erickson, der umfangreiche Experimente mit unbewuß-
tem, verdrängtem Material, mit Versprechern, Erinnerungen und Träumen
durchgeführt hatte, hatte jenen Ansatz offenbar bereits in den vierziger Jahren
verworfen, weil er in seinen Augen für die Therapie irrelevant war. Damals
herrschte die Vorstellung, wenn ein Therapeut nicht versuche, den Patienten zu
einer Einsicht zu geleiten, betreibe er nur eine sehr oberflächliche Art der Therapie. Erickson hingegen war der Ansicht, daß »Einsichtstherapie« nicht zu
einer Veränderung führe, und er vertrat sogar implizit die Ansicht, daß die
Interpretation psychodynamischer Vorgänge echte Veränderung geradezu verhindern könne.

Ericksons Sicht des »Unbewußten« beinhaltete das Gegenteil der psychodynamischen Sichtweise jener Zeit. Jene und die auf ihr basierende Einsichtstherapie basierte auf der Vorstellung, daß das Unbewußte ein Ort sei, in dem sich
negative Kräfte und Ideen sammelten, die so unakzeptabel seien, daß sie unterdrückt werden müßten. Dieser Sichtweise entsprechend mußte sich der Mensch
vor seinen unbewußten Vorstellungen hüten und den feindseligen und aggressi-
ven Impulsen mißtrauen, die zum Ausdruck drängten. Erickson hingegen vertrat die entgegengesetzte Ansicht, da das Unbewußte seiner Meinung nach eine
positive Kraft war, die über mehr Weisheit verfügte als das »Bewußtsein«. Er
war der Meinung, wenn ein Mensch sein Unbewußtes gewähren lasse, so würde dieses sich auf positive Weise aller übrigen Dinge annehmen. Erickson betonte, man müsse seinem Unbewußten vertrauen und könne von ihm erwarten,
daß es stets das bestmögliche Ergebnis anstrebe. Beispielsweise sagte er, wenn er
einen Gegenstand verlegt hätte, versuche er nie, ihn aufgeregt zu suchen. Er
gehe vielmehr davon aus, daß sein Unbewußtes ihn aus seinem Gesichtsfeld
gebracht hätte und ihn im richtigen Augenblick wieder auftauchen lassen würde.

Infolgedessen macht Erickson in seinen Therapien nie Aussagen wie: »Ist
Ihnen aufgefallen, daß Sie Ihren Mann immer erwähnen, nachdem Sie Ihren
Vater erwähnt haben?« Oder: »Haben Sie sich eigentlich schon einmal Gedanken darüber gemacht, ob Sie den unbewußten Wunsch haben könnten, sich
dieser Therapie zu widersetzen?« Er war nicht der Ansicht, daß Einsicht in
unbewußte Vorstellungen, die unterdrückt worden waren, eine positive Rolle
bei einer Veränderung spielen könnte. Deshalb wohl mußte seine Art der Therapie einem analytisch arbeitenden Therapeuten so merkwürdig erscheinen.

Wie zum Beispiel sollte solch ein Therapeut verstehen, daß Erickson mit einer Frau, die unter Depressionen litt, vereinbarte, daß sie jede Woche eine bestimmte Zeit dafür reservieren sollte, in der sie deprimiert sein konnte? Und wie hätte ein Analytiker verstehen sollen, daß Erickson den Patienten paradoxerweise aufforderte, ein Symptom aufrechtzuerhalten?

Erickson bot seinen Patienten sogar das Gegenteil von Einsicht an, indem er für das Vergessen eintrat und dafür, Menschen zu verändern, ohne daß es ihnen bewußt wurde. Statt seinen Patienten zu helfen, die verborgene Bedeutung ihrer Träume oder Phantasien zu verstehen, veränderte er sie so, daß sie anders träumten und phantasierten. Er hielt eine »Interpretation« für eine absurde Vereinfachung einer komplexen Kommunikation. Auch bei seiner Arbeit mit Analogien und Metaphern unterschied sich sein Vorgehen von dem anderer Therapeuten seiner Zeit. Die Art, wie Erickson analoge Kommunikation benutzte, beinhaltete implizit eine neuartige Theorie der Veränderung. In der Vergangenheit hatten Kliniker die Analogien der Patienten benutzt, um Information zu sammeln, und genau aus diesem Grund befragten sie sie auch über ihre Phantasien und Träume. Oder sie nahmen an, wenn sie dem Patienten die metaphorische Bedeutung seiner Analogien zu Bewußtsein brächten, so führe dies zu Veränderung; den gleichen Sinn hatten für sie auch Gespräche über die Parallelen zwischen dem Inhalt einer Phantasie und einer Situation des realen Lebens.

Erickson hingegen vertrat die genau gegenteilige Ansicht. Er war nicht der Meinung, daß man Veränderungen herbeiführen könne, indem man Menschen auf Parallelen in ihren analogen Präsentationen aufmerksam mache. Er war sogar der Meinung, dies könne Veränderungen eher verhindern. Er glaubte, Gewahrsein würde die Komplexität der zu verändernden Thematik in unzuträglicher Weise reduzieren. Wenn er beispielsweise über Nahrung und Essen sprach, um einen Patienten dahingehend zu beeinflussen, daß er mehr Freude am Sex entwickelte und sich weniger gehemmt fühlte, so achtete er sorgsam darauf, daß sich der Patient nicht der Parallele zwischen Essen und Sex bewußt wurde. Er pflegte zu sagen, wenn Patienten sich irgendwelcher Parallelen bewußt würden, solle man augenblicklich das Thema wechseln. Eine in diesem Sinne durchgeführte Therapie setzte seiner Meinung nach zwei Dinge voraus: Erstens müsse man über etwas sprechen, das etwas, das der Patient zu verändern wünsche, entspreche. Das heißt, man solle über A sprechen, um B zu verändern, wenn es zwischen beiden Ähnlichkeiten gebe. Sobald ein solcher Vergleich gezogen worden sei, müsse der Therapeut auch eine Aussage darüber machen, wie A beschaffen sein müsse, damit B verändert werde. Lediglich über A zu sprechen und den Vergleich zu ziehen reiche nicht aus, und wenn der Vergleich dem Patienten bewußt werde, so mache dies jede Veränderung unmöglich. Beispielsweise reiche es nicht aus, einfach nur über Essen als Analogie zu Sex zu sprechen. Der Therapeut müsse außerdem auch klar die Ansicht vertreten, daß man Essen genießen solle. Beispielsweise könnte er sagen, man müsse die Appetitanreger genießen, um vor dem Hauptgericht die Verdauungssäfte anzuregen. Damit ist im analogen Bereich eine Aussage darüber gemacht worden, wie eine Veränderung bewirkt werden kann. Ich glaube, daß diese Verfahrensweise es Erickson oft ermöglicht hat, sich als Dozent Demonstrationsobjekten gegenüber so ethisch zu verhalten, wie er es tat. Er sprach darüber, wie seiner Meinung nach Dinge in einem bestimmten Bereich sein sollten, um in einem anderen Bereich eine Veränderung herbeizuführen.

Wir wollen uns nun noch mit einem anderen Beispiel dafür beschäftigen, wie Erickson außerhalb des Bewußtseins seiner Patienten arbeitete. Wenn ein Mensch in seinen Beziehungen zu anderen in einem Teufelskreis gefangen ist, besteht die traditionelle therapeutische Vorgehensweise darin, dem Betreffenden diesen Teufelskreis zu Bewußtsein zu bringen, weil man annimmt, daß er dann aufhören kann, das problematische Verhalten zu wiederholen. Erickson hingegen machte sich erst gar nicht die Mühe, das Verhalten bewußtzumachen, sondern machte sich einfach daran, es zu verändern. Manchmal belegte er sogar einen Teil des Verhaltens mit einer Amnesie, so daß die betreffende Person etwas tat und anschließend vergaß, daß sie es getan hatte, was zur Folge hatte, daß sie es später wieder tun konnte. Die Wiederholung zwang die übrigen Beteiligten, anders zu reagieren, und auf diese Weise veränderte sich das gesamte Verhaltensmuster.

Obgleich Erickson seine Patienten nicht in der üblichen Weise zu einer Einsicht zu geleiten versuchte, war er doch ein Erzieher. Mit Hilfe von Rätseln machte er seinen Patienten klar, daß das Leben komplexer war, als sie dachten. Oft hielt er ihnen auch regelrechte Vorträge über medizinische und anderweitige Themen. Er gab ihnen Informationen über ihre Sexualorgane und brachte ihnen auch spezifische Sexualpraktiken bei, lange bevor »Sexualtherapie« erlaubt war und in Mode kam. Auch deshalb war sein Ruf so umstritten.

Die Position des Therapeuten

Traditionell übernahmen Therapeuten gegenüber Patienten die Rolle objektiver Berater. Sie waren Beobachter und spiegelten den Patienten, was diesen half, ihre Probleme und Motivationen zu verstehen. Statt in das Leben der Patienten einzugreifen, nahmen sie die Position außenstehender, nicht involvierter Beobachter ein. Wenn man sie gefragt hätte, ob sie es als ihre Aufgabe ansähen, ihre Patienten zu verändern, hätten sie dies sicherlich verneint und gesagt, ihre Aufgabe sei, den Patienten zu einem Verständnis ihrer selbst zu verhelfen, so daß sie sich, wenn sie wollten, zu einer Veränderung entschließen könnten. Da sie sich nicht für Veränderungen verantwortlich hielten, fiel die Verantwortung für einen eventuellen Mißerfolg der Therapie dem Patienten zu. Das bedeutete letztlich, daß die Therapeuten von den Patienten Geld nahmen, um sie zu verändern, sich aber gleichzeitig weigerten, die Verantwortung dafür zu übernehmen, daß tatsächlich eine Veränderung eintrat – ein ziemlich merkwürdiges Paradox.

Wenn wir nun fragen, was das Gegenteil der traditionellen therapeutischen Einstellung sein könnte, stoßen wir auf Erickson. Er sah es als seine Aufgabe und Verantwortung an, den Patienten zu verändern. Wenn es nicht zu einer Veränderung kam, hatte er versagt. Ich kann mich noch gut daran erinnern, daß er oft in grimmigem Ton sagte: »In diesem Fall bin ich immer noch der Verlierer!« Er war kein objektiver Beobachter oder Berater, sondern griff aktiv in das Leben seiner Patienten ein. Seiner Ansicht nach war das, was er tat, die Ursache für Veränderung, nicht irgendein objektives Gewahrsein, das der Patient irgendwann erreichte. Er hatte nichts dagegen einzuwenden, Patienten in ihrem Haus oder an ihrer Arbeitsstätte zu besuchen und sie zu Orten zu begleiten, vor denen sie sich fürchteten.

Selbst Psychoanalytiker, die den Ruf hatten, sich sehr stark in das Privatleben ihrer Patienten einzumischen, äußerten die Meinung, Erickson trete seinen Patienten zu nahe. Beispielsweise hat Frieda Fromm-Reichmann, die selbst nicht gerade die distanzierteste Psychotherapeutin war, einmal mir gegenüber zum Thema Erickson gesagt: »Hätten Sie sich nicht für Ihre Untersuchungen einen Therapeuten aussuchen können, der weniger stark mit seinen Patienten involviert ist?«

Obgleich Erickson mit seinen Patienten sehr persönlich umging, zeigte er nie jene Art von kumpelhaftem Verhalten, das typisch für viele Therapeuten der humanistischen Therapie ist. Er schaffte es, professionelle Distanz zu halten und gleichzeitig Freund und Vertrauensperson zu sein. So wie viele andere Aspekte von Ericksons Wirken waren auch seine Nähe und gleichzeitige Distanz ein paradoxes Phänomen.

Beispielsweise hat er einmal das Wesen hypnotischer Trance als Fokussierung der Aufmerksamkeit definiert und in diesem Zusammenhang auch gesagt, Amnesie sei ein Produkt ebenjener Aufmerksamkeit. Er sagte, er könne mit einem Patienten über ein emotional bewegendes Geschehen sprechen und in diesem Augenblick seine Schuhe von sich schleudern, und nachdem er seine Schuhe wieder angezogen hätte und den Patienten später nach der Szene mit den Schuhen frage, würde dieser sich nicht daran erinnern. Während Erickson über Konzentration und Amnesie sprach, machte ich mir Gedanken über *ihn*. Offenbar konnte er einem Patienten nahe genug sein, um ein emotional bewegendes Geschehen zur Sprache zu bringen, und gleichzeitig so distanziert, daß er ein solches Experiment mit seinen Schuhen durchführen konnte.

Kurzzeit-Therapie

In jener Zeit herrschte die Ansicht, daß nur eine sehr lange Therapie Veränderungen bewirken könne. Über Kurzzeit-Therapie herrschte die Meinung, daß sie lediglich weniger bewirke als eine lange Therapie, also weniger Einsicht. Erickson arbeitete völlig anders, indem er eine Therapie so kurz wie möglich hielt. Längere Therapien führte er generell nur durch, wenn sich das Problem nicht in kürzerer Zeit lösen ließ. Statt einen Patienten von vornherein mehrmals wöchentlich zur Therapie zu bestellen, arbeitete er in unregelmäßigen Abständen und über unterschiedliche Zeitspannen.

Sogar die Art, wie er über Kurzzeit-Therapie sprach, war paradox. Er sagte, wenn man eine schnelle Veränderung erreichen wolle, müsse man sehr bedächtig zu Werke gehen. Er war der Meinung, wenn man bei einem Symptom, das 24 Stunden täglich bestand, für eine einzige Sekunde eine Veränderung erreiche, so sei das ein wichtiger Fortschritt. Durch Hypnose gelang es ihm oft, eine solche Ein-Sekunden-Veränderung in geometrischer Progression zu steigern – von eins zu zwei zu vier usw. Die kleine Veränderung führte unvermeidlich zu einer größeren. Erickson pflegte zu sagen, wenn man eine große Veränderung erreichen wolle, solle man um eine kleine bitten. Außerdem fand Ericksons Kurzzeit-Therapie in der realen Welt statt. Er praktizierte eine Therapie des gesunden Menschenverstandes, insofern er in der Lage war, den Menschen in dem Umfeld, in dem er lebte, zu helfen, ob dies der Friseur, der Besitzer eines Kleidergeschäfts, ein Kellner in einem Restaurant oder wer auch immer war. Er war mit den alltäglichen Vorgängen des normalen Lebens vertraut, wußte, wie es in Familien gewöhnlich zugeht, und verstand, was Kinder in verschiedenen Stadien ihrer Entwicklung taten. Er war auch mit den Problemen des Älterwerdens vertraut und kannte aus eigener Erfahrung die Probleme des Umgangs mit Schmerz und physischen Krankheiten.

Direktive Therapie

Vor Erickson arbeiteten Therapeuten traditionell nicht-direktiv. Es wurde als Fehler angesehen, jemandem zu sagen, was er tun solle, sowohl hinsichtlich großer Probleme als auch hinsichtlich dessen, worüber er im Behandlungsraum sprechen sollte. Dahinter verbarg sich die naive Annahme, man könne monate- oder sogar jahrelang mit einem Patienten sprechen, ohne ihn in dem, was er sagte und tat, zu beeinflussen.

Erickson machte sich die gegenteilige Position zu eigen. Er war der Ansicht, Veränderung stelle sich ein, wenn der Therapeut direktiv arbeite. Er sagte, alles, was man in Gegenwart eines Klienten sage oder tue, wirke direktiv; das Problem sei, dies auf eine zuträgliche Weise zu tun, statt so zu tun, als würde es gar nicht stattfinden.

Einbeziehen von Familienmitgliedern

In der traditionellen Therapie wurde es als unkorrekt abgelehnt, die Verwandten eines Patienten in die Behandlung einzubeziehen. Viele Therapeuten lehnten es sogar ab, am Telefon mit Angehörigen ihrer Patienten zu sprechen, weil sie fürchteten, dies könne der Therapie einen nicht wiedergutzumachenden Schaden zufügen. Auch in diesem Punkt vertrat Erickson die entgegengesetzte Meinung. Er war durchaus dafür, Verwandte an Therapiesitzungen teilnehmen zu lassen, und er war sogar einer der ersten Therapeuten, die Sitzungen mit vollständigen Familien durchführten. Manchmal ließ er Eltern mit ihrem Kind zusammen erscheinen, manchmal getrennt, und genauso machte er es auch mit Paaren. Er war einer der ersten, die Methoden erarbeiteten, mit deren Hilfe man Verwandte dazu bewegen konnte, zur Therapie zu erscheinen, wenn sie dies ablehnten. Wenn beispielsweise ein Ehemann trotz ausdrücklicher Einladung nicht bereit war, zusammen mit seiner Frau zur Therapie zu kommen, fing Erickson an, auf eine Situation hinzuarbeiten, die ihn bewegen würde zu kommen. Er sagte dann zu der Frau beispielsweise: »Ihr Mann würde diese Sache wahrscheinlich so verstehen«, und in einer anderen Situation etwa: »Ich bin mir sicher, daß Ihr Mann das so sieht.« Dabei formulierte er jeweils eine Ansicht, die nicht zutreffend war und die der Ehemann mit Sicherheit *nicht* hatte. Wenn die Frau dann nach Hause kam und der Mann sie über die Therapiesitzung ausfragte, kam heraus, daß Erickson dessen Ansichten »völlig falsch verstanden« hatte. Gewöhnlich dauerte es dann nicht lange, und der Ehemann bat um ein Gespräch, um »die Dinge richtigzustellen«. Damit hatte Erickson sein Ziel erreicht.

Erickson konnte sehr gut mit Familien umgehen. Während Freud sagte, er wisse nicht, was er mit den Verwandten seiner Patienten anfangen solle, war das für Erickson kein Problem. Mehr als jeder andere Therapeut seiner Zeit definierte Erickson Symptome als Verträge zwischen Verwandten – also nicht nur als den Ausdruck eines Einzelnen. Er war auch bereit, mit Freunden und Kollegen seiner Patienten therapeutisch zu arbeiten. Da ihm die Mystifikation seiner Beziehung zu den Patienten nicht wichtig war, konnte er einen Menschen gleichzeitig professionell (aus therapeutischer Sicht) und in seiner sozialen Situation sehen.

Man könnte verallgemeinernd sagen, daß traditionelle Therapeuten nichtdirektive Berater von Einzelpatienten waren. Ihre ausgeprägteste Aktivität bestand darin, die Patienten zu ermutigen, über sich selbst zu sprechen und sich auszudrücken. Sie verwendeten keine Hypnose, gaben keine Direktiven, vermieden den Kontakt mit Angehörigen und hielten keine Sitzungen mit ganzen Familien ab. Außerdem befaßten sie sich nicht mit Symptomen. Um sowohl in der individual- als auch in der Gruppentherapie Veränderungen zu bewirken, verließen sie sich fast ausschließlich auf Interpretationen.

Erickson entwickelte zu jeder dieser Variablen einen entgegengesetzten Ansatz. Er nahm aktiv am Leben seiner Patienten Anteil, benutzte Hypnose, arbeitete sowohl mit paradoxen als auch mit unmittelbaren Direktiven, bezog Verwandte in die Therapie ein, lieferte seinen Patienten keine erklärenden Interpretationen und praktizierte keine Gruppentherapie; überdies förderte er Amnesie und konzentrierte sich in seiner Arbeit auf Symptome.

Wenn wir einen Blick auf die vielfältigen therapeutischen Schulen unserer Zeit werfen und uns die generelle Tendenz im gesamten Therapiebereich anschauen, so stellen wir fest, daß sich die allgemeine Entwicklung heute Ericksons Positionen genähert hat. Sein Therapieansatz ist heute akzeptiert und wird gelehrt, wohingegen der Widerstand seiner Gegner mehr und mehr wie eine historische Kuriosität erscheint. Wenn Erickson heute fünfzig Jahre alt und auf der Höhe seiner Schaffenskraft wäre, wäre er wahrscheinlich die zentrale Gestalt im Bereich der Therapie. Man könnte es für eine traurige Tatsache halten, daß er seiner Zeit zwanzig Jahre voraus war und deshalb in seinen jüngeren Jahren nicht die ihm gebührende Anerkennung gefunden hat. Doch halte ich es für besser, sich darüber Gedanken zu machen, wie er dazu beigetragen hat, unsere Zeit zu schaffen. Wenn Erickson seine Arbeit nicht getan und nicht so viel gelehrt hätte, hätten wir nicht die therapeutischen Ideen und Möglichkeiten, die wir heute haben.

Wählt man irgendeinen Aspekt von Ericksons Werk aus, um darüber zu sprechen, so vernachlässigt man zwangsläufig einen anderen Aspekt. Die Komplexität, die er an menschlichen Wesen so sehr zu schätzen wußte, kommt auch in ihm selbst zum Ausdruck. Wenn man Ericksons Engagement für Menschen in der realen Welt betont, darf man nicht vergessen, daß er auch die Welt der Phantasie sehr stark entwickelt hat. Für Erickson war der menschliche Geist ein Haus mit vielen Zimmern und unzähligen Eingängen und Ausgängen, und diese verschiedenen Abteilungen waren oft unabhängig voneinander aktiv. Man kann Geheimnisse vor anderen Menschen haben, aber man kann auch vor sich selbst Geheimnisse haben. Erickson kam mit dem Innenleben von Menschen und mit ihren Traumzuständen ebensogut zurecht wie mit den Schwierigkeiten, die ein Schulkind mit dem Rechnen hat.

Ich habe in dieser Beschreibung versucht, einige allgemeine und spezifische Aspekte von Ericksons Wirken darzustellen. Dabei steht mir Ericksons Ansicht vor Augen, daß jedes Bewußtmachen und Formulieren einer Vorstellung über das menschliche Leben ein komplexes Thema zu einer im Grunde unzulässigen Vereinfachung reduziert. Dieses Problem betrifft auch das, was ich hier über diesen außergewöhnlichen Menschen und sein Werk gesagt habe. Später einmal werden ihn wahrscheinlich andere in umfassenderer Weise verstehen als wir heute. Deshalb möchte ich zum Abschluß einen Ausspruch von A.N. Whitehead paraphrasieren: Ich hoffe, daß ich mit meiner Darstellung die unermeßliche Dunkelheit des Themas Milton Erickson nicht getrübt habe.

4

Erinnerungen an Erickson
Ein Dialog zwischen
Jay Haley und John Weakland

(1985)

Der folgende Text ist das Transkript einer Videoaufzeichnung, die Jay Haley produziert und der Erickson Foundation geschenkt hat. Das Video wurde im Rahmen des Medienprogramms eines Erickson-Kongresses vorgeführt.

H.: Was ist deine früheste Erinnerung an eine Begegnung mit Milton Erickson?

W.: Soweit ich mich erinnere, hast du ihn vor mir kennengelernt. Du warst auf einem seiner Workshops, und damit hat die ganze Sache angefangen. Ich habe ihn erst kennengelernt, als wir das erste Mal zusammen nach Phoenix fuhren.

H.: Du hast ihn also in Phoenix kennengelernt?

W.: Ich glaube ja.

H.: Ich erinnere mich, daß ich im Rahmen von Batesons Projekt an einem Hypnose-Seminar teilnehmen wollte, um hypnotische Kommunikation zu studieren. Ich hatte gehört, daß in San Francisco solch ein Seminar stattfinden sollte. Ich fragte Gregory, ob ich daran teilnehmen könnte. Er fragte nach dem Kursleiter, und ich antwortete, es sei Milton Erickson. Daraufhin sagte er: »Ich werde ihn anrufen.« So erfuhr ich, daß er Milton Erickson kannte; er und Margaret Mead hatten ihn einige Jahre vorher konsultiert.

W.: Bateson schien fast jeden zu kennen. Aber du wußtest nicht, daß er Erickson kannte.

H.: Er rief also Milton an und fragte, ob einer seiner Assistenten an dem Seminar teilnehmen könne. Milton war einverstanden.

Ich nahm also an dem Seminar teil. Es war eines von der Art, bei denen Vorträge gehalten werden und diskutiert wird, anschließend findet eine Demonstration statt, und dann versuchen die Seminarteilnehmer, das Gelernte in Übungen selbst umzusetzen.

An eine Begebenheit während jenes Seminars erinnere ich mich noch sehr gut. Erickson sprach vor der Gruppe und wollte etwas demonstrieren. Er sagte: »Könnte jemand aus der Gruppe nach vorn kommen und sich als freiwillige Versuchsperson zur Verfügung stellen?« Daraufhin spannte sich der Muskel in meinem Oberschenkel. Es war ein sehr merkwürdiges Gefühl – eine unwillkürliche Bewegung, die mich fast gegen meinen Willen aufstehen ließ. Doch dann erhob sich der Teilnehmer, der vor mir saß und ging nach vorn. Ich habe also letztlich nichts getan, aber ich habe nie zuvor ein solches Gefühl gehabt.

W.: Wenn der andere nicht schnell genug aufgestanden wäre, hättest du vielleicht auf der Bühne gestanden.

H.: So ist es. Es war ein sehr merkwürdiges Gefühl. Nach jenem Seminar entschloß ich mich, Hypnose zu einem Bestandteil des Projekts mit Bateson zu machen. Und dann fingen wir an, Milton zu besuchen, und wir machten es uns zur Gewohnheit, mindestens eine Woche im Jahr mit ihm zusammen zu sein. Ich glaube, der erste dieser Besuche fand im Jahre 1955 statt, und mein letzter, glaube ich, 1971.

W.: Du bist noch einige Zeit hingefahren, nachdem ich schon damit aufgehört hatte.

H.: Sechzehn oder siebzehn Jahre lang habe ich das gemacht. Und wenn er nach Palo Alto kam, rief er mich jedesmal an, und ich nahm dann an seinem Seminar teil.

W.: Du hast mich nach meiner Erinnerung an meine erste Begegnung mit ihm gefragt. Ich habe da eine Erinnerung, bin mir aber nicht sicher, ob sie wirklich von meiner ersten Begegnung mit ihm stammt. Wir gingen in sein Haus, und er saß da an seinem Schreibtisch, beugte sich vor und sagte: »Also gut. Was wollen Sie von mir?«

Ich kann mich noch so gut an sein Haus erinnern. Es war ein kleines Backsteinhaus in der Nähe des Stadtzentrums von Phoenix, ein Haus mit drei Schlafzimmern, und es lebten sechs oder acht Kinder darin.

W.: Ein sehr bescheidenes kleines Häuschen.

H.: Ja. Und es kamen ständig Besucher aus New York und Mexico und aus der ganzen Welt. Sein Wohnzimmer diente gleichzeitig als Wartezimmer. Die kleineren Kinder spielten dort, und die Patienten warteten.

W.: Ich erinnere mich noch gut daran, wie ich mich damals darüber gewundert habe. In New York, in meiner analytischen Behandlung, hatte ich nie einen Menschen im Wartezimmer gesehen. Und man verließ den Behandlungsraum durch eine andere Tür, so daß man den Patienten, der als nächster kam, auch nicht sah. Die Vorstellung, daß Ericksons Kinder im Wartezimmer mit seinen Patienten spielten, von denen einige wirklich sehr eigenartig waren, war für mich wie eine Offenbarung.

H.: Ich erinnere mich noch, daß Betty, seine Frau, mir einmal erzählte, ein Besucher habe zu ihr gesagt: »Ich habe noch nie zuvor eine Puppe angezogen.« Kristi oder Roxie, eine von Ericksons Töchtern, muß ihn gebeten haben, eine Puppe anzuziehen.

Er hatte ein Wohnzimmer und ein Eßzimmer, und auf dem Eßzimmertisch lagen die Unterlagen für die Zeitung, die er zusammen mit seiner Frau herausgab. Und dann hatte er noch dieses kleine Büro und Behandlungszimmer, das ungefähr 2,5 oder höchstens 3 Meter im Quadrat groß war. Darin stand nichts weiter als zwei oder drei Stühle, sein Schreibtisch und ein paar Bücherregale.

W.: Schon wenn ich mit ihm allein darin war, erschien es mir ziemlich voll.

H.: Er hat dazu bemerkt, ihm gefalle es, wenn die Leute ihm so nahe wären, daß er sie berühren könne. Er konnte sie mit einer Hand berühren. Bei den Gesprächen mit ihm lief die Klimaanlage, draußen bellte der Hund, und seine Frau rief ständig nach den Kindern; das war schon ein ziemlich merkwürdiges Hintergrundkonzert. Und dazu tickte auch noch ständig diese Uhr auf seinem Schreibtisch: tick, tick, tick, tick.

W.: All dies war in gewisser Weise charakteristisch. Erickson war nicht der Meinung, man könne eine Behandlung nur in einer keimfreien und schalldichten Umgebung durchführen. Er hielt das weder bei Hypnose noch bei irgendeiner anderen Behandlungsmethode für erforderlich.

H.: Während unserer Besuche wohnten wir in einem Hotel im Stadtzentrum. Von dort aus besuchten wir ihn und sprachen zwischen zwei Patiententerminen eine Stunde lang mit ihm. Danach gingen wir zum Hotel zurück, dachten darüber nach, was er gesagt hatte, revidierten unsere weiteren Fragen an ihn, gingen zurück zu seinem Haus und verbrachten wieder eine Stunde im Gespräch mit ihm. So verging die ganze Woche.

W.: Wir machten ständig Pläne, und wir mußten sie ständig revidieren, weil er sich nie genau daran hielt.

H.: Er hatte die Angewohnheit, uns das zu sagen, wovon er meinte, es sei gut für uns, nicht also, was er eigentlich hatte sagen wollen.

W.: Gewöhnlich stand das, was er sagte, in einer gewissen Beziehung zu unseren Fragen und Plänen, aber es war kaum das, was man eine direkte Antwort nennen würde.

H.: Bei seiner Art zu reden konnte man sich nie völlig sicher sein, ob das, was er sagte, sich auf den Gesprächspartner persönlich bezog, ob er etwas über einen Fall erzählte, der ihn interessierte, oder ob er als Lehrer über wichtige Zusammenhänge sprach. Gewöhnlich ging es um alle diese Dinge gleichzeitig. Er hat uns ein paar großartige Fallgeschichten erzählt.

Dazu fällt mir ein, daß ich vor einiger Zeit noch einmal eines der alten Bänder gehört habe, eines, auf dem er wohl zum erstenmal den Ausdruck *Ordeal-Therapie* benutzt hat. Wir hielten das damals für ziemlich merkwürdig und hatten offenbar noch nie etwas davon gehört. Es gab da den Fall eines Mannes, der in Panik geriet, wenn er in einem Fernsehstudio zum Mikrophon gehen sollte. Er war Fernsehsprecher. Er mußte jeweils ungefähr fünfzehn Minuten nach Luft schnappen, bevor er zum Mikrophon gehen und sprechen konnte. Erickson erklärte ihm eine Theorie über Energie und insbesondere überschüssige Energie und empfahl ihm dann, jedesmal, wenn er Angst bekäme, drei tiefe Kniebeugen zu machen. Dann ließ er ihn mitten in der Nacht aufstehen, um tiefe Kniebeugen zu machen, wenn die Angst ihn überfiel. Wir fanden das ziemlich komisch. Später probierte ich diese Methode dann bei einigen Fällen in meiner eigenen Praxis aus, und es erwies sich als sehr wirksam. Aber ich glaube, damals hat er diesen Begriff zum erstenmal erwähnt, und er erwähnte ihn ganz beiläufig – nicht so, als ob ein altbekanntes Verfahren gewesen wäre, das er irgendwann einmal entwickelt hatte.

W.: Ich kann mich nicht daran erinnern, daß wir damals zum erstenmal etwas über *Ordeal-Therapie* hörten. Ich hätte gedacht, daß es sich um jemanden handelte, der unter Schlaflosigkeit litt, den er mitten in der Nacht aufstehen und das Haus reinigen ließ. Als ich das von Milton hörte, hatte ich zwei sehr merkwürdig widersprüchliche Empfindungen. Einerseits hielt ich es für hochinteressant und meinte, an der Sache müsse etwas dran sein. Das schien mir ganz sicher der Fall zu sein, aber ich bekam einfach nicht heraus, *was* zum Teufel es war, weil es sich so ungeheuer von allen Behandlungsmethoden unterschied, über die ich jemals etwas gehört hatte.

H.: Das ist für mich das Entscheidende – der ungeheure Kontrast zu allem anderen, wovon wir jemals gehört hatten. Zu jener Zeit studierten wir auch die therapeutische Arbeitsweise einiger anderer Leute. Wir lasen viel darüber, versuchten uns darüber klar zu werden, was dahintersteckte, und das, was er tat, war so ungewöhnlich, daß es sehr schwer zu begreifen war. Das ist heute schwer zu glauben, weil viele dieser Dinge uns heute als so selbstverständlich erscheinen. Aber damals... Und diese Bänder wieder zu hören, uns über bestimmte Dinge, die er tat, lachen zu hören, die uns heutzutage als Selbstverständlichkeiten erscheinen...

W.: Es gibt für mich heute immer noch Situationen, in denen ich etwas über seine Fälle lese oder höre und plötzlich das Gefühl habe, etwas zu begreifen, das ich vorher nicht begriffen hatte.

H.: Er hat so viele Dinge erwähnt, die er dann näher ausführte, wenn man ihn danach fragte. Wenn man nicht fragte, sprach er nicht darüber. Ich weiß nicht, ob ich dir schon irgendwann einmal von der folgenden Sache erzählt habe. Es kann sein, daß wir noch nie darüber gesprochen haben. Erinnerst du dich an das Bettnässerpaar, das sich kennenlernte und heiratete, und dann näßten sie gemeinsam das Bett? Er ließ sie auf dem Bett niederknien und das Bett absichtlich nässen, und dann mußten sie sich in das nasse Bett legen, und zwar dreißig Tage lang. Eines Tages fragte ich ganz beiläufig: »Warum mußten sie knien?« Er antwortete: »Das sind religiöse Menschen. Sie knieten sowieso jeden Abend neben dem Bett nieder und beteten.« Sogar das hatte er einbezogen. Er hätte sie auch auf dem Bett stehen lassen können, und er hätte es auch auf eine völlig andere Weise machen können.

W.: Ich denke ähnlich über die Geschichte der Frau, die er auf ihrem aufsässi-
gen Kind sitzen ließ. Erst als er das zum zweiten oder dritten Mal erzählte,
wurde mir klar, daß die Frau auch an Übergewicht litt und daß die Intervention für ihn auch eine Möglichkeit war, ihr zu sagen: »Auch dein Gewicht kann einen konstruktiven Zweck erfüllen.«

H.: Dadurch wurde aus etwas, das die Patientin bisher als negativ wahrgenommen hatte, etwas Positives.

W.: Diesen Punkt hatte ich beim ersten und zweiten Mal nicht gesehen.

H.: Die Art, wie er gearbeitet hat, ist so mannigfaltig. Wenn man sich näher
damit beschäftigt, wird jedes Detail wichtig. Wenn man sich *nicht* näher
damit beschäftigt, merkt man nicht einmal, *daß* es wichtig ist.

Im Rahmen des Bateson-Projekts interessierten wir uns für die Parallelen zwischen Schizophrenie und Hypnose. Da Schizophrene mit Hypnotisierten vieles gemeinsam haben, beschäftigte uns die Frage, ob man
Hypnose und Schizophrenie auf die gleiche Weise induzieren könnte.
Waren es ähnliche Phänomene? Zuerst erforschten wir mit ihm zusammen die Hypnose, und dann wurde uns klar, daß er einen völlig neuen
therapeutischen Ansatz entwickelt hatte, den wir nicht kannten. So fingen
wir dann an, uns damit zu beschäftigen, was er in der Therapie machte.

Ich erinnere mich daran, daß wir beide, als ich meine Privatpraxis als
Hypnotherapeut aufbaute, gemeinsam Lehrkurse abhielten.

W.: Ja, und wir organisierten über längere Zeit Treffen, um Hypnose zu üben.

H.: Ich lernte eine Menge darüber, wie man andere Menschen hypnotisieren
kann, aber wenn ich versuchte, sie zu heilen, war das eine völlig andere
Sache. Das war eine andere Art von Hypnose, und danach fragte ich ihn.

W.: Das ist der Punkt, an dem die alte, schwierige Frage auftaucht: »Jetzt ist der
Patient in Trance; was nun?«

H.: Bis zu jenem Zeitpunkt hatte ich mir noch keinerlei Gedanken darüber
gemacht, daß Hypnose zu Forschungszwecken und klinische Hypnose
nicht das geringste miteinander zu tun haben. Er hielt in Phoenix jede
Woche Hypnose-Abende ab.

W.: Ja, ich kann mich an mindestens einen davon erinnern.

H.: Wahrscheinlich ist es der, an dem wir Ruth aufnahmen.

W.: Genau. Jener Fall, in dem wir ihn baten, einen detaillierten Bericht über
die Trance-Induktion und einen Kommentar dazu zu schreiben.

H.: Ich glaube, das war der erste Bericht, ganz sicher im Bereich der Hypnose, in dem jemand Schritt für Schritt über das Vorgehen befragt wurde. Seither hat man auch im Bereich der Therapie solche Berichte erstellt. Aber das war der erste. Er überraschte uns immer wieder damit, was er dabei alles berücksichtigt hatte. Wir hatten geglaubt, es ginge um etwas völlig anderes. Erinnerst du dich an den ungewöhnlichsten Fall, über den er jemals gesprochen hat? Ich erinnere mich an eine Psychotikerin. Sie war Lehrerin, und junge Männer trieben über ihren Kopf hinweg. Er forderte sie auf, diese jungen Männer in den Schrank in seinem Büro zu sperren, damit sie sie nicht während des Unterrichts störten. Und als sie später aus der Stadt wegzog, sagte sie: »Was soll ich tun, wenn ich in der neuen Stadt, in die ich ziehe, psychotische Anfälle bekomme?« Er antwortete: »Stecken Sie sie in einen dicken Briefumschlag, und schicken Sie mir diesen.« Und tatsächlich schickte sie ihm ihre psychotischen Anfälle in dicken Briefumschlägen. Ich glaube, das ist einer der außergewöhnlichsten Fälle, über die ich ihn je habe berichten hören.

H.: Er hat die Umschläge aufbewahrt, weil er wußte, daß sie eines Tages zurückkommen und überprüfen würde, ob er sie tatsächlich aufbewahrt hatte. Er hat sie alle aufbewahrt. Er hatte eine ganze Schublade voll davon. Ich kann mich sogar daran erinnern, daß er die Schublade geöffnet und uns die Umschläge gezeigt hat.

W.: Dieser Fall ist wohl kaum zu überbieten.

H.: Es war ein sehr außergewöhnlicher Fall – und die Schnelligkeit seines Denkens, und wie er Gedanken zueinander in Beziehung setzte. Die Idee, die jungen Männer in den Schrank zu sperren, brachte ihn auf den Gedanken, die psychotischen Anfälle in Umschläge zu stecken. Es war in beiden Fällen »Etwas in etwas anderes stecken.«

W.: Er steckte es einfach irgendwo hin, wo es nicht im Weg war.

H.: Ich glaube, sie war auch die Frau, die gesagt hatte, mitten im Raum stünde eine gewaltige Bärenfalle. In ihrer Anwesenheit ging er immer ganz vorsichtig um diese Falle herum. Er war immer so höflich seinen Patienten gegenüber.

Ich habe seine Therapie im Unterricht als »Höflichkeitstherapie« bezeichnet, als eine Art, Menschen zu akzeptieren, zu ihnen in Beziehung zu treten und ihnen zu helfen, ohne eine Konfrontation herbeizuführen.

W.: Das entspricht völlig jener Tendenz, die Jahr für Jahr stärker wird: zu akzeptieren, was der Klient anbietet. Streite nicht darüber, akzeptiere es.

Erinnerst du dich an die Zeit – das war viel später –, als er zum MRI kam und eine Hypnose-Demonstration mit einer jungen Frau durchführte? Ihr Freund, der davon gehört hatte, kam wutentbrannt und schlug wie verrückt von außen gegen die Tür.

H.: Daran kann ich mich nicht erinnern.

W.: Es war ein wundervolles Beispiel für Akzeptieren, und dies hat einen der dramatischsten und schnellsten Veränderungsprozesse in Gang gesetzt, den ich je miterlebt habe. Die Sache war äußerst simpel. Als er mit der Demonstration fertig war, sagte man ihm, der junge Manne würde draußen festgehalten. Sie hatten ihn nicht in die laufende Demonstration hineinlassen wollen. Aber er war ziemlich wütend und wollte unbedingt wissen, was sie dort drinnen mit seiner Freundin machten.

Erickson sagte: »Macht die Tür auf.« Der junge Mann stürzte herein, und Erickson wendete sich ihm zu und sagte: »Es freut mich sehr, Sie kennenzulernen. Zumindest gibt es noch einen jungen Mann auf der Welt, dem es wichtig ist, seine junge Frau zu schützen, und der sicher sein will, daß ihr nichts Böses zustößt.«

Augenblicklich war die ganze Wut des Mannes verflogen, weil Erickson sich nicht auf einen Streit eingelassen hatte. »Das ist wunderbar. Ich bin hocherfreut, Sie kennenzulernen.« Aber wer von uns könnte das?

H.: Er war so schnell. Ich erinnere mich an eine Situation – ich glaube, wir waren beide anwesend –, in der eine Frau mit ihrer Mutter kam und an die Tür klopfte. Es stellte sich heraus, daß die Frau vor Jahren im staatlichen Krankenhaus gewesen war und daß er ihr geholfen hatte, herauszukommen. Sie wollte ihn besuchen. Sie war einfach so vorbeigekommen. Er ging also vor die Tür, sprach ein paar Minuten lang mit ihr und bat dann seine Frau, ihm ein Bild von sich zu bringen. Dann gab er der jungen Frau das Bild. Sie war Mexikanerin. Sie war überglücklich. Er wußte genau, daß es wichtig war, dies zu tun. Er schrieb noch etwas darauf und gab es ihr dann. Sie brachte ihre Dankbarkeit dafür zum Ausdruck, daß er sie aus dem Krankenhaus geholt hatte, und dann ging sie.

Später sagte er beiläufig: »Ist Ihnen aufgefallen, ob ich das Bild auf der Vorder- oder auf der Rückseite unterschrieben habe?« Wir konnten uns nicht daran erinnern. Er beantwortete die Frage selbst: »Natürlich auf der Rückseite. Dazu habe ich mich sehr schnell entschlossen, weil sie das Bild rahmen wird, und dann wird sie entdecken, daß das, was ich daraufgeschrieben habe, eine persönliche Botschaft für sie ist, die niemand außer ihr sehen kann, weil sie auf der Rückseite des Bildes steht.«

Solche Dinge gingen bei ihm immer blitzschnell. Er hatte nur zwei oder drei Minuten Zeit für diese Frau, und er traf die Entscheidung in dieser kurzen Zeit. Ihm war blitzschnell klar geworden, daß es gut wäre, ihr ein Bild zu schenken, daß sie sich darüber freuen würde und daß es für sie eine wichtige Unterstützung wäre. Er wußte auch, daß es wichtig war, eine Botschaft darauf zu schreiben, und daß es eine persönliche Botschaft sein mußte, keine auf der Vorderseite, wo jeder sie sehen konnte.

W.: Die Vorderseite war für die Welt, die Rückseite für ihre private und persönliche Information reserviert.

H.: Und er machte so etwas so schnell. Er war einer der wenigen Psychiater, die wirklich mit dem ganzen Spektrum der Patienten arbeiten konnten. Er kam mit einem wilden Psychotiker ebensogut zurecht wie mit einem kleinen Kind, mit dem er Kinderspiele spielte. Er verfügte über ein unglaublich großes Spektrum von Möglichkeiten.

W.: Ich glaube, teilweise war das so, weil er so viel gesehen hatte, daß er in Gefahr war zu denken: »Ich werde mich langweilen, wenn ich nichts mehr vor mir sehe, das ich noch nicht kenne, wenn ich nicht das gesamte Spektrum sehe, wenn ich nicht in der Lage bin, ein altes Problem auf eine neuartige Weise anzugehen.«

H.: Er machte auch Hausbesuche, was damals niemand sonst tat. Er ging ebenso selbstverständlich mit einem Patienten ins Restaurant, wie er zu Hause arbeitete. Heute ist das nicht mehr so außergewöhnlich, aber in den Fünfzigern war es sehr ungewöhnlich, daß jemand so viele Möglichkeiten nutzte und daß ein Therapeut außerhalb seiner Praxis arbeitete.

W.: Ich glaube, damals waren die meisten, die im therapeutischen Bereich arbeiteten, durch eine Vielzahl von Restriktionen gebunden, die sie nicht einmal als solche erkannten. Und für Ericksons Leben und für seine Art zu arbeiten war es typisch, daß er sich von den Grenzen anderer Menschen nicht beeindrucken ließ, sondern über sie hinausging.

H.: Er ist auch über seine eigenen Grenzen hinausgegangen.

W.: Natürlich.

H.: Er verfügte über die Fähigkeit, jeden Fall zu einem einzigartigen Ansatz zu machen. Er war unglaublich schnell in der Beobachtung von Menschen und im Erstellen einer Diagnose. Ich habe mir kürzlich ein Band angehört und dadurch erfahren, daß er während seiner Zeit auf der Medical School, wo er seinen Master in Psychologie machte, praktisch jeden Psychiatriepatienten in Wisconsin und fast jeden Kriminellen in Wisconsin getestet hat. Er hat Hunderte von Menschen getestet. Deshalb konnte er mit vielen verschiedenen Arten von Menschen arbeiten. Er tat dies, weil er möglichst viele verschiedene Arten von Psychopathologie kennenlernen wollte, und gleichzeitig hat er auf diese Weise seinen Lebensunterhalt verdient.

Viele, die beiläufig eine seiner Techniken aufgreifen und anwenden wollen, machen sich nicht klar, wie ungeheuer diszipliniert er viele Jahre lang Informationen über Menschen gesammelt hat, bevor er sich hinsetzen und blitzschnell mit jemandem etwas bearbeiten konnte.

W.: Ja, ich glaube, daß tatsächlich viele Erickson wie eine Art Wundertäter sehen. Aber das ist der Art, wie er gearbeitet hat, absolut entgegengesetzt. Er hat mit ungeheurer Sachkunde, Sorgfalt und Rationalität gearbeitet. Seine Magie bestand darin, daß die Grundlagen seiner Kunstfertigkeit verborgen blieben.

H.: Er war sehr ungeduldig mit Studenten, die Dinge zu vorschnell tun wollten, bevor sie die Situation wirklich verstanden. Dieser ganze magische Hokuspokus um ihn herum, das Geraune darüber, daß er »seine Hände auflege« und Menschen dann angeblich merkwürdige Dinge taten, entsprach ganz und gar nicht seinen Vorstellungen über Therapie. Er war der Meinung, man müsse sich wirklich darüber im klaren sein, was man tat.

W.: Als du diese riesigen Testserien erwähntest, fiel mir ein, daß ich mich oft gefragt habe, wie er all diese Dinge hat tun können, denn er hat oft solche zeitaufwendigen Studien betrieben.

H.: Er hat zum Beispiel viele Stunden mit Produkten automatischen Schreibens und dergleichen verbracht.

Man muß sich darüber im klaren sein, daß er in Privatangelegenheiten ebenso clever war wie in der Arbeit mit seinen Patienten. Beispielsweise gibt es da diese Geschichte über seine Arbeit im Bereich der Kriminologie. Irgendwann im Laufe seiner Ausbildung fing er an, sich für Kriminologie zu interessieren. Sein erstes Referat hat er, soviel ich weiß, über Kriminologie geschrieben. So kam er an einen Job, und er fing an, dem Chef des Kriminalkommissariats von Wisconsin wöchentlich einen Bericht über alle Verbrechen vorzulegen, die in der betreffenden Woche verübt worden waren. Es war ein statistischer Bericht über die vorgefallenen Verbrechen, etwas, das Erickson interessierte. Diesen Bericht legte er diesem Burschen jeden Montagmorgen auf den Tisch. Als er das eines Tages nicht getan hatte, sagte der Chef: »Ich möchte diesen Erickson sprechen«, und ließ ihn rufen. Dann sagte er zu Erickson: »Wenn Sie mir nicht schleunigst diesen Bericht bringen, so wie Sie es vorher gemacht haben, werde ich dafür sorgen, daß Sie die Kündigung bekommen.« Erickson antwortete: »Sie haben mich niemals eingestellt.« Auf diese Weise kam er zu einem festen Job. Zuerst hatte er sich nützlich gemacht, und als er dies nicht mehr tat, wurde dem Chef klar, daß seine Arbeit nützlich war, und stellte ihn an. So hat er sein Studium selbst finanziert. Und er hat oft ähnliches gemacht.

Erickson war sehr geschickt darin, unterschiedliche Dinge miteinander zu verbinden. Das gilt auch für die Tatsache, über die er einmal nebenbei erzählte, daß ein Arzt ihm empfohlen hatte, wegen seiner Allergien in Phoenix zu leben, aber regelmäßig von dort zu verreisen. Also zog er nach Phoenix und hielt regelmäßig in anderen Regionen Seminare ab. So tat er etwas für seine berufliche Karriere und gleichzeitig etwas für seine Gesundheit.

W.: Das könnte ein Teil der Antwort auf meine Frage sein, wie es ihm wohl gelungen ist, so viel zu tun. Da er verschiedene Zielsetzungen miteinander verband, konnte er immer mehrere Dinge gleichzeitig erledigen.

H.: Er hat auch sehr hart gearbeitet. Er arbeitete von sieben Uhr morgens bis elf Uhr abends. In dieser ganzen Zeitspanne machte er Termine mit Patienten, und die Wochenenden reservierte er für Besucher, die von weither kamen, um zwei oder drei Stunden mit ihm zu verbringen.

W.: Du hast nach dem erstaunlichsten Fall gefragt. Dieser hier ist zwar nicht der erstaunlichste, aber es ist derjenige, der mich persönlich am meisten verblüfft hat, als er mir zum erstenmal davon erzählte. Ich glaube, mittlerweile ist mir klar geworden, was er damals gemacht hat. Aber als er mir zum erstenmal davon erzählte, habe ich mich gefragt: Was soll das eigentlich? Was macht er denn da nur?

Ein Musiker kam aus New York zu ihm und sagte: »Ich bin so ängstlich, daß ich nicht auftreten kann.« Milton verbrachte an jenem Wochenende fast zwei volle Tage mit ihm. Er hielt ihm fast die ganze Zeit über
lange Vorträge über die Notwendigkeit, flexibel zu sein, glaube ich. Er
erzählte ihm lange Geschichten darüber, daß man bei verschiedenen Tätig-
keiten, beispielsweise beim Schreibmaschineschreiben, flexibel sein muß.
Ich dachte unentwegt: »Worin besteht denn hier die Behandlung?« Der
Besucher wurde im Laufe der langen, langweiligen Vorträge immer nervö-
ser. Schließlich, kurz bevor er das Gespräch beendete und bevor der Musiker zu seinem Rückflug nach New York mußte, so daß er keine Frage
mehr stellen konnte, sagte er: »Und wenn Sie mit all Ihrer Erfahrung und
Ausbildung nicht auf die Bühne gehen und ein Stück spielen können, dann
ist das wohl kaum flexibel, nicht wahr?« Ich konnte es einfach nicht glauben! Das war wieder einmal eine von diesen Situationen, in denen es offenbar etwas sehr Wichtiges gab, das ich mir nicht erklären konnte.

H.: Da war aber noch etwas anderes im Spiel. Zuerst erklärte er dem Musiker,
daß er selbst nicht in der Lage sei, Tonhöhen zu unterscheiden. Dann sagte
Milton: »Ich möchte Ihnen erklären, wie Sie Klavier spielen sollten. Sie
müssen die Taste, auf der der kleine Finger steht, etwas kräftiger anschla-
gen als die Taste, auf der der Zeigefinger steht, weil der kleine Finger nicht
so stark ist wie der Zeigefinger.« Man stelle sich vor, daß ein Konzertpia-
nist sich von Milton, der nicht einmal Tonhöhen erkennen konnte, erklären lassen mußte, wie man die Tasten auf dem Klavier anschlägt...

W.: Aber das war es ja, worauf er zusteuerte...

H.: Dieser Kerl mußte ihm beweisen, daß er es konnte...

W.: Genau. Er baute die Motivation des Grolls auf, bis der Musiker nach dieser letzten Bemerkung nicht mehr stillsitzen konnte.

H.: Die einzige Möglichkeit, wie er Erickson beweisen konnte, daß er Unrecht
hatte, war, einen erfolgreichen Bühnenauftritt zu absolvieren. Völlig klar.

W.: Ich glaube, ein Teil der Schwierigkeiten bestand damals darin, daß ich wie
alle anderen dachte: Es gibt gute und schlechte Motive, und Therapeuten
arbeiten mit guten Motiven, und sie sind auch selbst voller guter Motive
– beispielsweise dem, daß man die Schwierigkeiten, die ein anderer
Mensch hat, versteht. Und in diesem Kontext war Ericksons Behandlung
unbegreiflich.

H.: Der Musiker konnte ihm einfach nicht widersprechen. Alles, was er sagte, stimmte, und dazu hatte er es auch noch äußerst wohlwollend und freundlich gesagt.

W.: Allerdings mit einem gewissen Effekt.

H.: Ich erinnere mich, daß er einmal gesagt hat, bei jemandem, der 3.000 Meilen weit geflogen sei, habe man eine wesentlich größere Erfolgschance, weil solche Menschen so viel investiert hätten, um zu kommen, daß sie fast gezwungen seien, über ihr Problem hinwegzukommen, eben weil sie schon soviel investiert hätten.

Er hat uns auch einmal gesagt – und die Art, wie er es formuliert hat, war typisch für ihn: »Ich warte noch auf eine Frau, die in meine Praxis kommt und die eine sehr wichtige voreheliche Beziehung gehabt hat oder die eine sehr wichtige außereheliche Beziehung hat und die mir das nicht durch die Art verrät, wie sie auf ihrem Stuhl sitzt.« Und die Art, wie er dies formulierte, beinhaltete *nicht*, daß die Frauen ihm das immer sagten. Vielmehr sagte er:»Ich warte auf die Ausnahme, denn sie verraten es mir immer durch die Art, wie sie sich auf einen Stuhl setzen.«

Er interessierte sich immer für die Ausnahme. Du erinnerst dich sicher noch an die Situation, als wir in sein Büro kamen – wir waren in seinem Wohnzimmer, und er bat uns, ins Büro zu kommen –, und da saß dieses Mädchen, und wir schauten sie an, und dann schickte er uns wieder hinaus. Nachdem die Patientin gegangen war, sagte er zu uns:»Was haben Sie gesehen?« Können Sie sich daran erinnern?

W.: Ja, ich erinnere mich vage daran. Ich weiß aber nicht, *was* ich gesehen habe und was ich *nicht* gesehen habe.

H.: Ich erinnere mich, daß wir sagten:»Nun ja, es war eine Frau.« Und wir sagten auch, daß sie in Trance war. Er antwortete daraufhin:»Ja, das stimmt.« Schließlich sagte er, wir hätten bemerken müssen, daß die rechte Seite ihres Gesichts ein wenig größer war als die linke Seite. Sie litt unter irgendeinem neurologischen Problem. Die Sache war für ihn völlig klar, und er hatte von uns erwartet, daß wir es auch bemerken würden, und wir hatten diese Prüfung »nicht bestanden«.

Das war eine seiner üblichen Arten, uns zu prüfen. Er fragte ganz allgemein:»Haben Sie nicht gesehen...?« Wir wußten dann nicht, ob er über Hypnose, Trance, diese Frau, das Leben im allgemeinen oder was auch immer sprach. Aber in jedem Fall lagen wir mit dem, was wir antworteten, daneben.

W.: Ich glaube, höchstwahrscheinlich war es seine volle Absicht, uns keine näheren Hinweise zu geben, und ich glaube, daß er uns auch mit voller Absicht immer wieder hat danebentappen lassen, weil er bestimmt der Meinung war, daß das für uns lehrreich und nützlich sei.

H.: Damit wir es beim nächsten Mal besser machen würden. Beim nächsten Mal würden wir wirklich beobachten.

Ich habe mich mit Leuten unterhalten, die von ihm ausgebildet worden sind. Er muß ihnen das Leben zur Hölle gemacht haben, wenn sie bei der Diagnose geschlampt hatten. Beim nächsten Mal gaben sie sich dann größte Mühe, den Patienten wirklich zu beobachten. Ich erinnere mich daran. Er war ein ausgezeichneter Beobachter.

Hochinteressant, jedoch für uns in jener Zeit nur schwer zu begreifen, war, daß er die Art, wie ein Patient sich hinsetzte und sich bewegte, als eine an ihn persönlich gerichtete Botschaft verstand. Es war für ihn nicht nur ein Ausdruck der Person, sondern etwas, das der Patient speziell ihm mitteilen wollte.

Dies entsprach Gregory Batesons alter These, daß nonverbales Verhalten dieser Art nicht nur etwas über die Urheber aussagte, sondern daß darin auch irgendeine Art von Befehl oder Anweisung enthalten war. Und das war für uns schwer zu begreifen. In dieser Hinsicht war er sehr interpersonell orientiert. Er begriff alles, was die Patienten in seiner Gegenwart taten, als Botschaft. Hingegen verstanden wir es im Sinne von: »Nun ja, das ist ein interessanter Mensch.«

W.: Dabei waren doch eigentlich wir diejenigen, die den Interaktionsaspekt hätten einbringen sollen.

H.: Das ist wahr.

Und wir hatten viele Dispute mit ihm darüber, ob etwas interpersonell zu verstehen sei oder nicht. Doch im soeben erwähnten Sinne war er absolut interpersonell orientiert.

Wir haben mit ihm immer wieder darüber diskutiert, ob das Symptom einer Ehefrau eine Adaptation an ihren Mann sei, der ein ähnliches Problem hatte. Zumindest in den sechziger Jahren hat er es oft als ein unabhängiges Phänomen bezeichnet, obwohl er es so behandelte, als sei es dies nicht. *Das* war es, was uns nicht in den Kopf wollte. Seine Therapie war absolut interpersonell, seine Theorie hingegen nicht.

W.: Er pflegte sehr starr an einer bestimmten Sichtweise festzuhalten, wenn man sie in Frage stellte oder gar über deren Stichhaltigkeit diskutieren wollte. Das galt auch für jene Situation, in der er die Ideen über die Ähnlichkeiten zwischen schizophrenem Verhalten und Trance-Verhalten verwarf. Soweit ich mich erinnere, blieb er damals sehr strikt bei seiner Sichtweise, und das tat er auch bezüglich der folgenden Thematik, die ich ihm gegenüber viele Jahre später anschnitt.

Nachdem ich einige von Carlos Castanedas Büchern gelesen hatte, schrieb ich Milton: »Ich frage mich, ob Castaneda jemals bei Ihnen gewesen ist. Es gibt nämlich einige Züge an der Gestalt des Don Juan, die mich an Sie erinnern.« Er schickte mir eine ziemlich gereizte Antwort zurück: »Absolut nicht, und es gibt keine solche Verbindung.«

H.: Viele sehen Erickson heute als eine Kult-Gestalt und als Guru, und das hängt teilweise damit zusammen, daß es ihm im Alter so schlecht ging. In der Zeit, in der *wir* viel mit ihm zu tun hatten, war er jung und dynamisch, und er legte großen Wert darauf, wie man den stimmlichen Ausdruck, die Redeweise und die eigenen Körperbewegungen kontrollieren und alle diese Faktoren in der Therapie einsetzen sollte. Für mich war es sehr traurig, mitansehen zu müssen, wie er die Kontrolle über seine Sprech- und Bewegungsfähigkeit verlor, als er alt wurde. Es war wirklich traurig, das mitansehen zu müssen.

Ich erinnere mich, daß ich einmal zu ihm sagte, ich würde gern ein Video von ihm aufnehmen. Ich wollte in seinem Büro eine Kamera aufbauen. Er sagte, er wolle das nicht, weil man sich an ihn sonst als alten Mann erinnern würde, der Schwierigkeiten mit dem Sprechen gehabt hätte und auch nicht mehr so gut therapeutisch hätte arbeiten können. Dann willigte er schließlich doch ein, daß ein Video von ihm gemacht wurde, und jetzt sehen die Leute ihn als einen alten Mann, was ich für sehr bedauerlich halte.

W.: Zum Glück gibt es ja einiges an Dokumenten aus seiner früheren Zeit.

H.: In Anbetracht all seiner Handikaps war es ein Glücksfall, daß er überhaupt in der Lage war, so gut zu arbeiten. Diejenigen, die ihn aufsuchten, sagten, es sei unglaublich, was er durchmache.

W.: In einem gewissen Sinne ist dies ein Charakteristikum seiner gesamten Karriere. Er ist immer ein Mann gewesen, der seinen Weg trotz unzähliger Schwierigkeiten ging.

H.: Sein ganzes Leben lang war das so. Er erzählte mit besonderer Begeisterung Geschichten, die mit dem Satz anfingen: »Ich war in dieser unmöglichen Situation.«

W.: Genau. Danach wußte man schon, worauf es hinauslaufen würde: »Und so ist es mir gelungen, das Unmögliche zu vollbringen.«

H.: Er hat seine Fälle immer gern auf diese Art dargestellt. Er beschrieb die Ausgangssituation zunächst als unmöglich lösbar, und dann berichtete er, wie es ihm dennoch gelang, den Fall zu lösen. Wenn man die Lösung dann erfuhr, erschien sie einem gewöhnlich als vollkommen naheliegend.

Erinnerst du dich an den Fall der gehemmten Ann, über den er uns erzählt hat? Das war die Frau, die immer kurz vor dem Zubettgehen Erstickungsanfälle bekam. Er unterhielt sich mit ihr über die Gegenstände, die sich in ihrem Schlafzimmer befanden – die Frisierkommode und die Gardinen. Und dann sagte er: »Natürlich ist auch ein Teppich darin.« Als wir uns später über den Fall unterhielten, sagte ich zu ihm: »Sie haben das Bett nicht erwähnt.« Er antwortete: »Als ich sagte: 'Natürlich ist auch ein Teppich darin', war das Bett damit erwähnt. Auf diese Weise kann man das Bett erwähnen, ohne es zu nennen.« Nachdem er dies gesagt hatte, erschien mir das völlig einleuchtend. In der Situation selbst war es mir allerdings überhaupt nicht einleuchtend erschienen.

W.: Wenn man etwas zu sehr ins Licht hebt, wird es leichter, Widerstand dagegen aufzubauen. Wenn es hingegen nur indirekt angesprochen wird, gelangt es auf eine Weise ins Bewußtsein, so daß man sich dem nicht widersetzen kann, weil niemand drängt.

H.: Er hat die Methode entwickelt, sich die Teilnahme des Hypnotisierten zu sichern, indem er etwas nur teilweise aussprach, so daß der Betreffende es selbst zu Ende führen mußte. Wenn der Betreffende es zu Ende führte, willigte er damit in die Teilnahme ein. Das gleiche gilt auch für den Fall, daß man etwas nur unvollständig tut und die andere Person sich aufgefordert fühlt, es zu vollenden.

W.: Man schenkt immer dem, was man selbst sagt, mehr Aufmerksamkeit als dem, was jemand anders zu einem sagt. Deshalb begann er selbst mit einer

Aussage und überließ es dem Patienten, sie zu vollenden. Und wenn man das tut, ist man schon quasi gezwungen, die Sache, um die es geht, ernst zu nehmen.

H.: Es gibt einen Film aus dem Jahre 1964, in dem er fünf Frauen hypnotisiert. Darin ist eine Sequenz enthalten, die wir uns anschauen sollten, denn wenn ich mit meiner Meinung richtig liege – und soweit ich mich erinnere, hat er mir das später bestätigt –, ist dies das am stärksten interpersonell geprägte Beispiel für Hypnose, das ich jemals gesehen habe. Er sagte zu einer der Frauen. »Mein Name ist Milton. Meine Mutter hat mir diesen Namen gegeben. Es ist ein Name, der sich leicht schreiben läßt.«

Als ich mir diesen Film anschaute, fiel mir auf, daß die Art, wie er agierte, sehr jung wirkte. Er hat oft gesagt, wenn er jemanden in eine Regression in die Kindheit geleite, sei er nicht da. Die Patienten müßten ihn dann zu jemandem machen, beispielsweise zu einem Lehrer. Ich glaube, hinter dem, was er mit dieser Frau machte, steckte: Wenn er selbst sich kindlich benahm, mußte auch sie sich auf die kindliche Ebene begeben, um mit ihm in Verbindung zu treten. Er geleitete sie in die Regression, indem er selbst regredierte. Ich glaube, das ist die interpersonellste Art zu arbeiten, die möglich ist.

W.: Ich habe oft festgestellt, daß bei einigem vom dem, was besonders einfach wirkte, am schwersten zu erkennen war, worum es tatsächlich ging.

H.: Er muß uns im Laufe der Jahre Hunderte von Fällen erzählt haben, um uns darin zu schulen, »so einfach« wie er über diese Dinge zu denken.

W.: Er hatte eine unglaubliche Menge an Fallgeschichten im Kopf, die er jederzeit abspulen konnte.

H.: Er assoziierte sich in einen Fall hinein, wenn er darüber sprach. Er hatte so viele Fälle. Seine Art zu beobachten und zu diagnostizieren war sehr komplex. Die Interventionen hingegen waren einfach.

W.: Ich glaube, daß sie im Laufe der Zeit immer einfacher geworden sind.

H.: Meiner Meinung nach ist er, je älter er wurde, um so ökonomischer vorgegangen. Er hat immer effizienter gearbeitet.

Seine Arbeitsweise wurde mit zunehmendem Alter immer konfrontativer. Deshalb halten ihn wahrscheinlich heute viele für einen Therapeuten, der generell zum konfrontativen Arbeiten neigte. Das haben wir in früheren Jahren ganz anders wahrgenommen. Ich vermute, daß diese Tendenz zur Konfrontation in dem Maße stärker wurde, wie er seine Kontrolle über seine physischen Fähigkeiten verlor. Wir erinnern uns an ihn eher als einen sehr akzeptierenden Therapeuten, doch ich glaube, daß viele ihn heute völlig anders sehen.

W.: Auch ich erinnere mich daran, daß er in früheren Jahren sehr akzeptierend war. Andererseits konnte er auch sehr angsterregend wirken, weil trotz seiner akzeptierenden Haltung immer zu erkennen war, daß er große Macht hatte und sehr scharfsinnig war. Als Klient konnte man da schon Angst bekommen.

H.: Als Klient und auch als Kollege. Ich glaube, daß seine Kollegen sich größtenteils vor ihm gefürchtet haben.

W.: Das glaube ich auch.

H.: Der Grund war wohl, daß er in dem Ruf stand, seine Mitmenschen unentwegt indirekt zu beeinflussen.

W.: Nicht nur Gregory [Bateson] hat sich wohl Sorgen gemacht, weil Milton ihn zum Essen eingeladen hatte.

H.: Die Kollegen waren immer hocherfreut, wenn er ihnen gegenüber wohlwollend war, und trotzdem waren sie sich dann immer ein wenig unsicher, ob er es wohl tatsächlich so gemeint hatte.

Ich weiß nicht, ob ich dir jemals von diesem Mann erzählt habe, der nach Palo Alto kam. Er bat mich, seine Tochter zu behandeln. Ich fragte: »Wo liegt denn das Problem?« Er antwortete, es gehe ihr nicht gut. Vermutlich leide sie unter Depressionen. Dann sagte er: »Mit meiner anderen Tochter bin ich bei Milton Erickson gewesen, und ihr geht es nun gut.« Dieser Mann war ziemlich wohlhabend. Ich fragte ihn: »Warum gehen Sie denn dann mit Ihrer anderen Tochter nicht auch zu Milton?« Er antwortete: »Ich habe Angst davor.« Als ich ihn fragte, wovor er Angst habe, sagte er: »Als ich mit meiner anderen Tochter bei Dr. Erickson war, stellte er mich in Phoenix für sechs Monate unter Hausarrest. Und ich will nicht noch einmal dorthin fahren und dann wieder sechs Monate dort verbringen müssen.« Daraufhin sagte ich: »Vielleicht ist es ja diesmal anders.« Schließlich brachte ich ihn dazu, auch mit seiner zweiten Tochter zu Milton zu gehen, und tatsächlich stellte ihn dieser nicht noch einmal unter Hausarrest. Das war die Familie, bei der Erickson zu wohnen pflegte, wenn er uns in Palo Alto besuchte, um seine Seminare abzuhalten. Er wohnte bei der Familie, und sie kamen sehr gut miteinander aus, und trotzdem fürchtete sich dieser Mann vor ihm zu Tode. Die Idee, daß er ja auch ablehnen konnte, was Erickson von ihm verlangte, kam ihm offenbar gar nicht in den Sinn. Soviel Macht hatte Milton!

W.: In der Rolle des Patienten habe ich Milton nur in einigen wenigen Sitzungen erlebt, aber damals habe ich mich auch vor ihm gefürchtet. Und ich wüßte bis auf den heutigen Tag nicht genau zu sagen, was er damals mit mir gemacht hat. Ich kann nur sagen, daß sich für mich damals innerhalb von anderthalb Jahren nach dieser Behandlung sehr viel verändert hat. Nachdem ich wieder zu Hause war, beendete ich meine analytische Therapie endgültig und beschloß, in Zukunft zu schauen, was ich für mich selbst tun konnte. Das war das letzte Mal, daß ich selbst in irgendeiner Art von Therapie war. Innerhalb eines Jahres machte ich eine Reise in den Fernen Osten, dorthin, wo die Familie meiner Frau lebte, und ich unterzog mich einer größeren Operation.

H.: Richtig. Du hast dich einer Herzoperation unterzogen, zu der du dich vorher nicht hattest entschließen können.

W.: Genau. Und unser erstes Kind wurde gezeugt. Das ist eine ganze Menge für ein einziges Jahr. Und ich weiß wirklich nicht, wie es zu alldem gekommen ist.

H.: Hat er über diese Dinge mit dir gesprochen?

W.: Es mag vielleicht etwas merkwürdig klingen, aber ich kann mich wirklich nicht genau erinnern, worüber wir tatsächlich gesprochen haben. Und ich glaube nicht, daß ich die ganze Zeit über in Trance gewesen bin.

H.: Du bist ein gutes Trance-Medium.

W.: Aber irgend etwas ist damals passiert.

H.: Du wirst dich doch sicher an irgend etwas erinnern.

W.: Schon. Aber ich bin mir nicht sicher, ob selbst Milton die Verantwortung für die Stürme der nächsten zwanzig Jahre übernehmen könnte.

Kommen wir für einen Moment auf die Tatsache zurück, daß er ziemlich störrisch sein konnte, wenn es um bestimmte Dinge ging. In gewisser Hinsicht finde ich das liebenswert. Denn ich glaube, das Letzte, wozu wir würden beitragen wollen, ist zum Bild eines Menschen, der ohne jeden Fehl und Tadel war. Milton hatte seine Unvollkommenheiten, und er war sehr menschlich, dafür sollten wir Gott dankbar sein. Er war kaum der vollkommene Guru, der irgendwo in weiter Ferne auf einem Berggipfel saß.

H.: Was Hypnose und die Fähigkeit, andere Menschen zu beeinflussen, angeht, hat er sicher Außerordentliches geleistet. In anderen Aspekten seines Leben jedoch war er ein ganz gewöhnlicher Mensch. Doch hat er uns gegenüber nur ganz selten seine professionelle Rolle aufgegeben. Einmal oder zweimal nach einem Essen ist er einfach ein ganz gewöhnlicher Mensch gewesen. Gewöhnlich jedoch blieb er uns gegenüber in seiner professionellen Rolle, in der er uns unentwegt irgend etwas lehrte. Aber er hat ziemlich viel geprahlt, und er hatte zweifellos auch andere Fehler.

W.: Er war ein normaler Mensch. Abgesehen davon, daß er geprahlt hat, hat er sich nie irgend etwas angemaßt, was er nicht war.

H.: Nein. Das Prahlen gehörte zu seinem Menschsein. Er sah sich als ein Mensch wie jeder andere, und darüber erhob er sich dann durch sein Prahlen.

W.: Da war noch eine andere Sache. Ich weiß nicht, ob man es als einen Fehler oder Makel bezeichnen kann, aber wir sind ein paarmal damit konfrontiert worden. Vielleicht erinnerst du dich daran, daß wir ihn ein paarmal auf seine Mißerfolge angesprochen haben. Milton sagte daraufhin: »Es würde mir Freude machen, Ihnen ein Beispiel dafür zu erzählen.« Dann erzählte er das Beispiel, und im letzten Augenblick erwies sich der angebliche Mißerfolg dann immer als letztendlicher Erfolg. Man könnte das sicher als Schwäche bezeichnen, aber...

H.: Ich habe einmal gesagt, daß er der Meinung war, man lerne aus Fehlern nichts, wenn man nicht wisse, *warum* etwas fehlgeschlagen sei; doch wenn man dies wisse, lerne man etwas daraus.

W.: Ich glaube, er hatte sehr starre Meinungen über gewisse Dinge, von denen ich zumindest einige völlig anders sah. Er hat Fälle erzählt, in denen es keinen Sinn hatte, auch nur irgend etwas zu versuchen. Ich sehe diese Fälle heute ganz sicher nicht so aussichtslos, und ich bin mir nicht sicher, ob ich sie damals so gesehen habe. Aber er war felsenfest von seinen Ansichten überzeugt, oder vielleicht hatte er nur einfach starre Vorstellungen über diese Fälle.

H.: Das denke ich auch. Don Jackson hat einmal etwas darüber gesagt, das mir als sehr weise erschien. Erickson hatte über einen Manisch-depressiven

gesprochen, den er für unheilbar hielt. Jackson sagte dazu: »Er muß wohl
meinen, daß dieser Patient mit seiner Methode nicht zu heilen ist.« Mir
war nie in den Sinn gekommen, daß Milton ihn vielleicht einfach mit
seiner Methode nicht erreichen konnte.

W.: Sicher sollte man ihn nicht auf ein Podest stellen, ihn mit weißer Farbe
übermalen und ihm einen Heiligenschein verpassen.

H.: Er wäre der erste gewesen, der sich dagegen gewehrt hätte.

W.: Das denke ich auch. Du wirst dich an die Sache mit der scharfen Soße
erinnern. Selbst in einer so alltäglichen Situation, in der er als ganz
normaler Mensch auftrat, zeigte er uns noch seine Außergewöhnlichkeit.
Wir waren in einem mexikanischen Restaurant, und er sagte: »Diese Soße
ist nicht besonders scharf. Bringen Sie mir eine, die schärfer ist.« Das
machte er zwei- oder dreimal, bis der Küchenchef schließlich etwas
brachte, wovon er dachte: »Davon werden ihm die Flammen aus dem
Hals schlagen.« Und er aß einen ganzen Löffel voll davon. Wahrscheinlich
hatte er vorher seinen Mund durch Selbsthypnose unempfindlich gemacht.

H.: Das *muß* so gewesen sein. Niemand hätte eine so scharfe Soße einfach so
essen können. Ich glaube, daß er Selbsthypnose ursprünglich zur
Schmerzkontrolle eingesetzt hat und daß er sie dann später auch bei jener
Demonstration mit der scharfen Soße benutzte.

Er hat immer gesagt, wenn er wirklich einmal nichts zu tun hätte,
könne er sich jederzeit mit Schmerzkontrolle die Zeit vertreiben. Wenn der
Schmerz ihn überfiel, wenn seine Muskeln sich plötzlich verkrampften,
konnte er nichts dagegen tun. Aber ein paar Minuten später war er dazu
in der Lage. Er hatte eine unglaubliche Willenstärke. Morgens brauchte er
zwei bis drei Stunden, um seine Schmerzen so weit unter Kontrolle zu
bringen, daß er sich wohl fühlte. Aber wenn er das geschafft hatte, konnte
er uns stundenlang Vorträge halten, bis wir völlig erschöpft waren. Wenn
wir schon völlig fertig waren, war er immer noch topfit.

Ich habe mir einmal ein Band angehört, auf dem Erickson mit einem
Mann spricht, den ich hier Dr. G. nennen möchte und der ebenfalls einer
seiner Schüler war. Dr. G. wollte in Phoenix eine Praxis eröffnen. Er
eröffnete eine wundervolle Praxis in einem Hochhaus, und er wollte alles
besonders gut machen. Er sprach mit Milton darüber. Und Milton sagte:
»Als ich meine Praxis eröffnete, hatte ich nichts weiter als diesen kleinen

Raum. Ich kam in diese Gegend, weil ich eine Stelle im staatlichen Krankenhaus angenommen hatte. Dann kam es zu einem Konflikt, woraufhin
ich kündigte, und deshalb mußte ich schneller als erwartet eine Privatpraxis eröffnen. Ich hatte noch nicht einmal Möbel dafür. Damals stand in
diesem Raum nichts weiter als zwei Stühle und ein Kartenspieltisch.« Daraufhin sagte Dr. G.: »Das war nicht gerade viel, um eine Praxis zu eröffnen.« Und Milton fuhr fort: »*Ich* war da.« Was weiter wäre wichtig gewesen? Und genau so hat er es wohl auch empfunden. Deshalb konnte er
ebensogut in einem Bahnhof wie in einem Flughafen seine Arbeit tun.

W.: Ich erinnere mich an Geschichten darüber, daß er nach Chicago flog, wo
jemand ihn sprechen wollte. Er mußte ihn zum O'Hare Airport kommen
lassen. Er hatte eine halbe Stunde Zeit, und er sprach mit ihm im Warteraum.

H.: So etwas hat er tatsächlich getan. Ich habe nur ein einziges Mal erlebt, daß
er es als eine Last bezeichnet hat, ein Therapeut zu sein, und das war, als
er nach San Francisco kam. Er leitete den ganzen Tag über einen Work-
shop, in der Mittagspause hatte er Sitzungen mit einem oder zwei Patienten, und am Abend wartete auch noch eine Frau auf ihn. »Mein Gott. Das
ist eine Menge.« Und damit war er auch schon weg zu dem Treffen mit
ihr. Es war das einzige Mal, daß ich ihn über seine Arbeit habe klagen
hören. Gewöhnlich arbeitete er den ganzen Tag, traf sich außerdem mit
Leuten zum Lunch, hatte vor dem Abendessen Termine, aß dann mit seiner Gruppe und empfing anschließend auch noch Patienten. Und das
waren die Tage, an denen er Workshops leitete. Überall, wo er hinkam,
gab es Patienten, die die günstige Gelegenheit seines Besuchs nutzten, um
mit ihm zu reden.

Die Patientin, die er an jenem Tag als letzte empfing, war für mich ein
interessanter Fall, weil ich diese Frau kannte. Ich versuchte damals, einige
seiner Patienten dazu zu bringen, sich mit mir darüber zu unterhalten, wie
die Therapie für sie war. Ein Problem dieser Frau bestand darin, daß sie
sich ständig im Gesicht kratzte und sich dadurch ihre Gesichtshaut ent-
zündet hatte. Außerdem mochte sie keine Bohnen. Deshalb erhielt sie von
Erickson den Auftrag, eine Dose Bohnen neben den Spiegel im Badezimmer zu stellen. Da sie sich immer vor dem Badezimmerspiegel kratzte,
ordnete er an, wenn sie das tue, müsse sie die Dose Bohnen essen.

W.: So hatte er die beiden Probleme miteinander verbunden.

H.: Milton hatte einen ausgeprägten Humor. Dadurch war der größte Teil der Gespräche, das »garstige« Geschäft der Therapie, in Wirklichkeit ziemlich lustig, was er und der Patient gemeinsam taten, was er tat, und die gesamte bizarre Situation ebenfalls.

W.: Wahrscheinlich waren wir ziemlich wichtig für ihn. Ich glaube nicht, daß es viele Menschen gab, denen gegenüber er seine humorvolle Sicht der Dinge so frei zum Ausdruck bringen konnte oder frei über die Tatsache sprechen konnte, daß er den größten Teil seines Leben damit verbrachte, mit Patienten dazusitzen. Uns gegenüber konnte er den humoristischen Aspekt all dieser Dinge formulieren. Er mußte das gewöhnlich völlig verbergen, auch den meisten seiner Kollegen gegenüber. Uns gegenüber hat er es gezeigt.

H.: Ich glaube, daß er sich wirklich auf unsere Besuche gefreut hat. Wir haben ihn mit Ideen von außen in Berührung gebracht, und wir waren für ihn ein ausgezeichnetes Publikum, wenn er über seine Fälle erzählte.

Mir fällt da die Geschichte über den Musiker mit der dicken Lippe ein, der ihn immer anschrie, wenn er kam. Dieser Mann war auf seinen Vater wütend. Und Erickson ließ ihn tatsächlich kommen und brüllen. Er konnte sein Instrument nicht mehr spielen, weil seine Lippe aus psychosomatischen Gründen anschwoll. In jeder Sitzung hat er gebrüllt. Das war der Fall, in dem Milton Termine abmachte, ohne den Patienten darüber zu informieren.

Er sagte zu dem Mann: »Wir haben jetzt Mai, nicht wahr?« Daraufhin erwiderte der Patient: »Was soll das heißen, Mai! Mein Gott, wissen Sie nicht einmal, in welchem Monat wir sind?« Dann sagte Erickson: »Es muß ungefähr der Fünfzehnte sein.« Darauf der Patient: »Wie bitte? Der Fünfzehnte? Wir haben den Zehnten! Mein Psychiater weiß nicht mal, was für einen Tag wir heute haben!« Dann sagte Erickson: »Es muß ungefähr vier Uhr sein.« – »Vier Uhr! Es ist erst zwei Uhr!«

Am Ende der Sitzungen öffnete Erickson seinen Kalender und sagte: »Ich schreibe einen Termin auf, und ich möchte, daß Sie zur richtigen Zeit kommen«, und dann schloß er die Kladde. Und der Patient kam am 15. Juni um vier Uhr zur Behandlung. Wenn er dies sagte, während der Patient herumbrüllte, und wenn er es so sagte, daß kein Zusammenhang zu

dem bestand, was der Patient sagte, konnte dieser den Termin nicht vergessen, und er konnte sich auch nicht weigern zu kommen, weil ihm nie
jemand gesagt hatte, wann er denn nun kommen sollte. Er konnte sich
auch nicht verspäten, weil niemand ihm jemals den genauen Zeitpunkt
mitgeteilt hatte, zu dem er zu spät erscheinen konnte.

W.: Ich erinnere mich, daß wir in diesem Fall sowie in einigen anderen zur
Sprache zu bringen versuchten, daß da eine Parallele zwischen dem Zorn,
den der Patient auf seinen Vater hatte, und der Wut, die er Erickson gegenüber zum Ausdruck brachte, bestehen könnte. Doch Milton wischte
das einfach beiseite. Es war immer sehr interessant, was er sich anhörte
und was er einfach nicht beachtete.

H.: Wir versuchten herauszufinden, wie er mit Paaren und Familien arbeitete.
Manchmal ließ er sie gemeinsam erscheinen, in anderen Fällen jeweils
einzeln.

W.: Richtig. Wir versuchten, darin eine Linie zu finden.

H.: Einmal hat er gesagt, ein sexuelles Symptom sei absolut Sache einer Paar-
therapie. Und so behandelte er solche Fälle auch. In anderen Fällen behandelte er die Patienten getrennt, beispielsweise Ann, die ungeheuer starke Hemmungen hatte. Wenn sie zu Bett ging, war sie wegen ihrer Erstik-
kungsanfälle zu sexuellem Kontakt nicht in der Lage. Als er mit ihr auf
diesen Punkt kam, fragten wir ihn: »Was ist mit dem Ehemann? Er muß
doch irgendwelche Anpassungsschwierigkeiten bekommen.« Er antwortete: »Er wird kein Problem haben, sich anzupassen.« Daraufhin fragten wir:
»Wie meinen Sie das?« Und er antwortete: »Er hat passiv akzeptiert, wie
seine Frau ist. Nachdem sie sich nun verändert hat, wird er auch das akzeptieren.«

Daß zwischen ihnen ein Vertrag bestand, entsprach nicht seiner Sicht
dieses Falls. Wir versuchten, ihn darauf hinzuweisen, und er schien darüber eher verwirrt zu sein. In einem anderen Fall hingegen nahm er seinerseits an, daß es sich um einen Vertrag handele. Und wir wußten nie,
wie er einen bestimmten Fall sehen würde.

Ich glaube, daß er teilweise zögerte, eine simple oder eine theoretische
Aussage zu machen, weil sie ihm als zu simpel erschien. Die Beschreibung
des Falls war für ihn eine Metapher, die alle Ideen enthielt, die er kommunizieren wollte. Jede Reduzierung des Falls auf eine theoretische Beschrei-

bung, die aus wenigen Sätzen bestand, hätte der Komplexität des tatsächlichen Geschehens in seinen Augen Gewalt angetan.

W.: Es hätte weniger beinhaltet als die Geschichte.

H.: Etwas, das in Gesprächen mit ihm nie vorkam, war eine Bezugnahme auf einen Lehrer. Ich glaube nicht, daß er jemals gesagt hat, er habe etwas getan, weil eine bestimmte Autorität dies befürwortet habe, oder daß er gesagt hätte: »Ich habe das gemacht, weil ich es von Sowieso gelernt habe.« Er stellte alles so dar, als ob es von ihm persönlich entwickelt worden sei.

Gewöhnlich bezieht man sich auf ältere Autoritäten, um eine Aussage, die man trifft, zu stützen. Erickson hat das nie getan. Er pflegte zu sagen: »Probiert es aus, und schaut, ob es etwas bewirkt.« Das ist der Grund, weshalb er kein Guru im üblichen Sinne war.

W.: Andererseits beharrte er darauf, daß man sich intensiv mit den Grundlagen auseinandersetzen müsse, so wie er selbst es getan hat. Deshalb vertrat er etwas wie: »Seht zu, daß ihr eine anständige Ausbildung bekommt. Lernt alles sehr genau, und geht dann euren eigenen Weg.«

H.: Ein Kultführer hätte er niemals sein können, weil Eigenständigkeit für ihn absolut oberstes Gebot war. Jeder sollte auf seine eigene Weise, in seinem eigenen Stil arbeiten. Er wollte nicht, daß wir irgend jemanden imitierten. Und er selbst hat auch niemanden imitiert.

Gregory Bateson galt in seinem Bereich, in der Anthropologie, als Einzelgänger. Ich halte es für interessant, daß Erickson, der selbst im Bereich der Psychiatrie ein Einzelgänger war, Bateson bewundert hat, der in der Anthropologie eine ähnliche Position innehatte. Erickson bewunderte Bateson sehr. Keiner von beiden hat jemals irgendwelche Anstalten gemacht, sich der gängigen Tendenz seines Arbeitsbereiches anzupassen. Beide haben ihr Leben damit verbracht, zu erforschen, was sie für relevant im Leben hielten.

W.: In dieser Hinsicht dachten sie sehr ähnlich.

H.: Du kennst sicher jenen Fall, der ihn in gewisser Weise charakterisiert. Als er in Eloise im Krankenhaus arbeitete, brachten sie eine gewalttätige Frau zu ihm. Diese sagte: »Ich werde jetzt eine Weile herumbrüllen, und dann werde ich ein paar Knochen brechen.« Dann brüllte sie los. Schließlich hörte sie wieder auf zu brüllen und sagte: »Ich werde jetzt eine Weile brüllen, und dann werde ich ein paar Knochen brechen.« Um sie herum standen ungefähr sechs Wärter, die Angst hatten, sie zu packen. Erickson wurde herbeigerufen, und die Frau brüllte: »Rühren Sie mich nicht an, Doktor. Ich werde brüllen und dann ein paar Knochen brechen.« Daraufhin sagte er zu ihr: »Ich werde Sie nicht anrühren. Ich möchte, daß Sie mit dem Brüllen weitermachen.« Also brüllte sie weiter. Und dann nahm er eine Spritze...

W.: Soweit ich mich erinnere, war da noch ein Schritt davor. Er sagte: »Okay, Brüllen scheint Ihr Job zu sein. Ich werde Sie nicht anrühren, aber ist es in Ordnung, wenn ich meinen Job erledige?« Sie antwortete: »Wenn Sie mich nicht berühren, dann erledigen Sie Ihren Job.« Er erhielt also die Genehmigung.

H.: Er nahm eine Spritze, und als sie wegen des Brüllens den Mund offen hatte, spritzte er den Inhalt der Spritze in ihren Mund, und sie schluckte die Flüssigkeit. Dann hörte sie auf zu brüllen und sagte: »War das ein Schlafmittel, Doktor?« Er antwortete: »Ja, aber ich habe Sie nicht angerührt, nicht wahr?« Sie entgegnete: »Nein, das haben Sie nicht.« Dann fuhr sie fort: »Endlich ein Doktor, der sein Handwerk versteht.«

5

Warum keine Langzeit-Therapie?

(1990)

Es ist merkwürdig, wie wenige Konferenzen und Trainingsprogramme zur Thematik der Langzeit-Therapie es gibt. Die meisten Kurse und Seminare, die stattfinden, beschäftigen sich mit Kurzzeit-Therapie. Daraus könnte man schließen, daß ohnehin jedem Therapeuten klar ist, wie man eine Therapie durchführt, die sich über viele Monate oder gar über Jahre hinzieht. Doch müssen zweifellos auch Langzeit-Therapeuten in ihre Rolle hineinwachsen, sie werden also keineswegs in sie hineingeboren. Kein Therapeut verfügt von Anfang an über eine Art natürlicher Fähigkeit, mit Klienten Vereinbarungen über langfristige Behandlungen einzugehen. Da es offenbar keine Kurse gibt, die sich mit dieser Thematik beschäftigen, müssen Langzeit-Therapeuten, wenn sie mit ihrer Arbeit beginnen, durch Versuch und Irrtum eine Form der Therapie erlernen, deren Ende offen ist, die sich aber über viele Jahre hinziehen kann.

Heute herrscht vielfach die Meinung, zu einer Langzeit-Therapie komme es, weil der Therapeut einfach nicht in der Lage sei, den Klienten schneller zu heilen. Eine etwas respektvollere Sichtweise beinhaltet, daß es besondere Fähigkeiten erfordert, eine Langzeit-Therapie durchzuführen. Tatsächlich sind ja heute viele Therapeuten zur Kurzzeit-Therapie übergegangen, weil sie ihre Klienten nicht dazu motivieren können, über lange Zeit zu ihnen zu kommen. Über explizite Methoden und Techniken der Langzeit-Therapie ist bisher nur wenig geschrieben worden.

Einer der wenigen Therapeuten, die den Mut gehabt haben, sich offen darüber zu äußern, wie man Klienten dazu bringen kann, eine Therapie über längere Zeit fortzusetzen, und wie man verhindern kann, daß sie irgendwann zu

anderen Therapeuten überwechseln, war Milton H. Erickson. Er hat beispielsweise gesagt, man könne einen Klienten davon abbringen, zu jemand anderem
zu gehen, indem man ihm aufmerksam zuhöre und ihm dann sage: »Ich weiß,
wie schwierig es für Sie ist, über diese Sache zu sprechen. Es wäre sicherlich
noch viel schwieriger für Sie, das mit jemand anderem noch einmal durch-
machen zu müssen.« Erickson sagte, so einfache Kommentare könnten Klienten
von einem Therapeutenwechsel abhalten. Kompliziertere Prozeduren, die
Erickson zum gleichen Zweck entwickelt hat, müssen weiterhin geheim bleiben.

Die Dauer einer Therapie ist eines der wichtigsten Themen des Therapie-
geschehens. Heute wird die Dauer einer Therapie weitgehend von den Krankenversicherungen bestimmt, doch haben Kliniker einen gewissen Einfluß darauf, und deshalb sollten sie sich mit der Thematik auseinandersetzen. Dabei
lassen sich zwei Teilbereiche voneinander abgrenzen: die Bedürfnisse des Therapeuten und die Bedürfnisse des Klienten.

Die Perspektive des Therapeuten

Weil Therapie sowohl ein Beruf, eine Berufung, als auch ein Geschäft ist, kann
der Frage, wie man einen Klienten dazu bringt, seine Therapie fortzusetzen,
etwas Peinliches anhaften. Es kann sich darin die Implikation verbergen, daß
der Therapeut den Klienten einfach deshalb länger in der Behandlung behalten
möchte, weil er Geld verdienen will. Wir sollten uns nicht scheuen, den Tatsachen ins Auge zu sehen. Ein Therapeut verdient tatsächlich mehr an einem
Klienten, der seine Therapie über Jahre fortsetzt, als an jemandem, mit dem er
nur kurze Zeit arbeitet. Doch sollte die Tatsache, daß man durch lange Therapien mehr Geld verdienen kann, nicht der Grund dafür sein, daß eine Auseinandersetzung mit Techniken und Methoden der Langzeit-Therapie im Rahmen
von Kursen und Seminaren vermieden wird.

Wenn wir akzeptieren, daß der finanzielle Aspekt eine Realität ist, mit der
wir leben müssen, welche Vorteile hat dann für den Therapeuten die Langzeit-
Therapie? Auch wenn einige Therapeuten sich lieber keine Gedanken über die
Vorteile einer Therapie mit offenem Ende machen möchten, sollte man sich
damit beschäftigen. Ebenso wie bei Liebesaffären ist es wohl in diesem Fall so,
daß viele so etwas lieber einfach machen, als in einer öffentlichen Versammlung darüber zu sprechen.

Es gab einmal eine Zeit, in der die Kurzzeit-Therapeuten in der Defensive waren. Die Langzeit-Therapeuten bezeichneten ihre Arbeit damals als »besonders tiefgehend«, und sie waren generell sehr selbstsicher oder sogar arrogant. Sie wiesen immer wieder gern darauf hin, daß eine kurze Therapie zwangsläufig oberflächlich bleiben müsse. Deshalb mußten die Kurzzeit-Therapeuten sich die Mühe machen, wissenschaftliche Erfolgsuntersuchungen durchzuführen, um ihre Art der Tätigkeit zu legitimieren. Dies taten sie, indem sie nachwiesen, daß nichts auf einen Zusammenhang zwischen der Länge einer Therapie und deren Erfolg hindeutet. Die Langzeit-Therapeuten waren daraufhin schnell bei der Hand, diese Untersuchungsergebnisse schlichtweg für irrelevant zu erklären. Sie sagten, Erfolgsuntersuchungen hätten keinen Einfluß auf Therapieansätze; diese unterlägen lediglich Modeströmungen. Die Kurzzeit-Therapie wurde als nicht zeitgemäß und als in Theorie und Praxis »unelegant« abgetan. Da mittlerweile allgemeine Veränderungen der Krankenversicherungsverträge die Dauer psychotherapeutischer Behandlung drastisch verkürzt hat, hat sich die Situation umgekehrt: Heute befinden sich die Langzeit-Therapeuten in der Defensive, und die Kurzzeit-Therapeuten halten sich für die Größten. Vielleicht erleben wir noch den Tag, an dem die Langzeit-Therapeuten in ihrer Verzweiflung wissenschaftliche Untersuchungen anstellen, um sich in Diskussionen auf die Ergebnisse derselben berufen zu können.

Da junge Therapeuten sich heute kaum noch an das Goldene Zeitalter der Langzeit-Therapie erinnern werden, wissen sie es vielleicht zu schätzen, wenn ich nun über eine persönliche Begegnung berichte, die die Atmosphäre jener Zeit veranschaulicht. Ich lernte damals einmal in Paris in einem Restaurant ein amerikanisches Ehepaar kennen, das am Nachbartisch saß. Als die beiden mich nach meinem Beruf fragten, sagte ich, ich leite ein Therapie-Institut. Da die beiden aus New York stammten, wußten sie eine Menge über Therapie und waren sehr erfreut darüber, daß wir etwas gemeinsam hatten. Der Mann sagte, er sei seit zwölf Jahren in Therapie – er hielt Psychoanalyse für eine Therapie –, und seine Frau seit acht Jahren. Beide suchten mehrmals wöchentlich ihren Analytiker auf. Ich fragte sie, ob die Therapie ihre Probleme gelöst hätte. Diese Frage versetzte sie offenbar in Erstaunen. »Natürlich nicht«, sagte der Mann schließlich, als denke er in diesem Augenblick zum ersten Mal über diesen Punkt nach. »Wir würden doch nicht mehr hingehen, wenn das so wäre.« Ich fragte sie, ob sie jemand anderem empfehlen würden, in eine Therapie zu ge-

hen. Sie antworteten: »Natürlich würden wir das. *Jeder* sollte in Therapie gehen.« Offensichtlich verstand ihr Therapeut sich auf sein Geschäft.

Im Laufe dieses Gesprächs äußerte ich, zwölf Jahre schienen mir eine ziemlich lange Zeit für eine Therapie zu sein. Sichtlich in der Defensive fragte der
Mann mich, wie lange denn an unserem Institut eine Therapie dauern würde.
Ich antwortete: »Durchschnittlich ungefähr sechs Sitzungen. Bei Therapeuten
in der Ausbildung sind es meist neun.« Die beiden schauten mich schockiert an,
als würden sie es bedauern, überhaupt ein Gespräch mit mir begonnen zu haben. Deshalb fügte ich einlenkend hinzu: »Nun ja, das ist der Durchschnitt.
Manche Klienten kommen ziemlich lange.« Um das Schweigen zu durchbre-
chen, ergänzte ich noch: »Einige kommen einmal im Monat, so daß sich sechs
Sitzungen über sechs Monate hinziehen können.« Daraufhin wurde die Haltung der beiden mir gegenüber etwas herablassend und ausgesucht höflich. Der
Mann bemerkte, ich beschäftige mich wohl mit Klienten einer anderen sozialen
Klasse als derjenigen, mit der er Umgang pflege. Daraufhin sagte ich, nun meinerseits defensiv, wir würden jeden behandeln, der bei uns an die Tür klopfe,
und fügte noch hinzu, natürlich befänden sich keine Manager aus der Werbebranche wie er unter meinen Kunden. Die müßten wohl so lange in Therapie
bleiben, weil sie sich wegen ihrer Arbeit so schuldig fühlten, daß sie als eine Art
selbstauferlegter Strafe einem Analytiker über Jahre hinweg so viel Geld bezahlen müßten. Ich müsse ihm bestätigen, daß unsere Form der Therapie diesem
speziellen Bedürfnis nicht gerecht werde, weil in der Gegend, in der wir prakti-
zierten, die Werbebranche nicht so reichlich vertreten sei. Daraufhin verlor das
Paar jedes weitere Interesse an mir und machte sich an einen Italiener heran,
um mit diesem ein Gespräch anzufangen.

Ich fühlte mich in jener Situation wegen meines Eintretens für effektive
Kurzzeit-Therapie in der Defensive, obwohl die beiden zugegeben hatten, daß
sie in ihrer Langzeit-Therapie bisher keinerlei positives Resultat erzielt hätten.
Außerdem konnte ich mir nicht erklären, wie die Therapeuten dieses Paares es
geschafft hatten, sie über so viele Jahre zum Weitermachen zu motivieren, ohne
daß irgendeine Besserung der Situation dies gerechtfertigt hätte. In großen Städ-
ten gibt es Tausende von Therapeuten, die über diese Fähigkeit verfügen. Falls
sie diese Fähigkeit irgendwo erlernen, dann gewiß nicht in öffentlichen Kursen,
an denen jedermann teilnehmen kann. Vielleicht wird so etwas insgeheim im
persönlichen Rahmen einer Lehranalyse vermittelt. Ich habe gehört, daß eine

Lehranalyse in New York mittlerweile durchschnittlich sieben Jahre dauert. Das ist wesentlich länger als die paar Monate, die Freud empfahl. Vielleicht sind die Analysanden heutzutage begriffsstutziger und benötigen deshalb eine längere Lehranalyse. Vielleicht vermittelt man ihnen aber heute auch mehr Geheimtips darüber, wie man Kunden in der Therapie bei der Stange hält.

Nachdem sich mittlerweile der allgemeine Trend und die Zahlungsbereitschaft der Versicherungen verändert haben, fühlen sich Therapeuten und Klienten, die in Langzeit-Therapien involviert sind, in der Defensive. Das Pendel schwingt nun in die entgegengesetzte Richtung. Wenn wir uns damit beschäftigen, wie Therapie heute aussieht, stellen wir fest, daß es in den letzten beiden Jahrzehnten in diesem Bereich zu erheblichen Veränderungen gekommen ist. Mittlerweile ist es nicht mehr so, daß sich einige wenige Therapeuten mit einigen wenigen Klienten beschäftigen, sondern Therapie ist zu einem gewaltigen Wirtschaftszweig geworden. So wie heutzutage die Photokopiergeräte die Welt mit Papier überschwemmen, produzieren die Universitäten Therapeuten jeder Art wie am Fließband. Es gibt Psychologen, Psychiater, Sozialarbeiter, Erziehungspsychologen, Industriepsychologen, Hypnotherapeuten, rational-emotive Therapeuten, Drogenberater, Krankenhaustherapeuten, Paartherapeuten, Familientherapeuten, die allein einem Dutzend verschiedener Schulen angehören, und noch viele andere Spezialisten. Alle diese Therapeuten finden wir aller Orten in ihren Büros und Konsultationsräumen. Zu dieser Überschwemmung mit Therapieangeboten hat sicherlich die Publizität beigetragen, die Therapie durch die Massenmedien erhalten hat. Die handelnden Personen in Fernsehfilmen befinden sich häufig in Therapie und stellen dies als einen normalen Bestandteil ihres Lebens dar. Auch die Teilnehmer von Talk-Shows sprechen ständig von ihren Therapien und fungieren so als Vorbilder für das Publikum. Weiterhin gibt es in Frauenzeitschriften regelmäßig Beiträge zum Thema Therapie. Fernseh- und Radio-Psychologen raten jedem, sich wegen was auch immer unbedingt in eine Therapie zu begeben. »Wenn Ihr Mann sich entschließen könnte, eine Therapie anzufangen, würde sich alles zum Guten wenden«, verkünden sie ihren vielen Millionen Zuhörern.

Wenn Therapie offenbar zum normalen Leben dazugehört, warum sollte dann ein Therapeut darüber sprechen, wie schnell er seine Aufgabe erfüllen kann? Wäre das nicht so, als würde General Motors damit prahlen, wie schnell man einen Cadillac bauen kann? Oder als würden Chirurgen damit prahlen, wie schnell man in der Herzchirurgie einen Bypass legen kann? In der Frühzeit der Therapie, als die Menschen noch nicht so wohlhabend waren und es keine Versicherungen gab, die die Kosten einer Therapie übernahmen, erschien es als adäquat, eine Therapie möglichst kurz zu halten. Da es heute so viel kostet, Therapeut zu werden, ist es nur recht und billig, einen Gewinn auf diese Investition zu erwarten. Schließlich benötigt man dazu nicht nur ein teures Undergraduate-Diplom, sondern auch ein teures Graduate-Diplom und schließlich auch noch eine Postgraduate-Ausbildung. Dazu kommen die Kosten für die persönliche Lehrtherapie, die dem Therapeuten angeblich zu größerem Erfolg verhelfen soll. (Abgesehen davon verhilft sie den Ausbildern zu Klienten, die sie andernfalls vermutlich nicht bekommen würden. Vier Analysanden und vier Geschäftsleute mit Schuldgefühlen, die mehrmals wöchentlich zur Therapie kommen – mehr braucht ein Langzeit-Therapeut nicht, um einige Jahre ohne zusätzliche Aquisitionsbemühungen über die Runden zu kommen.) Zusätzlich zu den Kosten ihrer akademischen Ausbildung müssen angehende Therapeuten auch noch Privatinstitute besuchen, um die eigentlichen therapeutischen Fähigkeiten zu erwerben, die man ihnen auf der Universität nicht beibringt. Weiterhin ist der Besuch von Seminaren und Workshops zu Fortbildungszwecken erforderlich. Eine therapeutische Praxis stellt heutzutage zweifellos eine ansehnliche Investition dar; das müssen wir akzeptieren und bei der Preisgestaltung des Therapeuten berücksichtigen.

Doch der Therapeut ist nicht der einzige, der vom Honorar des Klienten lebt. Genauso wie hinter jedem Soldaten, der tatsächlich auf dem Schlachtfeld kämpft, 40 bis 50 Personen stehen, die ihn unterstützen, bildet auch der Therapeut die Spitze einer Pyramide von Unterstützungspersonal. Da gibt es die Organisatoren der Ausbildungsinstitute, die Supervisoren, das Krankenhaus- und Gefängnispersonal, den staatlichen und städtischen Gesundheitsdienst, spezielle Lehrer für den Umgang mit Fällen abnormen psychischen Verhaltens, Systemtheoretiker, die Herausgeber von Fachzeitschriften, Verleger, die Mitarbeiter von Berufsorganisationen, Prüfungsgremien usw. Folglich muß ein Therapiefall genügend Geld abwerfen, um nicht nur dem Therapeuten und seiner Familie den Lebensunterhalt zu sichern, sondern auch der gesamten Schar von Helfern und Helfershelfern, die in diesem Bereich tätig sind.

Kann man mit Kurzzeit-Therapie das gleiche verdienen wie mit Langzeit-Therapie? Einige Kurzzeit-Therapeuten behaupten, dies sei möglich, sofern der

Therapeut bereit sei, seine finanziellen Probleme durch bewußtes Akzeptieren zusätzlichen Leidens zu lösen. Für einen Kurzzeit-Therapeuten ist es eine ziemlich mühsame Angelegenheit, seine Praxis ständig gefüllt zu halten. Ich selbst habe einmal eine Privatpraxis für Kurzzeit-Therapie gehabt, und um auf das Einkommen von Langzeit-Therapeuten zu kommen, mußte ich drei- bis viermal so viele Klienten annehmen wie diese. Aufgrund der wesentlich kürzeren Behandlungszeit besteht ein ständiger Bedarf an neuen Klienten. Ich kann mich noch gut daran erinnern, wie ich damals Langzeit-Therapeuten beneidete, die ihre Therapiestunden ein Jahr im voraus festlegen konnten und dadurch die Sicherheit hatten, auch dann noch ihre Miete bezahlen zu können. Bei der Kurzzeit-Therapie wird der zeitliche Abstand zwischen den einzelnen Sitzungen vergrößert, sobald eine Besserung eingetreten ist, so daß der Klient nur noch alle zwei Wochen oder nur noch einmal im Monat zur Therapie erscheint. Doch wie füllt der Therapeut dann die freiwerdende Stunde in der folgenden Woche aus? Möglicherweise findet sich rechtzeitig ein neuer Patient, vielleicht aber auch nicht. Vielleicht muß sich der Therapeut entschließen, einen öffentlichen Vortrag zu halten, um das Geschäft wieder anzukurbeln. So wird jede Entscheidung darüber, ob noch eine weitere Sitzung notwendig ist, zu einer moralischen Entscheidung, ist also keineswegs eine reine Routine-Angelegenheit.

Außerdem ist die Arbeitsweise bei der Kurzzeit-Therapie für den Therapeuten wesentlich anstrengender als eine Sitzung im Rahmen einer Langzeit-Therapie. Dabei kann ein Tag ziemlich lang werden und ist keineswegs geruhsam. Eine Kurzzeit-Behandlung könnte ungefähr wie folgt verlaufen. In der ersten Sitzung muß der Therapeut zu klären versuchen, wo der Haken liegt, und darüber nachdenken, was man ändern könnte, und das alles innerhalb einer Stunde. Gewöhnlich formuliert man ein Problem und erteilt dem Klienten eine Direktive. Die zweite Stunde gibt Aufschluß über die Reaktion auf die Direktive, welche daraufhin abgewandelt wird. In der dritten Sitzung wird eine Veränderung zum Positiven erkennbar, und man kann anfangen, für die folgenden Sitzungen größere Abstände festzulegen. Damit ergibt sich gleichzeitig die Notwendigkeit, nach neuen Klienten Ausschau zu halten. Im Gegensatz dazu nimmt es in einer Langzeit-Therapie allein drei Sitzungen in Anspruch, die Vorgeschichte aufzunehmen, und drei weitere, die familiären Hintergründe zu erkunden, bevor man darüber nachzudenken beginnt, wie man das Problem lösen könnte. Und wie viel einfacher ist es, sich zurückzulehnen und zu sagen: »Erzählen Sie mir mehr darüber«, oder: »Haben Sie schon darüber nachgedacht, warum Sie so aufgebracht darüber waren, daß ich heute zu spät gekommen bin?«

Langzeit-Therapie kann es sich leisten, gemütlich zu Werke zu gehen, weil es ihr an einem konkreten Ziel fehlt, wohingegen Kurzzeit-Therapie direkt auf das Erreichen eines bestimmten Ziels zusteuern muß. Der Therapeut muß sich für jeden Klienten eine völlig neue, individuelle Direktive ausdenken. Der Langzeit-Therapeut hingegen braucht nur eine einzige Methode zu erlernen und diese anzuwenden. Er tut mit jedem neuen Klienten genau das, was er auch mit dem vorigen getan hat. Spricht ein Klient auf seine Methode nicht an, so findet er sicher bald einen neuen, bei dem sie wirkt. Wieviel anstrengender ist es, sich in jedem Fall etwas Neues oder zumindest eine neue Variante einfallen zu lassen. Zwar versuchen auch einige Kurzzeit-Therapeuten, in allen Fällen die gleiche Methode anzuwenden, indem sie beispielsweise allen ihren Klienten sagen, sie sollten so bleiben, wie sie sind, doch ein so simples Verfahren führt nur in den wenigsten Fällen zum Erfolg.

Langzeit-Therapeuten verfügen über ausgeklügelte Theorien, mit deren Hilfe sie ihre Methode sowie die lange Dauer ihrer Therapie rechtfertigen. Abgesehen davon, daß mittlerweile seit fast hundert Jahren über die psychodynamische Theorie gesprochen und geschrieben wird, entwickeln sich auch ständig neue Trends in der philosophischen Untermauerung dieser Art von Arbeit. Man kann jederzeit vom Theoretisieren über das Unbewußte zu geschwollenen Diskussionen über Epistemologie, Ästhetik, Konstruktivismus, Chaos und dergleichen übergehen. Wenn die Theorie schwer ist, kann die Therapie leicht sein, insbesondere wenn Theorien sich damit beschäftigen, was mit den Klienten nicht in Ordnung ist, statt damit, was man tun könnte, um sie zu verändern. Kurzzeit-Therapeuten sind gewöhnlich vollauf damit beschäftigt, sich Gedanken darüber zu machen, was sie in einem bestimmten Fall tun können, wodurch tiefgründige ideologische Diskussionen gar nicht erst aufkommen. Verglichen mit den etwa 70.000 heute existierenden Publikationen und Artikeln über die psychodynamische Theorie ist die Zahl der Veröffentlichungen über Kurzzeit-Therapie ziemlich klein.

Ein weiterer wichtiger Punkt ist, daß Kurzzeit-Therapeuten gewöhnlich keine Theorie über Widerstand haben. Sie glauben, daß man das bekommt, was man erwartet, und eine Theorie wie die des Widerstandes behindert ihrer Meinung nach das Bemühen, den Klienten zur Kooperation zu bewegen. In der Langzeit-Therapie hingegen spielt die Theorie des Widerstands eine wichtige Rolle, was zur Folge hat, daß man eine Therapie unendlich lang fortsetzen kann,»um den Widerstand zu überwinden«. Außerdem haben Langzeit-Therapeuten eine äußerst zweckdienliche Theorie, die besagt, daß der Wunsch eines Klienten, die Therapie zu beenden, Widerstand gegen Veränderung sei, folglich keine echte Besserung eingetreten sein könne und er eindeutig noch mehr Therapie brauche. In der Langzeit-Therapie entscheidet der Therapeut, nicht der Klient, wann die Therapie zu Ende ist. Die Entscheidung über die Länge der Therapie liegt also »in guten Händen«. Die Therapie wird so lange weitergeführt, bis der Therapeut den Eindruck hat, daß der Klient in etwa so vollkommen ist, wie er in diesem Leben werden kann.

Man sollte auch nicht unterschätzen, welche Rolle das Selbstbild des Therapeuten dabei spielt, für welche Art der Therapie er sich entscheidet. Kurzzeit-Therapeuten sehen sich gewöhnlich als gehetzte und unter Streß stehende Menschen. Langzeit-Therapeuten hingegen ist manchmal die Langeweile angesichts der Verpflichtung, einigen wenigen Menschen ständig zuhören zu müssen, förmlich ins Gesicht geschrieben. Nicht einmal in einer Ehe sind Menschen gewöhnlich soviel zusammen wie in einer analytischen Langzeit-Therapie. Doch strahlt der Langzeit-Therapeut andererseits auch das positive Bild des weisen Philosophen aus, eines Menschen, der den bestmöglichen Rat geben könnte, wenn er dies nur wollte, der dies jedoch nicht tut, weil die Klienten sich selbst über ihre Situation klar werden müssen. In einem bequemen Stuhl sitzend, der in einem geschmackvoll eingerichteten Büro steht, möglichst mit offenem Kamin, hört der Therapeut Klienten, die seit vielen Jahren zu ihm kommen, wie ein guter Freund zu. Manchmal muß er etwas direkt ansprechen, aber das tut er stets auf die sanfteste, rücksichtsvollste Weise, damit der Klient die Therapie fortsetzt. Der Langzeit-Therapeut wird von seinen Klienten geliebt; bei Kurzzeit-Therapeuten ist das gewöhnlich nicht der Fall, weil bei ihnen die Kürze der Therapie einfach nicht genug Zeit für derartige romantische Anwandlungen läßt. Das freundliche, liebevolle und philosophisch-weise Bild des Langzeit-Therapeuten erscheint insbesondere jungen Menschen, die gerade die Schule abgeschlossen haben, als besonders erstrebenswert. Noch immer hoffen viele Studenten, irgendwann einmal eine Privatpraxis eröffnen zu können, obwohl immer mehr sich heutzutage mit einer Anstellung in einer Institution zufriedengeben und dort Kurzzeit-Therapie praktizieren müssen.

Die Perspektive des Klienten

Wenn man einmal von den Vorteilen der Langzeit-Therapie für den Therapeuten absieht, erhebt sich die Frage, ob der Klient mehr von einer Langzeit- oder von einer Kurzzeit-Therapie profitiert. Um dies zu klären, müssen wir uns nicht nur mit dem Klienten, sondern auch mit den Personen, die ihn im Familiennetz unterstützen, beschäftigen. Eine wissenschaftliche Untersuchung könnte diese Frage klären.

Ich erinnere mich an eine Frau, die in eine psychische Krise geriet, als sie heiratete. Deshalb begann sie mit einer Therapie, in der sie achtzehn Jahre später immer noch war. Dann ließ sie sich von ihrem Mann scheiden und trennte sich auch von ihrem Therapeuten – was praktisch ebenfalls einer Scheidung gleichkam. Als ich sie das letzte Mal traf, dachte sie gerade darüber nach, erneut zu heiraten, und sie machte sich auch Gedanken darüber, ob sie sich ein zweites Mal in eine Therapie begeben sollte. Hat die fast zwanzigjährige Therapie bei ihr nun einen positiven oder einen negativen Effekt gehabt? Wäre eine Kurzzeit-Therapie in diesem Fall vorzuziehen gewesen? Nur intensive Untersuchungen können Fragen wie diese klären. Dennoch drängen sich ein paar Gedanken förmlich auf. Einerseits war die Ehe dieser Frau nie eine echte Dyade. Vielmehr befand sie sich während ihrer gesamten ersten Ehe mit ihrem Mann und ihrem Therapeuten in einer Dreiecksbeziehung, und genauso geht es heute vielen Männern und Frauen, die sich in einer Einzeltherapie befinden. Was mag diese Therapie ihren Mann gekostet haben? Die Kosten einer langen Therapie sind nicht nur eine ständige Belastung für das Haushaltsbudget, sondern man muß sich auch Gedanken darüber machen, was für einen persönlichen Preis die beiden Partner dafür zahlen. Dieser Mann hatte eine Frau, die ihre Erfahrungen und Vorstellungen, ja selbst ihre intimsten Gedanken gewöhnlich zuerst einem anderen Mann mitteilte. Ihm, ihrem Ehemann, teilte sie sie oft erst mit, nachdem sie mit ihrem Therapeuten darüber gesprochen hatte, so daß das Erzählte »aufgewärmt« klang und die damit verbundenen Gefühle ebenfalls nicht mehr »frisch« waren. Jedes wichtige Ereignis in ihrem Leben, einschließlich der Geburt ihrer Kinder sowie der Krisen, die sie mit ihren Kindern erlebte, teilte sie ihrem Therapeuten mit. Der Ehemann hingegen wurde in eine zweit-rangige Rolle verbannt, sowohl als Berater seiner Frau als auch hinsichtlich seiner Vaterrolle den gemeinsamen Kindern gegenüber. Hingegen war der Therapeut die Autorität und der Experte, den die Frau in allen Fragen hinsicht-lich ihrer zwischenmenschlichen Beziehungen konsultierte.

Um diese Triade in einem etwas anderen Licht als üblich zu sehen, sollten wir uns vor Augen führen, daß dieser Mann 18 Jahre mit einer Frau zusam-menlebte, die regelmäßig einen anderen Mann aufsuchte, um sich bei ihm über ihr Schicksal zu beklagen, und daß der Ehemann dafür auch noch ständig be-zahlte. Natürlich wurde der Ehemann selbst dadurch von der Aufgabe des geduldigen Zuhörens entbunden, was manchen Ehemännern sicherlich als positiv erscheinen mag, anderen zweifellos nicht. Außerdem wurde durch jede Therapiesitzung formell neu bestätigt, daß die Frau unter einer Störung litt, der Ehemann hingegen nicht, da er keinen Therapeuten konsultierte. Folglich de-finierte ein Experte die Beziehung als eine, in welcher der Ehemann der überle-gene Partner war, der sich um seine Frau kümmerte, die ihrer Rolle nicht völlig gewachsen war. Natürlich war die Frau in den Augen des Langzeit-Therapeu-ten eine zarte Persönlichkeit, die seine Unterstützung brauchte, denn andernfalls hätte er ja die Therapie nicht über so viele Jahre hinweg fortgesetzt. Die Tatsa-che, daß die Frau regelmäßig zu ihm zur Therapie kam, vermittelte dem Ehe-paar das Gefühl, daß die Frau kein normaler Mensch wie alle anderen war.

Es ist sehr schwer, in einem solchen Fall zu entscheiden, ob eine Kurzzeit-oder eine Langzeit-Therapie die bessere Behandlungsform ist. Man könnte es allerdings auch als positiv werten, daß der Therapeut möglicherweise zur rela-tiv langen Dauer jener Ehe entscheidend beigetragen hat. Eine 18jährige Ehe ist in unserer Zeit, in der Ehen oft schon nach kurzer Zeit wieder geschieden wer-den, sicherlich schon an sich eine erstaunliche Sache. Viele Frauen, die nach der Eheschließung in innere Krisenzustände geraten und die sich dann einer Kurzzeit-Therapie unterziehen, trennen sich möglicherweise viel schneller von ihren Männern. Wenn nun eine Ehe durch die Therapie stabilisiert wird, sollte man dies nicht als positive Auswirkung bezeichnen? Außerdem ist zu berück-sichtigen, daß manche Ehefrauen und Ehemänner nicht mit einer Therapie beginnen, weil sie sich ändern wollen, sondern weil sie Trost suchen. Oft haben sie das Gefühl, sie müßten die Ehe aus finanziellen Gründen oder der Kinder wegen aufrechterhalten. Sie erwarten deshalb vom Therapeuten lediglich, daß dieser ihre unglückliche Ehe etwas erträglicher macht, indem er bestimmte Aspekte in einem anderen Licht erscheinen läßt und Vorschläge macht, wie sie mit der Problematik umgehen können. Vielleicht ist es falsch, Menschen dabei zu helfen, in einer unglücklichen Ehe zu verharren, doch oft bitten sie genau um diese Hilfe. Eine kurze Intervention, die ihre Situation grundlegend verändern würde, würde sie dann sicher nicht zufriedenstellen.

Die Frage der Stigmatisierung

Wichtig bei der Langzeit-Therapie ist sicher auch, daß Langzeit-Therapeuten ihren Klienten nicht den Eindruck vermitteln, durch die Therapie würden sie sich selbst stigmatisieren. In ihren Augen ist Therapie für jeden gut, und die Tatsache, daß jemand sich in einer Therapie befindet, bedeutet für sie nicht, daß der Betreffende einen Defekt hat oder seinen Aufgaben nicht gewachsen ist. Diese Sichtweise ist insbesondere für die Therapeuten der humanistischen Bewegung typisch, die ihre Hauptaufgabe darin sehen, Menschen bei der Entfaltung des in ihnen schlummernden Potentials zu helfen. Ihrer Meinung nach haftet ihren Klienten kein anderer »Makel« an als der, daß sie nun einmal Menschen mit allen menschlichen Schwächen sind, und ihrer Arbeit liegt die Prämisse zugrunde, daß alle Menschen geistig wachsen und sich weiterentwickeln können. Doch werden auch humanistische Therapeuten ihren Klienten sicherlich davon abraten, sich während der Dauer der Therapie um das Präsidentschaftsamt zu bewerben. Auch heute noch ist die Ansicht sehr verbreitet, daß jemand, der »in Therapie ist«, an gravierenden Mängeln leidet und nicht in der Lage ist, sich wie ein »normaler« Mensch mit den Problemen des alltäglichen Lebens auseinanderzusetzen, besonders wenn die Therapie sich über Jahre hinzieht.

Langzeit-Therapie wird gewöhnlich mit dem Argument verteidigt, der Klient sei psychisch sehr labil und brauche die ständige Unterstützung der Therapie, um mit den alltäglichen Problemen fertig zu werden. Im Gegensatz dazu sind Kurzzeit-Therapeuten gewöhnlich der Meinung, um normal zu werden, brauche der Klient nichts weiter als ein paar Sitzungen, in denen gezielt an einigen seiner Probleme gearbeitet wird. Die grundlegende Sichtweise der Kurzzeit-Therapie unterscheidet sich völlig von Sicht und Praxis der Langzeit-Therapie. Beispielsweise kommt es vor, daß Kurzzeit-Therapeuten es ablehnen, jemanden zu behandeln, weil sie der Ansicht sind, die betreffende Person brauche keine Behandlung. Da Langzeit-Therapeuten der Meinung sind, Therapie sei für jeden Menschen eine wertvolle Erfahrung, würden sie nie ablehnen, jemanden in die Therapie zu nehmen, sofern die betreffende Person über die dazu erforderlichen finanziellen Mittel verfügt.

Helfer

Erst seit relativ kurzer Zeit beziehen Therapeuten die Bedeutung des sozialen Umfeldes, in dem ein Klient lebt, in ihre Arbeit ein. Der Einfluß der Familie auf den Einzelnen ist mittlerweile unumstritten. Nehmen wir beispielsweise an, durch den Tod eines freundlichen Familienmitglieds gerät die Familienstruktur aus den Fugen. Begibt sich in dieser Situation ein Familienmitglied bei einem freundlichen Therapeuten in Therapie, so wird die Familie dadurch wieder stabilisiert. Problematisch kann die Situation allerdings werden, wenn der Klient die Therapie irgendwann beenden will, denn dann ist die Familie zu jener Reorganisation gezwungen, die nach dem Tod des Familienmitglieds erforderlich gewesen wäre. Die erneute Destabilisierung kann den Klienten in einen Zustand innerer Erregung versetzen, woraufhin der Therapeut dann vermutlich sagt, der Klient müsse wegen weiterhin bestehender Probleme die Therapie fortsetzen. So können Jahre vergehen, wobei die Therapie die Funktion übernimmt, die Familie zu stabilisieren. Manchmal wird dies dadurch erreicht, daß ein Familienmitglied, gewöhnlich ein für die ökonomische Sicherheit entbehrlicher Heranwachsender, in regelmäßigen Abständen in eine psychiatrische Klinik eingewiesen wird. Die Helfer des Therapeuten, das Klinikpersonal, und die Helfer des Klienten, dessen Familie, profitieren allesamt von diesem Arrangement. Für die Familie besteht der Gewinn in der Stabilität, für den Therapeuten und seine Helfer in der Tatsache, daß sie auf diese Weise ihren Lebensunterhalt verdienen. Aber können wir wirklich behaupten, dies sei *nicht* der Sinn einer Therapie? Kurzzeit-Therapie vermag diese Funktion nicht zu erfüllen. Tatsächlich destabilisiert Kurzzeit-Therapie Familien oft, wenn eine Veränderung initiiert wird. Langzeit-Therapeuten hingegen stabilisieren durch ihre Arbeit bestehende Sozialstrukturen gewöhnlich.

Hinsichtlich der Stabilisierungstendenz gibt es noch einen Aspekt, der die Symmetrie menschlicher Beziehungen betrifft. Ebenso wie der Körper von

Menschen und anderen Lebewesen symmetrisch ist – sie haben jeweils ein
Auge zu beiden Seiten der Nase und ein Ohr zu beiden Seiten des Kopfes –,
scheint es ein ähnliches Muster auch in der menschlichen Interaktion zu geben.
Dies wird »viertes Gesetz menschlicher Beziehungen« genannt. Wenn beispielsweise ein Ehepartner eine Beziehung zu einem Menschen außerhalb der eigenen Familie eingeht, sucht der andere Partner wahrscheinlich ebenfalls eine
solche Verbindung. Wenn der eine Partner eine außereheliche Beziehung beginnt, tut der andere dies gewöhnlich über kurz oder lang ebenfalls oder verstärkt seine Aktivitäten mit Arbeitskollegen oder begibt sich in Therapie und
geht somit eine Beziehung zum Therapeuten ein. Und wenn ein Partner mit
einer Therapie beginnt, kommt es oft vor, daß auch der andere eine Bindung zu
einem Außenstehenden eingeht, um die Symmetrie innerhalb der Familie wiederherzustellen.

Entwickelt innerhalb der Familie die Mutter eine enge Beziehung zu ihrem
Sohn, so entwickelt der Mann wahrscheinlich eine ebenso enge Beziehung zu
jemand anderem, beispielsweise zu seiner eigenen Mutter oder zu einem Therapeuten. Man könnte also sagen, wenn innerhalb von Familien dieses Bedürfnis
nach einem Ausgleich besteht, so ist es nur recht und billig, wenn Therapeuten
dafür bezahlt werden, daß sie die Symmetrie innerhalb einer Familie wieder-
herstellen. Ist die Verbindung eines Familienmitglieds zu einem Außenstehenden langfristig, so braucht der Ehepartner einen Langzeit-Therapeuten, um dem
Gesamtsystem die notwendige Stabilität zu geben.

Die Bedürfnisse des Einzelnen

Doch worin bestehen, abgesehen von der Notwendigkeit, ein System zu stabilisieren, die Bedürfnisse des Einzelnen? Erfüllt eine Langzeit-Therapie diese
Bedürfnisse besser als eine Kurzzeit-Therapie? Schauen wir uns ein grundlegendes menschliches Bedürfnis an: die Notwendigkeit, Hypothesen zu entwickeln.
Sozialpsychologen sind seit vielen Jahren der Ansicht, und auch Gehirnforscher
sind mittlerweile der Meinung, daß es ein grundlegendes Bedürfnis des Menschen ist, Hypothesen über sich selbst und andere zu entwickeln. Es ist letztlich
gar nicht möglich, *keine* Hypothesen zu bilden. Was auch immer ein anderer
Mensch tut, wir müssen eine Hypothese darüber entwickeln, *warum* diese
Person es getan hat. Wie diese Erwägung zeigt, müssen wir sogar Hypothesen

darüber entwickeln, warum wir Hypothesen entwickeln müssen. Solange wir wach sind, und selbst in unseren Träumen, erklären wir Dinge. Unterstützt Kurzzeit-Therapie dieses Bedürfnis? Das tut sie eindeutig nicht, weil sie nicht von der Annahme ausgeht, daß ein Problem dadurch verändert wird, daß man darüber spricht. Vielmehr geht sie davon aus, daß man handeln muß, um dies zu erreichen. Ich erinnere mich noch gut daran, wie ich vor vielen Jahren irgendwann zu dem Schluß kam, daß die Einsicht der therapeutischen Veränderung *folgt*. Wenn ich Klienten durch eine kurze Intervention half, ein Problem zu überwinden, hatten sie anschließend oft das Bedürfnis, mir detailliert über all die Funktionen zu berichten, die das Symptom in der Vergangenheit und Gegenwart für sie gehabt hatte. Selbst wenn ich klar zu erkennen gab, daß mich der ganze Zusammenhang gar nicht interessierte, drängten sie mir ihre Einsichten förmlich auf. Heute ist mir klar, daß diese Klienten lediglich ihrem Bedürfnis Ausdruck gaben, eine Hypothese zu bilden. Menschen brauchen immer eine Erklärung dafür, warum sie über ein Symptom hinweggekommen sind. Deshalb müssen sie sich rückwirkend Gedanken darüber machen, warum sie es vorher hatten. Als ich mir des Bedürfnisses, Hypothesen zu entwickeln, noch nicht bewußt war, war ich gewöhnlich ungehalten über solche Erklärungsversuche der Klienten, weil das Problem doch gelöst und ich der Meinung war, sie sollten sich nun wieder ihrem normalen Alltag zuwenden.

Aus dieser Perspektive betrachtet besteht der wichtigste Beitrag der Langzeit-Therapie eindeutig darin, dieses menschliche Erklärungsbedürfnis zu erfüllen. Stunde um Stunde, Woche um Woche, Monat um Monat, Jahr um Jahr steht dem Klienten ein Therapeut zur Seite, der bereit ist, mit ihm zusammen dazusitzen und Hypothesen über Geschehnisse zu entwickeln. »Ich frage mich, warum Sie über das, was Sie getan haben, verwundert sind?« – »Untersuchen wir doch einmal, woher dieser Gedanke kam.« Oder: »Ist es nicht interessant, daß Sie...«Jede Hypothese über Vergangenheit und Gegenwart wird auf diese Weise untersucht. Den beiden Beteiligten macht es Freude, gemeinsam Hypothesen zu überprüfen und zu entwickeln, und so wird beider Bedürfnis befriedigt. Der Therapeut findet Unterstützung für eine Theorie, deren Daseinssinn das Bedürfnis, Hypothesen zu bilden und Erklärungen zu finden, ist. Der Klient muß Hypothesen entwickeln, um zu erklären, warum in seinem Leben immer alles schiefgeht.

Interpretation versus Direktive

Langzeit-Therapie konzentriert sich überwiegend auf die Interpretation, das Werkzeug der Hypothesenbildung. Kurzzeit-Therapie hingegen konzentriert sich auf die Direktive, das Werkzeug zur Herbeiführung von Veränderung. Langzeit-Therapie wirkt erzieherisch. Statt sich auf das Lösen von Problemen zu konzentrieren, versucht sie, dem Patienten zu helfen, seine Situation zu verstehen. Aufgrund dieser Orientierung ist Ergebnisforschung zur Beurteilung der Langzeit-Therapie nicht angemessen, denn es besteht gar nicht die Absicht, dem Patienten über ein Problem hinwegzuhelfen. Im Gegensatz dazu konzentriert sich Kurzzeit-Therapie gewöhnlich auf ein konkretes Problem, das durch Interventionen verändert werden soll. In diesem Fall ist es natürlich leichter festzustellen, ob eine Veränderung eintritt oder nicht. Man könnte auch sagen, daß Langzeit-Therapie eine Elite mit einem speziellen Wissen über sich selbst produziert, welches dem Durchschnittsmenschen fehlt. Der Klient lernt, sich selbst zu beobachten und innerhalb eines ideologischen Rahmens, den er in der Therapie erlernt, Hypothesen darüber zu bilden, warum er tut, was er tut. Der Klient der Kurzzeit-Therapie überwindet ein Problem und wird dann wieder ein ganz normaler Mensch, erwirbt also nicht als Mitglied einer Elite einen besonderen Status.

Die ideologischen Voraussetzungen der Langzeit-Therapie sind leichter zu erlernen, weil sie in das intellektuelle Klima unserer Zeit eingeflossen sind und weil es sowohl reichlich Fachliteratur darüber als auch viele populäre Einführungen in diese Denkweise gibt. Im Rahmen der Kurzzeit-Therapie sinnvolle Interventionen zu entwickeln ist wesentlich schwerer zu erlernen, da die dazu erforderlichen speziellen Techniken nur wenigen Spezialisten bekannt sind. Vielleicht gibt es deshalb nur so wenige Kurse zur Vermittlung von Langzeit-Therapie-Methoden und so viele im Bereich der Kurzzeit-Therapie. Letztere kann man nicht einfach durch das Leben in einem bestimmten intellektuellen Klima erlernen.

Spezielle Probleme, die Langzeit-Therapie erfordern

Statt eine Aussage darüber zu machen, ob mir generell Langzeit- oder Kurzzeit-Therapie als empfehlenswerter erscheint, bin ich der Ansicht, daß in manchen

Fällen Langzeit-Therapie adäquat ist, während in anderen Kurzinterventionen vorzuziehen sind. Wir wollen uns nun mit einigen Situationen beschäftigen, in denen meiner Meinung nach eine Langzeit-Therapie bessere Dienste leistet.

Abgesehen von dem bereits erwähnten Fall, in dem ein Ehepaar über lange Zeit stabilisiert wird, gibt es auch speziellere Probleme, die eine Langzeit-Therapie nahelegen. Ein schwerwiegendes Problem ist das des sexuellen Mißbrauchs oder der körperlichen Mißhandlung. In beiden Fällen wird gewöhnlich vom Gericht eine Therapie angeordnet. Eine Kurzintervention vermag solche illegalen und unmoralischen Geschehnisse sicherlich momentan zu unterbinden, doch wie kann sichergestellt werden, daß es wirklich nicht mehr dazu kommt? Bei einer eventuellen Wiederholung würde das Opfer erneut Schaden erleiden. Deshalb sollten solche Klienten über lange Zeit beobachtet werden, weil nur so sichergestellt werden kann, daß die positive Wirkung der Therapie anhält. Wenn man die betreffende Person auf adäquate Weise begleitet, entwickelt sich aufgrund der Art der Problematik eine Langzeit-Therapie.

Ein anderes Problem, das gewöhnlich eine Langzeit-Therapie erfordert, ist das des chronischen Psychotikers und seiner Familie. Bei einer ersten psychotischen Episode kann die Therapie relativ kurz sein, weil sie sich darauf konzentriert, den Betreffenden so schnell wie möglich wieder in einen Zustand normaler Funktionsfähigkeit zu versetzen. Dazu wird eine Krisentherapie mit der Familie durchgeführt, deren Ziel es ist, den als schizophren diagnostizierten Jugendlichen von Psychopharmaka unabhängig zu machen und es ihm zu ermöglichen, daß er wieder zur Arbeit oder zur Schule gehen kann. Dies läßt sich relativ schnell erreichen. Doch wenn der Betroffene bereits ein halbes Dutzendmal in einer Klinik gewesen ist, ist eindeutig eine Langzeit-Therapie angezeigt. Der Klient ist ein chronischer Fall, die Situation der Familie, die in der Erwartung lebt, daß der Klient unheilbar ist, muß ebenfalls als chronisch bezeichnet werden, und die Fachleute, die sich mit dem Klienten beschäftigen, befinden sich in der chronischen Erwartung, daß der Betreffende permanent Medikamente wird nehmen müssen und daß er immer wieder in Gewahrsam genommen werden muß. Alle an der Situation Beteiligten zu verändern ist eindeutig nicht in kurzer Zeit möglich. Ein anderes spezielles Problem ist eine »unfreiwillige« Langzeit-Therapie, die sich ergibt, wenn ein Therapeut die Therapie mit einem bestimmten Klienten beenden möchte, ihm dies aber nicht gelingt. In solchen Fällen wird die Therapie ohne Enthusiasmus und manchmal sogar mit regelrechtem Widerwillen von seiten des Therapeuten fortgesetzt. Andererseits kann auch der Klient den Wunsch haben, die Therapie zu beenden, und dadurch beim Therapeuten eine Reaktion auslösen, die es ihm oder ihr unmöglich macht, dieses Vorhaben umzusetzen. Man könnte solch einen Fall als Sucht-Phänomen begreifen. So wie ein Mensch von einer geliebten Person abhängig sein oder süchtig nach ihr werden kann, kann dies auch in einer Therapie geschehen. Der Patient kann entweder vom Kontakt zu einem bestimmten Therapeuten oder von Therapie generell abhängig sein. Das therapeutische Ziel in einem solchen Fall könnte sein, den Klienten von seiner Abhängigkeit zu befreien.

Vielleicht liegt es im Wesen einer Therapie, daß eine Abhängigkeit entsteht. Bei einem typischen Abhängigkeitsmuster spielt immer das Versprechen eine Rolle, daß es dem Betreffenden gut gehen wird, daß er oder sie angenehme Intimität erleben wird. Dem folgt später eine Zurückweisung in der Form, daß das Versprechen befriedigender Intimität nicht erfüllt wird. Dennoch könnte sich die ersehnte Erfüllung ja noch einstellen. Die Situation ähnelt derjenigen, die entsteht, wenn eine Mutter ihr Kind auffordert, zu ihr zu kommen, und dann nicht reagiert, weil sie zu beschäftigt ist. Sie lädt das Kind zum Kontakt ein, und dann beklagt sie sich, weil es ihr am Rockzipfel hängt. Aufgrund des Therapievertrags handelt es sich in einer Therapie immer um eine intime Beziehung. Doch kann die therapeutische Beziehung andererseits keine wirklich intime Beziehung werden, was bedeutet, daß eine Zurückweisung unvermeidlich ist. Außerdem hat die Intimität nur so lange Bestand, wie der Patient das Honorar bezahlt. Insofern handelt es sich um eine bezahlte Freundschaft, was schon an und für sich einer Zurückweisung von Intimität gleichkommt, auch wenn genau diese versprochen wird. Langzeit-Therapeuten sind häufig in solche Abhängigkeitsbeziehungen verstrickt, und sie können sich nicht daraus befreien, sofern ihnen nicht eine dritte Person, beispielsweise ein Supervisor, dabei hilft.

Natürlich gibt es auch Situationen, in denen Langzeit-Therapie eindeutig nicht adäquat ist und der Therapeut eine Kurzzeitbehandlung durchführen muß. Wenn eine Therapie von der Krankenversicherung auf eine bestimmte Anzahl von Sitzungen beschränkt worden ist, so kann dies natürlich keine Langzeit-Therapie sein, es sei denn, der Patient oder der Therapeut entschließt sich, ein finanzielles Opfer zu bringen und die Therapie fortzusetzen. Eine andere begrenzte Situation ist ein kurzzeitiger, von der Krankenversicherung bezahlter Klinikaufenthalt. In solchen Fällen wird der Patient für ein paar Wochen in eine Klinik eingewiesen und muß diese nach der festgesetzten Zeit wieder verlassen, ganz gleich, was inzwischen geschehen ist. Gewöhnlich kann in solchen Fällen der Therapeut, der sich während des Klinikaufenthalts mit dem Patienten beschäftigt, die Behandlung nach der Entlassung nicht fortsetzen.

Zukünftige finanzielle Arrangements

Wenn wir uns die heutige Situation im Hinblick auf Lang- und Kurzzeit-Therapie anschauen, so werden bestimmte Trends erkennbar, auf die wir uns einstellen müssen. Aufgrund dessen, wie Therapien finanziert werden, kann es als sicher gelten, daß sie in Zukunft generell kürzer sein werden. Ebenso wie sich herausgestellt hat, daß Klinikaufenthalte kürzer sein können, als sie früher waren, nachdem die Krankenversicherungen beschlossen hatten, sie generell zu verkürzen, wird auch die Dauer von Therapien kürzer werden, wenn die Krankenversicherungen entsprechende Beschlüsse fassen. Die Finanzierung von Therapien wird sich grundlegend ändern, und dadurch werden auch neue Möglichkeiten entstehen.

Wenn wir uns die Geschichte der Therapie anschauen, so ist die wichtigste Entscheidung, die in diesem Bereich jemals getroffen wurde, die, daß eine Therapie pro Therapiestunde bezahlt wird. Historiker werden sicherlich eines Tages herausfinden, wer als erster auf diesen Gedanken gekommen ist. Ideologie und Praxis der Therapie wurden weitgehend geprägt, als die Therapeuten sich dafür entschieden, sich von ihren Patienten die Zeitspanne bezahlen zu lassen, die sie mit ihnen zusammen verbrachten, statt der Resultate, die sie erzielten.

Wenn erst einmal klar festgestellt worden ist, daß diese Bezahlung auf Stundenbasis eine rein willkürliche Entscheidung war, so besteht kein Grund, weshalb wir nicht andere Bezahlungsmodi entwickeln könnten. Langzeit-Therapeuten können dann weiterhin bei Klienten, die sich dies leisten können, die Bezahlung pro Therapiestunde beibehalten, doch andere Therapeuten können andere Bezahlungsmodi entwickeln.

Bezahlung bei Befreiung vom Symptom

Von den vielen denkbaren Bezahlungsmodi ist der naheliegendste, sich an der Beseitigung eines Symptoms zu orientieren, statt an der Zahl der Stunden, die der Therapeut mit dem Patienten verbringt. Man könnte für jedes Problem ein bestimmtes Honorar festlegen. Dafür gibt es einen Präzedenzfall in der Medizin, wo Chirurgen ihre Rechnungen nach einem Katalog aufgrund der erbrachten Leistungen erstellen. Hingegen lassen sich Kinderärzte aufgrund der Stunden oder Stundenbruchteile einer Konsultation bezahlen.

Doch auch im Bereich der Therapie gibt es Präzedenzfälle für andere Regelungen. Masters und Johnson berechnen ein festes Honorar bei sexuellen Problemen, wobei eine langfristigere Nachsorge im Festpreis inbegriffen ist. Von Milton Erickson ist bekannt, daß er Eltern, die mit einem Problemkind zu ihm kamen, gesagt hat: »Ich schicke Ihnen eine Rechnung, sobald das Problem gelöst ist.«

Es gibt auch Therapeuten, die ein Honorar pro aufgelöster Phobie berechnen, statt ein Stundenhonorar zu fordern. Ich habe gehört, daß eine bestimmte Gruppe 300 Dollar pro geheilter Phobie berechnet. Da diese Leute von schnellen Erfolgen ausgehen, sind sie damit einverstanden, daß ihre Klienten so lange für diese Summe zu ihnen kommen, bis die Phobie endgültig verschwunden ist. Im Grunde haben wir uns ohnehin schon dieser leistungsbezogenen Honorarregelung unterworfen, wenn wir die zeitlich begrenzte Therapie betreiben, die die Krankenversicherungen uns abverlangen. Wenn man sich verpflichtet, mit einem Klienten eine Therapie in maximal 20 Sitzungen durchzuführen, dann ist das etwas völlig anderes, als einen festen Preis für die Befreiung von einem bestimmten Symptom zu fordern. Der Unterschied besteht darin, daß ein Therapeut, dessen Vereinbarung auf der Auflösung des Symptoms basiert und der das Problem innerhalb von drei Sitzungen löst, die gesamte festgesetzte Summe in jedem Fall kassieren kann, wohingegen jemand, der sich auf die 20-Stunden-maximal-Regelung eingelassen hat, für die restlichen 17 Stunden nichts kassieren kann, wenn er den Fall vorher löst.

Welche Probleme bringt es mit sich, wenn man ein Honorar bei erfolgreicher Beseitigung eines Symptoms festlegt? Zunächst einmal muß der Therapeut tatsächlich in der Lage sein, das Problem zu lösen. Das ist das, was jeder, der an

Kursen in Kurzzeit-Therapie teilnimmt, lernt. Wenn es tatsächlich möglich ist, die Kunst der Kurzzeit-Therapie zuverlässig zu erlernen, wie deren Lehrer behaupten, besteht kein Grund, weshalb das Honorar nicht auf Erfolgsbasis vereinbart werden könnte. Eine weitere Notwendigkeit ist in jedem Fall, den Klienten ebenso wie den Therapeuten bei jeder Art von Honorarregelung zu schützen. Der Klient könnte vor die Wahl gestellt werden, entweder pro Stunde zu bezahlen, wobei offen bleibt, wie lang er zahlen muß, oder einen Festpreis bei Lösung des Problems zu zahlen. Dabei muß der Vertrag hinsichtlich des Problems und des angestrebten Ziels sehr klar formuliert werden. Was geschieht nun aber, wenn beide Seiten sich nicht darüber einig sind, daß das festgelegte Ergebnis tatsächlich erreicht wurde? Eine Möglichkeit, den Therapeuten und den Klienten zu schützen, wäre, das Geld auf ein neutrales Konto einzuzahlen. Dort könnte das Honorar verbleiben, bis das Problem tatsächlich gelöst wäre. Falls zwischen Klient und Therapeut Uneinigkeit bestünde, ob das Ziel erreicht ist oder nicht, könnte man sich an einen von beiden Seiten zuvor akzeptierten Vermittler wenden.

Solche Prozeduren müssen bei Einführung neuer Systeme immer ausgearbeitet werden. Ein wichtigeres Thema ist die Festlegung der Honorare. Wieviel soll man beispielsweise für die Behebung einer Depression festlegen? Wieviel könnte man für die Behebung von Schulflucht berechnen? Was könnte der Preis dafür sein, daß man einen Alkoholiker vom Trinken abbringt? Und wenn ein Klient unter mehreren Problemen leidet, sollte dann eine Prioritätenliste festgelegt werden? Es könnten auch Rückzahlungsmodalitäten bei Rückfällen festgelegt werden. Dies sind wichtige Themen, von deren Lösung das Therapiegeschehen sicherlich profitieren würde, weil es dadurch präzisiert würde. Man müßte ein Jahrbuch entwickeln, das sich jedoch vom heutigen DSM-III stark unterscheiden sollte, weil dieses für die Psychotherapie irrelevant ist. Das Handbuch, an das ich denke, würde im wesentlichen eine Auflistung der Preise für alle spezifischen Probleme enthalten. Man kann allerdings nur hoffen, daß eine solche Regelung nicht zu einem Preiswettbewerb um die Versicherungsgelder führen würde. Sicherlich würde eine auf Symptombeseitigung basierende Bezahlung von Therapie-Anbietern mit Enthusiasmus aufgenommen werden. Wenn sich ein solches Preissystem entwickeln sollte, werden die meisten Therapeuten vermutlich zuerst auf den Gedanken kommen, das Ergebnis zu der Stundenzahl in Beziehung zu setzen, die gewöhnlich erforderlich ist, um ein

bestimmtes Ziel zu erreichen. Im Laufe der Zeit wird sich dann wohl herausstellen, daß eher die Art der Intervention als die benötigte Zeit das Entscheidende ist. Ein Beispiel hierfür ist das Gespräch, das ein Psychiater zur Festlegung
der Medikation mit dem Patienten führt. Früher wurden diese Gespräche auf
Stundenbasis abgerechnet, wobei die Psychiater manchmal bedauerten, daß sie
nicht wie andere Ärzte mehr Patienten pro Stunde abfertigen konnten. Dann
kamen sie auf die Idee, das für eine Stunde festgesetzte Honorar für ein solches
Gespräch für eine Zeitspanne von nur zehn Minuten zu berechnen. Dadurch
stieg ihr Stundenhonorar auf das Sechsfache. Schließlich wurde das Honorar
für diese Leistung völlig von der Zeitspanne abgekoppelt. Ich kenne einen
Psychiater, der 60 solcher Gespräche pro Tag führen und dafür insgesamt soviel berechnen konnte, wie er früher einmal für tatsächlich gearbeitete 60 Stunden bekommen hätte. Dieses Verfahren könnte Kurzzeit-Therapeuten als Modell dienen. Vermutlich würden sie kaum so viele Klienten pro Stunde behandeln können wie ein Psychiater, aber sie könnten dann Behandlungszeiten von
zehn bis fünfzehn Minuten statt von einer Stunde festsetzen und so ihr Einkommen um ein Mehrfaches steigern.

Natürlich gibt es viele verschiedene Möglichkeiten, Honorare zu berechnen.
Das Problem ist komplex, aber sicher nicht unlösbar. Ein positiver Gedanke in
diesem Zusammenhang ist, daß Spontanheilungen keineswegs selten sind und
daß sie nach statistischen Erhebungen anhand von Wartelisten bei bis zu 40
oder 50 Prozent der Wartenden vorkommen. Wenn man von dieser Tatsache
ausgeht, kann sogar ein ziemlich inkompetenter Therapeut in fast der Hälfte der
Fälle ein Honorar kassieren, und das ist den meisten Therapeuten ohnehin klar.

Sobald einmal ein paar Therapeuten den Mut haben, ihre Honorare auf
Erfolgsbasis zu berechnen, werden andere es ihnen gleichtun müssen, um im
Geschäft zu bleiben. Dies wird auch einen nachhaltigen Einfluß auf die Aus-
bildungsprogramme haben, da therapeutische Arbeit dann mehr Können erfordert und kürzer und präziser wird. Letztlich könnte dies zur Folge haben,
daß die Lehrer in solchen Ausbildungen ebenfalls auf Erfolgsbasis bezahlt werden, nämlich dafür, daß sie ihren Schülern bestimmte therapeutische Verfahren
so beigebracht haben, daß diese sie auch tatsächlich beherrschen, statt pro Un-
terrichtsstunde oder pro Semester bezahlt zu werden. So wie man die Klienten-
honorare aufgrund der erzielten Ergebnisse festlegen könnte, könnte man dies
auch mit den Ausbildungshonoraren machen.

Im Augenblick ist der Klient derjenige, der Geld und Zeit riskiert, wenn er zu einem Therapeuten geht, welcher ihm seinerseits keinerlei Garantie gibt, ob überhaupt eine Veränderung eintreten, wie lange die gesamte Therapie dauern und wieviel sie letztendlich kosten wird. Wird hingegen das Honorar auf die erfolgreiche Lösung eines Problems gezahlt, so liegt das Risiko beim Therapeuten. Der Therapeut muß dann entweder tatsächlich etwas verändern oder die Klienten ohne Bezahlung weiterbehandeln, während lukrativere Klienten warten müssen. Hingegen war bei der bisherigen Regelung des Stundenhonorars der Klient derjenige, der entweder pleite gehen oder viele Stunden, Monate oder Jahre seiner Zeit in einer unnützen Therapie vergeuden konnte. Bei der ergebnisorientierten Honorierung hingegen ist der Therapeut derjenige, der pleite gehen oder Zeit verschwenden kann. Sollten wir nicht bereit sein, dies zu riskieren, statt das gesamte Risiko dem Klienten aufzuerlegen? Schließlich sind wir Therapeuten doch alle so freundliche und hilfsbereite Menschen!

6

Zen und die Kunst der Therapie

(1992)

Der Zen-Buddhismus ist offenbar die älteste Langzeit-Methode, mit deren Hilfe Menschen versuchen, andere zu verändern. Seit mindestens 700 Jahren stellen sich Zen-Meister Schülern, die sich verändern wollen, im Gespräch von Mensch zu Mensch. Ich möchte versuchen, das Wesen und den Einfluß des Zen auf die Veränderungsmethoden der westlichen Therapie zu erläutern, insbesondere in Beziehung zum strategischen, direktiven Ansatz, dessen herausragendster Repräsentant Milton Erickson ist.

Für diejenigen, die sich mit den spirituellen Aspekten der Therapie befassen, möchte ich betonen, daß es mir hier nicht um die spirituelle Seite des Zen geht, sondern um seine praktische Seite: um die Kunst, Menschen zu verändern. Das bedeutet, daß es einen interpersonellen Rahmen für die spirituelle Entwicklung gibt, der nicht »einfach so passiert«, ebenso wie auch therapeutische Veränderung nicht »einfach so passiert«. Das Zen-Satori erlangt man nicht, indem man unter dem Bo-Baum sitzt und von der Erleuchtung wie von einem Blitz getroffen wird. Vielmehr ist dazu eine spezielle Beziehung zu einem Lehrer erforderlich, und bestimmte Prozeduren, von denen einige ziemlich bizarr erscheinen mögen, schaffen einen zwischenmenschlichen Rahmen, der dem spirituellen Wachstum förderlich ist. Mir geht es jedoch hier um die rein äußere Situation, die einem Individuum die Freiheit verschafft, sich spirituell zu entwickeln. Die Aktivitäten, die zur Erleuchtung führen, kann man mit denjenigen vergleichen, die in der strategischen Therapie Veränderungen bewirken.

Ideen der Zen-Lehre haben mich in den fünfziger Jahren beeinflußt, als ich einen neuen Therapieansatz entwickelte und Untersuchungen über das Wesen der Therapie anstellte. Ich habe zehn Jahre lang in Gregory Batesons Projekt zur Erforschung der Kommunikation mitgearbeitet. Im Rahmen dieses Projekts haben wir die Paradoxe erforscht, die aufgrund des Wesens von Klassifikationssystemen entstehen. Als ich im Jahre 1953 mit der Arbeit im Rahmen jenes Projekts begann, nahm ich zusammen mit meinem Kollegen John Weakland an einer Vortragsreihe von Alan Watts über östliche Philosophie und westliche Psychologie teil. Watts war zu jener Zeit Direktor der American Academy of Asian Studies. Als Zen-Experte wurde er im Rahmen unseres Projekts zum informellen Berater, da er unsere Begeisterung für Paradoxe teilte. Watts fing an, sich für Therapie in Beziehung zu Zen zu interessieren, und veröffentlichte später ein Buch zu diesem Thema (Watts 1961). Zu jener Zeit war selbst in Kalifornien, wo damals viele Philosophien aufblühten, nur wenig über Zen bekannt. Watts hat seine eigene Position als »Hintertür-Zen« *(back-door Zen)* bezeichnet, da er nie offiziell in Japan von einem Zen-Meister ausgebildet worden war. Sein Interesse war sowohl ein persönliches als auch ein intellektuelles, und seine Faszination bezüglich Zen wirkte ansteckend.

Im gleichen Jahr 1953, als wir Zen für uns entdeckten, nahm ich an einem Hypnoseseminar Milton Ericksons teil und fing an, mich mit seiner Therapie zu beschäftigen. Die Prämissen des Zen erschienen mir damals als die praktisch einzige Möglichkeit, Ericksons direktive Therapie zu erklären, die zu jener Zeit als ziemlich abnorm erschien. In meiner Zeit als Schüler Ericksons halfen mir Ideen des Zen, seine Supervision zu verstehen.

Ich möchte völlig klarstellen, daß ich mich keineswegs als eine Autorität im Bereich des Zen ansehe und daß sich das, was ich darüber zu sagen habe, weitgehend auf die Relevanz dieser Ideen im Bereich der Therapie beschränkt. Außerdem ist zu beachten, daß es innerhalb der Zen-Lehre viele unterschiedliche Sichtweisen und Schulen gibt, die ein Spektrum von sehr stark ritualistischen und bürokratischen Tendenzen bis hin zu reiner Spontaneität umfassen. Meine Darstellung der Zen-Lehre basiert weitgehend auf dem, was Watts mir vermittelt hat und was sicherlich in mancher Hinsicht ebenso von der »reinen Lehre« abweicht wie die Vorstellungen Ericksons im Bereich der Therapie und die Gregory Batesons im Bereich der Anthropologie. Beispielsweise halten einige Autoritäten des Zen ausgiebige Meditationsübung für eine wesentliche Voraussetzung für die Erleuchtung. Der Weg zum Satori kann beinhalten, daß man sein Leben weitgehend in schmerzhafter Sitzmeditation verbringen muß, wobei Aufseher die Übenden, wenn sie einschlafen oder in eine Trance versinken, mit Stockschlägen aufwecken. Watts hielt Meditation persönlich für wichtig, doch waren die rituellen Prozeduren in seinen Augen Prüfungen, denen sich der Übende unterwerfen mußte, um herauszufinden, daß Erleuchtung auf andere Weise eintritt.

Über Zen

Der Ursprung des Zen-Buddhismus liegt in Indien, von wo er zunächst nach China gebracht wurde, bevor er schließlich um 1200 nach Japan gelangte, wo um jene Zeit die ersten Zen-Klöster entstanden. Mittlerweile hat sich eine umfangreiche Spezialliteratur zu dieser Thematik entwickelt, obwohl ein wichtiger Grundsatz des Zen lautet, man könne Erleuchtung nicht erlangen, indem man darüber lese, sondern nur, indem man sie persönlich erfahre. Zen-Geschichten bringen eine gegen Buchwissen gerichtete, wenn nicht gar anti-intellektuelle Sichtweise zum Ausdruck. So gibt es beispielsweise die Geschichte einer Frau, die Zen-Schülerin war und die ihrem Sohn nach ihrem Tode einen Brief hinterließ, in dem sie schrieb: »Es gibt achtzigtausend Bücher über den Buddhismus, und wenn du sie alle lesen solltest, aber deine eigene Natur nicht sehen kannst, so wirst du nicht einmal diesen Brief verstehen. Dies ist mein Wille und Testament.«*
Ein typischeres Beispiel ist die folgende Zen-Geschichte.

Der Zen-Meister Mu-nan hatte nur einen Nachfolger. Sein Name war Shoju. Nachdem Shoju sein Zen-Studium vollendet hatte, rief Mu-nan ihn in sein Zimmer.
»Ich werde alt«, sagte er, »und soweit mir bekannt ist, Shoju, bist du der einzige, der diese Lehre weiterführen kann. Hier ist ein Buch. Es ist sieben Generationen lang von Meister zu Meister weitergegeben worden. Ich habe ebenfalls viele Punkte hinzugefügt, wie sie meinem Verständnis entsprachen. Das Buch ist sehr kostbar, und ich gebe es dir, um damit deine Nachfolge sichtbar zu machen.«

---

* Paul Reps: *Ohne Worte – ohne Schweigen*, München (O.W. Barth) 1976, S. 70.

»Wenn das Buch so ein wichtiges Ding ist, solltest du es lieber behalten«, erwiderte Shoju. »Ich empfing dein Zen ohne Schriften, und ich bin zufrieden damit, so wie es ist.«

»Ich weiß das«, sagte Mu-nan. »Immerhin wurde dieses Werk sieben Generationen lang von Meister zu Meister weitergegeben, also mögest du es als Symbol dessen behalten, daß du die Lehre empfangen hast. Hier!«

Die beiden führten ihr Gespräch zufällig vor einem Kohlebecken. In dem Augenblick, da das Buch Shojus Hände berührte, warf er es in die brennenden Kohlen. Er hatte kein Verlangen nach Besitztümern.

Mu-nan, der niemals zuvor wütend gewesen war, brüllte: »Was tust du!«

Shoju schrie zurück: »Was sagst du!«[*]

Diese anti-literarische Sichtweise steht in krassem Widerspruch zur intellektuellen Tradition westlicher Therapie, in der nur dann etwas als zutreffend und wahr bezeichnet wird, wenn man sich auf eine ältere Autorität oder auf einen Propheten beziehen kann, der die betreffende Sicht bereits in seinen Schriften geäußert hat. Doch fühlt man sich bei den Ansichten Milton Ericksons unwillkürlich an Zen erinnert. Erickson hat sich so gut wie nie auf ältere Autoritäten berufen, um seine Sichtweisen zu untermauern. Mit typisch amerikanischem Pragmatismus sagte er: »Es ist so, wie ich sage, und wenn Sie es ausprobieren, werden Sie feststellen, daß es tatsächlich so ist.« Dieser Pragmatismus, der von Klinikern, die in der europäischen Gelehrtentradition aufgewachsen waren, oft mißverstanden wurde, ist auch typisch für Zen.

Ziel des Zen ist Satori oder Erleuchtung, und es soll durch die Beziehung zu einem Lehrer erreicht werden, der den Schüler im Erfolgsfall von seinem Interesse an Vergangenheit und Zukunft (oder vom Bemühen um Erleuchtung) befreit. Die Bedeutung der Zen-Vorstellungen für die Therapie wird offenkundig, wenn man sich dessen bewußt ist, daß das, was nach westlicher Vorstellung psychopathologische Zustände sind, Extremformen der Probleme aller Menschen sind, mit denen die Zen-Schulung sich auseinandersetzt. Wenn Klienten verzweifelt sind, so wird gewöhnlich gesagt, daß sie an der Vergan-

---

[*] Reps, a. a. O., S. 81-82.

genheit, an ihren Schuldgefühlen, Obsessionen oder Rachegelüsten haften. Es kann auch sein, daß ein Klient sich übermäßig mit der Zukunft beschäftigt, wie es bei Angstzuständen und Phobien bezüglich möglicher Entwicklungen der Fall ist. Die Betroffenen ringen dann um die Kontrolle über das eigene Denken; sie wollen bestimmte Gedanken loswerden. Manchmal fürchten Klienten den Tod, und wenn sie sich in einer besonders deprimierten Lebenssituation befinden, suchen sie ihn. Im Bereich der zwischenmenschlichen Beziehungen haften Klienten oft in krankhafter Weise an einer bestimmten anderen Person und verzehren sich entweder in Zorn oder in Liebe, so daß dies einer Abhängigkeit oder Sucht gleichkommt. Manchmal ist der Klient materiellem Besitz verhaftet oder leidet unter Arbeitssucht und gönnt sich nie einen freien Tag. Jeder Mensch, der unter einem bestimmten Symptom leidet, wiederholt zwanghaft ein bestimmtes Verhalten, worunter er leidet. Alle Betroffenen werden beteuern, es sei ihnen lieber, wenn die Situation anders wäre, nur könnten sie das Symptom nicht verhindern. Von derartigen extremen Fokussierungen und Fixierungen heißt es im Zen, sie würden einen Menschen davon abhalten, vollständig den gegenwärtigen Augenblick zu erfahren, wobei diese Fähigkeit als ein Merkmal der Erleuchtung bezeichnet wird.

Zen und Ericksons Therapie

Als in den fünfziger Jahren die Zen-Ideen im klinischen Bereich bekannt wurden, war es nicht möglich, sie zu den damals gängigen therapeutischen Anschauungen in Beziehung zu setzen. Die in jener Zeit vorherrschende psychodynamische Ideologie beruhte auf Prämissen, die denen des Zen extrem entgegengesetzt waren. Die Orientierung auf Einsicht stand in krassem Gegensatz zur Hervorhebung der Aufmerksamkeit oder Achtsamkeit im Zen. Doch hatte schon damals ein Therapeut eine völlig andere Art der Therapie entwickelt. Milton Erickson galt zu jener Zeit als führender Spezialist für medizinische Hypnose, und er praktizierte einen neuartigen therapeutischen Ansatz, dessen geistige Grundlagen sich von jenen der psychodynamischen Theorie grundsätzlich unterschieden.

Als ich Mitte der fünfziger Jahre selbst anfing, therapeutisch zu arbeiten und ihn um Supervision bat, war Erickson praktisch der einzige mir bekannte Therapeut, der neuartige Prämissen entwickelt hatte, die für Kurzzeit-Therapie von

Bedeutung waren. Mir wurde damals klar, daß seine direktive Therapie, die innerhalb des nicht-direktiven psychodynamischen Denksystems nicht zu begreifen war, im Rahmen bestimmter Ideen des Zen verständlich wurde. Ich unterhielt mich damals mit Erickson einmal über die Ähnlichkeiten zwischen seiner Arbeit und dem Ansatz des Zen. Er äußerte sich dazu auf die für ihn typische Weise: mit Fallbeispielen. Diese Geschichten veranschaulichten einige seiner Ansichten über den Versuch, im gegenwärtigen Augenblick zu leben. Beispielsweise beschrieb er einen Fall, in dem er einen Golfspieler hypnotisiert hatte. Der Mann wurde instruiert, nur im gegenwärtigen Augenblick zu leben und so seine gesamte Aufmerksamkeit jeweils nur auf einen einzigen Schlag zu fokussieren. Als er das nächste Mal Golf spielte, war er sich nur des jeweils bevorstehenden Schlags bewußt. Er war so gut wie noch nie, wußte aber am sechzehnten Loch weder, welche Punktzahl er mittlerweile erreicht hatte, noch an welchem Loch er sich befand. Er war sich nur des gegenwärtigen Augenblicks bewußt, nicht des Kontexts.

Psychopathologie im Sinne von Klassifikationssystemen

Eine grundlegende Eigenschaft menschlicher Wesen ist, daß sie klassifikationsbildende Wesen sind. Es scheint uns gar nicht möglich zu sein, *nicht* zu klassifizieren. Wir unterliegen dem Zwang, alles, was geschieht und was nicht geschieht, zu klassifizieren und Hypothesen darüber zu bilden. Sozialpsychologische Experimente der Vergangenheit und neuere Untersuchungen über das Gehirn (Gazzaniga 1985) deuten darauf hin, daß wir ständig Hypothesen entwickeln; vielleicht gibt es in unserem Gehirn ein spezielles Modul, das sich dieser Aktivität widmet. Doch da wir nun einmal dem Zwang zu klassifizieren unterliegen, sind wir anfällig für die Eigenarten von Klassifikationssystemen. Es gibt mehrere wichtige Faktoren bezüglich Klassifikation, die im therapeutischen Bereich eine Rolle spielen.

Wenn wir eine Klasse kreieren, kreieren wir gleichzeitig automatisch auch andere Klassen. Wenn wir die Klassifikation »gut« kreieren, produzieren wir gleichzeitig auch die Klasse »schlecht« sowie weiterhin die Klassen »nicht so schlecht« und »nicht so gut«. Wenn irgend etwas »hoch« ist, muß etwas anderes »tief« sein. Es liegt in der Natur von Klassifikationen, daß man eine Gestalt nicht vom Grund trennen kann, welcher den Gegensatz zu ersterer bildet –

tatsächlich sind es sogar viele »Gründe« oder andere Klassen. Interessiert ein Mensch sich für eine bestimmte Klasse, so kreiert die gegensätzliche Klasse, ob er dies will oder nicht, so wie man durch Streben nach Glück Unglücklichsein kreiert. Lao-tsu sagt: »Wenn jeder das Gute als gut erkennt, ist das Böse schon da. So treten Sein und Nicht-Sein gleichzeitig in Erscheinung.«

Eine andere Folge der Existenz eines Klassifikationssystems ist, daß unvermeidlich Paradoxe entstehen. Dies passiert, wenn die Klasse der Gegenstände mit einem bestimmten Gegenstand in der Klasse in Konflikt gerät. Wenn jemand sagt: »Sei mir ungehorsam«, kann der Empfänger dieser Botschaft dieselbe nicht so klassifizieren, daß er entweder gehorsam oder ungehorsam sein kann. Ist der Betreffende ungehorsam, so gehorcht er damit der Anweisung, da zu gehorchen in diesem Fall erfordert, daß er ungehorsam ist. Paradoxe dieser Art entstehen aufgrund des Wesens von Klassifikationssystemen (Whitehead & Russell 1910), und Menschen müssen sehen, wie sie damit zurechtkommen. Das Problem des Klassifizierens ist bekannt seit jenem berühmten Ausspruch von Epimenodes: »Wenn ein Mann sagt, er lüge, sagt er dann die Wahrheit?«Auf einen anderen Aspekt dieser Problematik haben Korzybski und die Vertreter der allgemeinen Semantik hingewiesen. Sobald etwas klassifiziert ist, tendieren wir dazu, alle Mitglieder einer Klasse als identisch anzusehen, auch wenn sie dies nicht sind. Der Phobiker reagiert auf jede phobie-auslösende Situation so, als sei sie mit jeder anderen identisch. Von Korzybski stammt das Beispiel: »Kuh 1 ist nicht Kuh 2« (Korzybski 1941).

Einen Menschen zu verändern bedeutet, daß man das Klassifikationssystem des Betreffenden verändern muß. Menschen haben Schwierigkeiten, sich aus eigener Kraft zu verändern, weil sie innerhalb ihres Klassifikationssystems denken. Deshalb übernehmen Therapeuten und Zen-Meister die Aufgabe, Veränderung zu induzieren. Beispielsweise versuchen Menschen, die den Wunsch haben, nicht mehr ständig bestimmte Gedanken oder Handlungen abzuspulen, nicht mehr an dieselben zu denken. Doch dieser Versuch, nicht daran zu denken, kreiert eine Klasse, an deren Mitglieder man denken *muß*, um nicht an sie zu denken. Das ist so, als würde man versuchen, *nicht* an einen Elephanten zu denken. Ein Mensch, der befreit werden und in der Lage sein möchte, sich freier zu verhalten, kann dies zu erreichen versuchen, indem er sich bemüht, spontan zu sein. Doch ist dieses Bemühen zum Scheitern verurteilt, weil spontanes Verhalten eine Klasse ist, die »versuchen« nicht einschließt. Genauso bewirkt bei dem »Versuch«, frei zu assoziieren, die Tatsache, daß man dazu angeleitet wird, dies zu tun, daß man dabei nicht wirklich frei ist; tatsächlich handelt es sich um ein absichtsvolles Bemühen. Auch wenn jemand »versucht«, ruhig zu sein, dann ist das so, als würde er versuchen zu versuchen, weil Ruhigsein einer Klasse von Verhaltensweisen angehört, die erfordert, *nicht* zu versuchen. Je mehr man versucht, ruhig zu sein, um so unruhiger wird man. Ein anderer Aspekt des Problems ist folgender: Wenn man versucht, sich zu verändern, und die Art der Klassifikation verändert werden muß, aktiviert jeder Veränderungsversuch den Klassifikationsrahmen, der Veränderung verhindert. Wie das sich selbst korrigierende System der Systemtheorie aktiviert der Versuch, sich zu verändern, die Wächter, die durch ihre Reaktion Veränderung verhindern.

Ein unüberwindliches Problem in der Therapie und im Zen ist, wie man einen Menschen verändern kann, wenn dies beinhaltet, daß man die Art verändern muß, wie der Betreffende den Helfer klassifiziert, der versucht, jenes System zu verändern. Indem der Klient um Hilfe bittet, klassifiziert er die Beziehung zwischen sich selbst und dem Therapeuten auf eine bestimmte Weise, nämlich als Beziehung zwischen Ungleichen. Ziel der Therapie ist es, den Punkt zu erreichen, an dem der Klient als dem Therapeuten gleich definiert wird, insofern er keine Hilfe benötigt. Der Klient muß zu einem Gleichgestellten werden, statt ein Bittsteller zu sein, der Hilfe sucht. Doch wie kann der Therapeut die helfende Beziehung zu einer Beziehung zwischen Gleichgestellten umwandeln, wenn jeder Akt der Hilfe, der Anleitung, des Anbietens von Interpretationen oder des Erteilens von Direktiven die Beziehung als ungleich definiert und den Klienten als den Empfänger von Hilfe, die ein Helfer ihm gibt? Alle Versuche, einem Klienten zu helfen, beinhalten, daß die Beziehung als nicht verändert definiert wird. Der Therapeut oder Zen-Meister muß den Klienten bzw. Schüler so beeinflussen, daß dieser sich »spontan« verändert und so der Falle der helfenden Beziehung entflieht. Dies ist das grundlegende Paradox sowohl des Zen als auch der Therapie. Eine mögliche Lösung dieses Problems ist das Beispiel jenes Studenten, der sich immer wieder damit abmühte, das *Koan* zu beantworten, das der Zen-Meister ihm zu lösen aufgab, und der jedesmal zu hören bekam, seine Antwort sei falsch. Schließlich setzte er sich einfach schweigend neben den Lehrer. Das war die Antwort, da er sich zum ersten Mal wie ein Gleichgestellter verhielt.

Viele Zen-Anekdoten veranschaulichen das Problem der Veränderung von Klassifikationen. Reps (a. a. O., S. 11) liefert uns hierzu ein sehr tiefgründiges Beispiel.

Der Zen-Meister Ikkyu besuchte Ninakawa, gerade bevor dieser starb. »Soll ich dich führen?« fragte Ikkyu. Ninakawa antwortete: »Ich bin allein hierher gekommen und werde allein gehen. Welche Hilfe könntest du für mich sein?«

Ikkyu antwortete: »Wenn du glaubst, daß du tatsächlich kommst und gehst, so ist das deine Täuschung. Laß mich dir den Pfad zeigen, auf dem es kein Kommen und Gehen gibt.«

Mit diesen Worten hatte Ikkyu den Pfad so deutlich gewiesen, daß Ninakawa lächelte und starb.

System-Theorie und Zen

In den fünfziger Jahren hat die kybernetische Revolution die Diskussion im therapeutischen Bereich durch Einführung der Ideen über sich selbst korrigierende Systeme beeinflußt. Erickson war Teilnehmer der ersten Macy-Conference Ende der vierziger Jahre gewesen, und er war mit der Systemtheorie vertraut. Die Relevanz dieser Theorie für Zen wird deutlich, wenn wir uns die Grundaussage des Zen vor Augen führen, daß der Mensch auf dem Rad des Lebens gefangen ist und daß er deshalb leidverursachendes Verhalten wiederholt. Je mehr ein Mensch versucht, diesem Schicksal zu entfliehen, um so mehr verfängt er sich darin, weil seine Versuche, das System zu verändern, das System perpetuieren. Ein Ziel des Zen ist, den Menschen von jenen Verhaltensmustern zu befreien, die er ständig wiederholt, also von dem System, in dem er gefangen ist, so daß sich neue, spontane Verhaltensweisen manifestieren können. Natürlich ist dies auch das Ziel der Therapie. Eine wichtige Annahme des Zen ist, daß der Versuch, zu verändern oder zu helfen, eine Reaktion hervorruft, die die Veränderung oder Hilfe verhindert. Diese Annahme beinhaltet eindeutig, daß wir es hier mit einem kybernetischen, sich selbst korrigierenden System zu tun haben, bei dem jede Bewegung eines Parameters in Richtung Veränderung des Systems eine Reaktion des Gesamtsystems hervorruft, die Veränderung verhindert. Wie man eine Veränderung erreichen kann, ohne die Kräfte zu aktivieren, die Veränderung verhindern, ist das grundlegende Paradox sowohl des Zen als auch jeder Therapie. Es erfordert fast die Aktivität eines *Tricksters*, einen Menschen davon abzubringen, daß er Veränderung verhindert. Wie zum Beispiel kann ein Schüler einem Lehrer gehorchen, der ihn gerade dazu auffordert, unabhängig zu denken und Lehrern nicht zu gehorchen?

Was den Trickster-Aspekt der Erleuchtung betrifft, so hat man sowohl den Zen-Meistern als auch Erickson vorgeworfen, sie hätten zu großes Interesse an Macht über andere Menschen und an Manipulation. In beiden Fällen wird ganz einfach angenommen, daß der Lehrer über Macht und die Fähigkeit verfügen muß, Menschen zu beeinflussen. Beispielsweise hat Erickson immer wieder gern beschrieben, daß ein Zuhörer in einem seiner Vorträge geäußert habe, man könne ihn nicht hypnotisieren, und Erickson aufgefordert habe, es doch zu versuchen. Erickson verlagerte das Gespräch darauf, ob der Betreffende sich einem Auftrag widersetzen könne, den man ihm erteile. Als der Mann darauf beharrte, er sei sehr wohl in der Lage, sich zu widersetzen, bat Erickson ihn, den rechten Gang entlang nach vorn zu kommen und sich zu seiner Linken hinzusetzen. Aus Trotz kam der Mann auf dem linken Gang nach vorn und setzte sich zu Ericksons rechter Seite hin. Erickson fuhr fort, eine Trance zu induzieren, da er annahm, daß der Mann genau dies wollte.

Es gibt eine Zen-Geschichte, bei der man unwillkürlich an Erickson denkt.

Die Reden des Meisters Bankei fanden nicht nur bei Zen-Schülern, sondern auch bei Leuten aller Ränge und Sekten große Beachtung. ...

Diese große Zuhörerschaft ärgerte einen Priester der Nichiren-Sekte, weil seine Anhänger ihn verlassen hatten, um von Zen zu hören. Der selbstsüchtige Nichiren-Priester ging in den Tempel, entschlossen, sich mit Bankei auseinanderzusetzen.

»He, Zen-Lehrer!« schrie er. »Warte eine Minute. Wer dich achtet, soll sich deinem Wort unterwerfen, aber ein Mann wie ich achtet dich nicht. Kannst du mich dazu bringen, dir zu gehorchen?«

»Komm her zu mir, und ich will es dir zeigen«, sagte Bankei.

Stolz bahnte sich der Priester einen Weg durch die Menge zu dem Zen-Lehrer.

Bankei lächelte. »Komm an meine linke Seite.«

Der Priester gehorchte.

»Nein«, sagte Bankei, »wir können wohl besser reden, wenn du auf der rechten Seite bist. Geh hier herüber.«

Der Priester trat stolz auf die rechte Seite hinüber.

»Du siehst«, bemerkte Bankei, »du gehorchst mir, und ich glaube, daß du ein sehr liebenswürdiger Mensch bist. Nun setz dich und höre zu.«

Ein Problem, das auftaucht, wenn man einem Menschen helfen will, der Hilfe oder Erleuchtung sucht, ist, daß man, um dem Betreffenden zu helfen, dessen Gewohnheit, ständig Hilfe zu suchen, verändern muß. Ich erinnere mich, daß Alan Watts einmal eine Geschichte über einen Zen-Meister erzählt hat, der seinen Schülern klarmachen wollte, daß er sie nicht zur Erleuchtung führen könne, indem er ihnen etwas Neues beibringe. Alles Wissen, das sie bräuchten, um erleuchtet zu werden, befinde sich in ihnen selbst. Deshalb könne er ihnen nur helfen zu entdecken, was sie ohnehin schon wüßten. Er sagte zu einem der Schüler: »Du weißt schon alles, was ich dich lehren könnte.« Der Schüler glaubte nun, daß dies ein weiser Meister sei, der ihm aus erzieherischen Gründen wichtige Wahrheiten vorenthalte. Der Schüler war nicht in der Lage, der Klassifikation seiner selbst als Schüler zu entfliehen, doch eben das war das Ziel der Beziehung.

Zen, Erickson und Selbst-Beobachtung

In den Fünfzigern fing ich an, Ähnlichkeiten zwischen Zen, der Systemtheorie und der Therapie Milton Ericksons zu entdecken. Es gab offenbar eine Möglichkeit, menschliche Probleme zu beschreiben und einen Denkansatz für die therapeutische Arbeit, die sich von der psychodynamischen Theorie und Praxis erheblich unterschieden. Außerdem unterschied sich dieser Ansatz auch vom Ansatz der Lerntheorie, der sich später entwickelt hat. Eine unbefriedigende Eigenart psychodynamischer Therapie, die im Laufe der Zeit immer deutlicher wurde, war, daß sie Menschen dazu brachte, sich ihr weiteres Leben lang ständig selbst zu beobachten und Hypothesen darüber zu entwickeln, warum sie taten, was sie taten. Das unentwegte Erforschen der eigenen Vergangenheit und das ständige Ausschauhalten nach unbewußten Konflikten rief eine extreme Befangenheit hervor. Bei ihrem Versuch, sich mit Hilfe von Selbsterforschung und Gewahrsein von ihrem Leiden zu befreien, wurde die Beschäftigung mit

dem Leiden und seinen Ursprüngen zu einer Manie. Angeblich sollte die Selbsterforschung ja dazu dienen, die Betreffenden von ihrer Vergangenheit zu befrei-
en, doch gerade diese Veränderung trat nicht ein. Nach jahrelanger Therapie
hatten die Betreffenden die Gewohnheit entwickelt, sich selbst zu beobachten.
Sogar in sexuellen Beziehungen fragten sie sich, warum ihnen ein angenehmes
Erlebnis Freude machte.

Milton Erickson hingegen kam aus einer Tradition, die das Unbewußte als
positive Kraft ansah. Er vertrat die Ansicht, wir sollten aufhören, das eigene
Unbewußte bewußt beobachten zu wollen, und es ihm ermöglichen, unsere
Aktivitäten zu steuern. Der Tausendfüßler solle nicht versuchen, bewußt seine
vielen Beine koordinieren zu wollen. Erickson versuchte seine Patienten dazu
zu bringen, auf ihre aktuellen Impulse zu reagieren, ohne sich Sorgen darüber
zu machen, ob oder wie sie dies taten. Ebenso ist auch das primäre Ziel des Zen,
einfach zu leben, statt sich ständig damit zu beschäftigen, *wie* man lebt. Das Ziel
ist, von der Krankheit der Selbstbeobachtung zu genesen. Tatsächlich heißt es:
»Wenn du wirklich etwas tust, bist du nicht da.« Die folgende Geschichte möge
als Beispiel dienen.

Tanzan und Ekido wanderten einmal eine schmutzige Straße entlang.
Zudem fiel auch noch heftiger Regen.

Als sie an eine Wegbiegung kamen, trafen sie ein hübsches Mädchen
in einem Seidenkimono, welches die Kreuzung überqueren wollte, aber
nicht konnte. »Komm her, Mädchen«, sagte Tanzan sogleich. Er nahm sie
auf die Arme und trug sie über den Morast der Straße.

Ekido sprach kein Wort, bis sie des Nachts einen Tempel erreichten,
in dem sie Rast machten. Da konnte er nicht mehr länger an sich halten.
»Wir Mönche dürfen Frauen nicht in die Nähe kommen«, sagte er zu
Tanzan, »vor allem nicht den jungen und hübschen. Es ist gefährlich.
Warum tatest du das?«

»Ich ließ das Mädchen dort stehen«, sagte Tanzan, »trägst du sie noch
immer?«

Ziel einer Therapie ist, das Verhalten eines Menschen oder die Art zu verändern, wie der Betreffende Aktivitäten und Gedanken als schlecht oder gut,
schmerzhaft oder angenehm, nützlich oder unnütz usw. klassifiziert. Durch

Ratschläge, die sich an den Verstand wenden, lassen sich solche Probleme gewöhnlich nicht lösen. Die Veränderung muß sich nach der Zen-Lehre im Verhalten manifestieren. Eine Möglichkeit besteht darin, daß der Meister den Betroffenen zu einer Aktivität veranlaßt und das Problem dann in diesem Zusammenhang löst. Deshalb besteht die Zen-Praxis oft in gemeinschaftlicher Aktivität von Meister und Schüler im Rahmen einer bestimmten Kunstform. Häufig wird mit Hilfe von Bogenschießen, Schwertkampf oder der Teezeremonie gelehrt. In diesen Prozessen steuert der Meister das Geschehen, statt lediglich mit dem Schüler zusammen darüber zu reflektieren.

Eine Möglichkeit der Zen-Praxis ist beispielsweise die, Schüler eines Meister-Schwertkämpfers zu werden. Ein Schüler, der sich dazu entschloß, erhielt von seinem Meister den Auftrag, die Böden im Hause des Meisters zu reinigen. Während der Schüler den Boden fegte, erhielt er zu seiner Überraschung plötzlich vom Meister, der sich hinter einer Ecke versteckt hatte, einen Schlag mit einem Besenstiel. Dies passierte immer wieder. Ganz gleich, von wo her der Schüler den nächsten Schlag mit dem Besenstiel erwartete und sich dementsprechend vorsah, der Besenstiel des Meisters traf ihn jedesmal. Irgendwann merkte der Schüler, daß die beste Vorbereitung auf die Verteidigung gegen einen Schlag aus einer unerwarteten Richtung darin bestand, den Schlag aus keiner speziellen Richtung zu erwarten. Nachdem ihm dies klar geworden war, war er bereit, ein Schwert zu empfangen. Er hatte angefangen, sich im Kontext der Aktivität zwischen Lehrer und Schüler in Richtung Erleuchtung zu bewegen. Zen-Meister sind stolz auf ihre Fähigkeit, in jede Richtung reagieren zu können. Watts hat mir von einem Meister erzählt, der einen anderen fragte: »Was weißt du über Zen?« Daraufhin warf der andere ihm augenblicklich seinen Fächer ins Gesicht, woraufhin dieser seinen Kopf gerade so sehr drehte, daß der Fächer an seinem Gesicht vorbeiflog, und er lachte. (Als Watts mich einmal zu Hause besuchte, fragte meine Frau ihn: »Was ist Zen?« Watts, der zufällig eine Streichholzschachtel in der Hand hielt, warf diese nach ihr. Ich weiß nicht, ob sie dadurch erleuchtet worden ist, aber mit Sicherheit ist sie wütend geworden.)

Die Teilhabe des Meisters und des Schülers an einer Aktivität steht in krassem Gegensatz zur traditionellen psychodynamischen, nicht-direktiven Therapie. Als ich nach einer Therapie suchte, die Zen entsprach, stellte ich fest, daß die direktive Therapie Ericksons Aktivitäten umfaßte, die er in der Beziehung zum Klienten initiierte, so wie der Zen-Meister und sein Schüler mittels einer gemeinsamen Aktivität zueinander in Beziehung treten.

Beispielsweise brachte einmal eine Mutter ihren fünfzigjährigen Sohn zu Erickson. Sie sagte, dieser würde nichts tun, und er würde sie ständig belästigen, so daß sie nicht einmal die Möglichkeit hätte, sich hinzusetzen und ein Buch zu lesen. Erickson sagte, dem Sohn könne ein wenig Körpertraining nicht schaden, und deshalb schlug er ihr vor, mit dem Sohn hinaus in die Wüste zu fahren und ihn dort aus dem Auto zu setzen. Dann sollte sie eine Meile weiterfahren, sich dort in ihrem klimatisierten Auto hinsetzen und ihr Buch lesen, während der Sohn durch die heiße Sonne ging, um wieder zum Auto zurückzukommen. Der Sohn hatte keine andere Wahl, als zu gehen. Die Mutter war hocherfreut über diese Lösung, der Sohn natürlich nicht. Nachdem der Sohn eine Zeitlang seine Meile durch die Wüste gewandert war, fragte er Erickson, ob er nicht irgendeine andere Form von Körpertraining wählen könne, während seine Mutter ihr Buch las. Als er sagte, er würde lieber zum Bowling gehen, erklärte Erickson sich einverstanden. Erickson sagte mir, er habe die Wahl der Klassifikation, die der Sohn getroffen habe, erwartet. Daß der Sohn sich irgendwann weigern würde, weiterhin in der Wüste spazierenzugehen, war klar, doch indem er protestieren und etwas anderes tun würde, würde er innerhalb der Klassifikation des Körpertrainings bleiben und sich für eine andere Art von Training entscheiden. (Haley, persönliche Mitteilung) Dieses Beispiel ist typisch für Ericksons Art, zu einem Problemklienten in eine aktive Beziehung zu treten, genauso, wie es im Zen geschieht.

Die traditionelle Form der Therapie basierte auf einer psychopathologischen Theorie. Symptome, Gedanken und Charakter wurden nach einem diagnostischen System klassifiziert, das die Kliniker miteinander teilten, das sich jedoch von der Sichtweise anderer Menschen unterschied. Ein kleines Mädchen, das nichts aß, wurde als Fall von *Anorexia nervosa* (Magersucht) klassifiziert, nicht als kleines Mädchen, das nichts essen wollte. Die Sprache der Psychopathologie trennte die Kliniker von all jenen, die menschliche Probleme für normale Schwierigkeiten halten, die im menschlichen Leben eben auftreten können. Im Gegensatz dazu sehen direktiv arbeitende Therapeuten Probleme als zeitweilig, als eine Schwankung im normalen Leben, die korrigiert werden muß. Als ich beispielsweise einmal verschiedenartige Familien testete, mußte dazu eine normale Stichprobe ausgewählt werden. Dabei habe ich die Erfahrung gemacht, daß es nicht möglich war, Klinikern den Auftrag zu geben, normale Familien auszuwählen, weil sie nie welche fanden. Sie entdeckten in jeder Familie irgendeine Psychopathologie. Es war charakteristisch für Erickson, daß er sich in erster Linie mit Lebensproblemen beschäftigte, nicht mit pathologischen Zuständen. Statt zu sagen, ein Kind leide an Schulangst, bezeichnete er das Problem als ein Vermeiden der Schule, und er war in der Lage, daran zu arbeiten. Er hätte nie gesagt, eine Frau leide an einer Agoraphobie, sondern seine Formulierung lautete, daß diese Frau ihr Haus nur unter ganz bestimmten Umständen verließ.

Ein Problem bei der Suche nach Ähnlichkeiten zwischen Zen und Therapie besteht darin, daß es im Zen keine Psychopathologie gibt. Für Zen gibt es nur Probleme auf dem Weg zur Erleuchtung. Besonders signifikant ist, daß Zen menschliche Probleme, die Kliniker als schwerwiegende Pathologien bezeichnen würden, auf eine spezifische Weise klassifiziert und auflöst. Im Zen werden Halluzinationen, Phantasien und illusionäre Empfindungen *makyō* genannt. Kapleau schreibt in seinem Buch *Die Drei Pfeiler des Zen*:

Wer Zazen übt, der erlebt in einem bestimmten Stadium seiner Praxis leicht gewisse Phänomene, die man *makyō* nennt: Gesichte, Halluzinationen, phantastische Vorstellungen, Offenbarungen oder täuschende Empfindungen. *Ma* heißt »Teufel« und *kyō* »die objektive Welt«. *Makyō* sind also die störenden oder »teuflischen« Phänomene, die uns beim Zazen erscheinen. An sich sind diese Phänomene nicht böse. Sie werden nur dann zu einem ernsten Hindernis beim Üben, wenn man ihr wahres Wesen nicht kennt und sich von ihnen bestricken läßt.

Kapleau fügt dem noch hinzu:

Andere Religionen und Sekten messen solchen Erfahrungen, die Visionen von Gott, Hören himmlischer Stimmen, Wunder-Tun, Empfangen göttlicher Botschaften oder Läuterung durch mancherlei Riten einschließen, großen Wert bei. ... Vom Standpunkt des Zen aus sind das jedoch alles nur krankhafte Zustände, bar jeder wirklich religiösen Bedeutung und daher nichts als *Makyō*. ... Eine wundervolle Vision eines Buddha zu haben bedeutet nicht, daß man sich selbst auch nur einen Deut näherge-

kommen ist, genausowenig wie ein Traum darüber, daß man plötzlich
Millionär geworden ist, bedeutet, daß man auch nur um einen Deut rei-
cher geworden ist, wenn man wieder erwacht.[*]

Die Phänomene, die zu einer psychopathologischen Diagnose führen könnten,
werden gemäß der Zen-Sicht als Resultate der speziellen Situation des Betreffenden angesehen, die sich verändern werden, wenn die Situation sich verändert. Dies entspricht der Sichtweise des strategischen Ansatzes im Bereich der
Therapie: Derartige Phänomene sind eine Reaktion auf eine Situation, also kein
Charakterfehler und auch keine dauerhafte Krankheit.

Veränderung im Zen

Für einen strategischen Ansatz zur Therapie ist charakteristisch, daß nicht eine
einzige Methode gleichermaßen bei allen Problemen angewendet wird. Jeder
Fall wird als einzigartig angesehen und erfordert eine speziell auf die Person
zugeschnittene Intervention. Ebenso gibt es auch im Zen nicht eine einzige
Methode, durch die jeder Beliebige die Erleuchtung erlangen kann. Es gibt zwar
gewisse Standardprozeduren wie die Meditationsformen, doch hält man eine
ganz spezifische Intervention für erforderlich, um einen bestimmten Menschen
zur Erleuchtung zu führen. Ebenso kann es in einer strategisch orientierten
Therapie zwar standardisierte Gesprächsprozeduren geben, doch muß die
Direktive der Einzigartigkeit der konkreten Situation gerecht werden. Im Zen
werden Lernen und Erkenntnis nicht als der Pfad zur Erleuchtung angesehen.
Man lernt im Zen nicht, wie man leben soll, und man wird auch nicht darin
geschult, wie man zu anderen Menchen in Beziehung treten sollte. Außerdem
basiert weder die strategische Therapie noch Zen auf einer Theorie der Verdrängung. Deshalb wird auch keine Einsicht in die dynamischen Prozesse des
Unbewußten als für Veränderung notwendig erachtet, und ebensowenig besteht
das Ziel, Gefühle auszudrücken. Es wird vielmehr angenommen, daß der Aus-

---

[*] Phillip Kapleau: *Die drei Pfeiler des Zen*, München (O.W. Barth) 1979, S. 71 u. 73.
Das Zitat ist offenbar einer überarbeiteten Fassung des Originals entnommen und
entspricht deshalb nicht völlig der deutschen Ausgabe. Anm. d. Übers.

druck von Gefühlen ebenso wie der Ausdruck von Wut lediglich zu immer weiterem Ausdruck von Gefühlen und zu mehr Wut führt. Im Zen wird Veränderung als plötzlich und diskontinuierlich beschrieben, nicht als kumulativ und progressiv eintretend, so wie es beim normalen Lernen der Fall ist. Ebenso lernt auch in der strategischen Therapie der Klient nicht, sich auf eine bestimmte Weise zu verhalten oder seine Rolle als Ehepartner oder Vater bzw. Mutter adäquat zu erfüllen. Und im Zen lernt der Schüler nicht, erleuchtet zu sein, und man entdeckt als Schüler sogar allmählich, daß man alle Theorien darüber, wie man dieses Ziel erreichen kann, aufgeben muß. Nach beiden Ansätzen bewirkt die Veränderung der Situation durch eine Intervention, daß sich das Verhalten auf die neue Situation spontan einstellt, also ohne rituelles Lernen.

Eine Eigenart von Ericksons Therapie war die Arbeit mit bildlichen Vorstellungen. Er forderte seine Klienten oft auf, sich eine Szene aus der Vergangenheit oder Gegenwart vorzustellen, und benutzte solche Vorstellungen, um Veränderung zu induzieren. Die Arbeit mit Vorstellungen scheint es im Zen, dessen Fokuspunkt die Wirklichkeit ist, nicht zu geben, wobei allerdings als Ausnahme eine Zen-Geschichte über einen Ringer mit Namen Große Wellen erwähnt werden muß, der im Training die Qualitäten eines Meister zeigte, jedoch so schüchtern war, daß er alle öffentlichen Kämpfe verlor. Dieser Ringer wandte sich an einen Zen-Meister um Hilfe.

»Große Wellen ist dein Name«, sagte der Lehrer. »Bleibe heute nacht in diesem Tempel. Stelle dir vor, daß du diese Wellen bist. Du bist nicht länger ein Ringer, der sich fürchtet. Du bist diese mächtigen Wogen, die alles vor sich herwälzen, die alles verschlingen, was sich in ihrem Weg befindet. Tu das, und du wirst der größte Ringer im Lande sein.«[*]

Es gibt noch eine weitere Ähnlichkeit zwischen Zen und Ericksons Therapie: Im Zen gibt es viele Geschichten oder Vergleiche, die seit Jahrhunderten erzählt werden, um den Pfad zur Erleuchtung zu veranschaulichen. Auch Erickson erzählte viele Geschichten, um zu illustrieren, wie man seiner Ansicht nach

---

[*] Reps, a. a. O., S. 28.

Menschen verändern könnte. In beiden Fällen wird also mit Hilfe von Vergleichen und Metaphern gearbeitet. Beispielsweise erzählte Erickson immer
wieder von einer Erfahrung, die er im Alter von 17 Jahren machte. Er war
damals durch eine Polio-Infektion völlig gelähmt, und sein Arzt hatte gesagt, er
werde den nächsten Morgen nicht erleben. Daraufhin bat Erickson seine Mutter, einen Spiegel so aufzustellen, daß er den Himmel vor dem Fenster sehen
konnte. Er wollte den letzten Sonnenuntergang genießen.

Wie ähnlich ist diese Geschichte doch einem Gleichnis, das der Buddha in
einem Sutra erzählt.

Ein Mann, der über eine Ebene reiste, stieß auf einen Tiger. Er floh, den
Tiger hinter sich. Als er an einen Abgrund kam, suchte er Halt an der
Wurzel eines wilden Weinstocks und schwang sich über die Kante. Der
Tiger beschnupperte ihn von oben. Zitternd schaute der Mann hinab, wo
weit unten ein anderer Tiger darauf wartete, ihn zu fressen. Nur der
Wein hielt ihn.

Zwei Mäuse, eine weiße und eine schwarze, machten sich daran, nach
und nach die Weinwurzel durchzubeißen. Der Mann sah eine saftige
Erdbeere neben sich. Während er sich mit der einen Hand am Wein fest-
hielt, pflückte er mit der anderen die Erdbeere. Wie süß sie schmeckte![*]

Wenn wir Zen mit anderen Therapien vergleichen, so stoßen wir auch auf
Geschichten, zu denen wir kaum Vergleichbares finden werden. Das gilt beispielsweise für die Zen-Metapher über Guteis Finger.

Gutei erhob seinen Finger, wann immer man ihm eine Frage über Zen
stellte. Ein junger Diener begann ihn darin nachzuahmen. Wenn jemand
den Jungen fragte, worüber sein Meister gepredigt habe, so erhob er seinen Finger.

Gutei hörte von dem Unfug des Jungen. Er packte ihn und schnitt ihm
den Finger ab. Der Junge schrie und lief davon. Gutei rief ihm nach und
hielt ihn zurück.

---

[*] Reps, a. a. O., S. 40.

Als der Junge seinen Kopf zu Gutei wandte, erhob Gutei seinen eigenen Finger. In diesem Augenblick wurde der Junge erleuchtet.*

Man wird in den Fallsammlungen der verschiedenen therapeutischen Schulen wohl kaum einen Fall finden, der für den Klienten ebenso schmerzhaft verlief wie das Abschlagen des Fingers durch Gutei. Das liegt sicherlich nicht zuletzt daran, daß in unserer Zeit Regreßklagen vor Gericht auch das Therapiegeschehen stark prägen. Einen solch extremen Fall könnte man höchstens bei Erickson finden. Tatsächlich fällt mir dazu einer seiner klassischen Fälle ein (Haley 1986, S. 197).

Eine Mutter kam zu Erickson und sagte, ihre heranwachsende Tochter gehe nicht mehr aus dem Hause. Sie gehe nicht mehr zur Schule und besuche auch keine Freunde mehr, weil sie der Meinung sei, ihre Füße wären zu groß. Da das Mädchen nicht bereit war, Erickson in seiner Praxis aufzusuchen, entschloß dieser sich, sie zu Hause zu besuchen, was er unter dem Vorwand tat, daß es der Mutter nicht gut gehe und er ihr als Arzt einen Hausbesuch abstatten müsse. Als er das Haus betrat, stellte er fest, daß die Füße des Mädchens von normaler Größe waren. Er untersuchte die Mutter und bat das Mädchen, ihm zu helfen, indem sie ihm ein Handtuch hielt. Dabei arrangierte er es so, daß das Mädchen hinter ihm stand. Plötzlich trat er zurück und trat ihr so kräftig, wie er konnte, auf die Füße. Sie schrie vor Schmerz auf. Daraufhin wendete Erickson sich wütend um und sagte: »Wenn die Dinger so groß wären, daß ein Mann sie sehen könnte, wäre ich jetzt nicht in dieser Situation.« Noch am Nachmittag sagte die Tochter zur Mutter, sie wolle ausgehen. Sie besuchte Freunde und ging fortan auch wieder zur Schule. Offenbar war sie erleuchtet.

In diesem Fall wird ebenso wie in dem Zen-Beispiel angenommen, daß eine plötzliche Intervention eine Veränderung herbeiführen kann, daß das Verursachen von Schmerz in manchen Fällen ein notwendiger Bestandteil einer Intervention sein kann und daß keine Erziehung und keine kognitive und rationale Diskussion erforderlich ist.

Verwandt mit diesem Beispiel ist die Methode, den Klienten mit einer schweren Prüfung zu konfrontieren. Dies gibt es sowohl im Zen als auch bei

---

* Reps, a. a. O., S. 121.

Erickson. Der Pfad zur Erleuchtung ist oft schmerzhaft. Manchmal arrangiert der Meister eine Prüfungssituation, und manchmal unterwirft der Student sich freiwillig einer Prüfung, beispielsweise durch Ausharren in Hunger und Kälte.

Angesichts all dieser Ähnlichkeiten zwischen einer strategischen Therapiemethode und Zen mag man sich nun fragen, worin die Unterschiede zwischen beiden liegen. Natürlich gibt es viele solche Unterschiede. Zunächst einmal erfordert Zen oft ein langjähriges Bemühen. Strategische Therapien sind in jedem Fall kürzer. Ein wichtiger Unterschied ist auch die Entlohnung des Therapeuten. Man wird kaum Therapeuten in gelben Roben und mit Bettelschalen finden. Sie haben Therapie als Berufung und als Beruf miteinander in Einklang gebracht. Außerdem spielt auch Meditation als Aktivität in einer Therapie keine Rolle; die entscheidenden therapeutischen Aktivitäten sind das Gespräch und das Erteilen von Direktiven. Ein anderer Unterschied zwischen beiden besteht darin, daß die strategische Therapie sich aus der Hypnose entwickelt hat und daß ihre Praktiker oft Trance benutzen, um ihre Ziele zu erreichen. Wenn man im Zen meditiert und in eine Trance verfällt, bekommt man einen Schlag mit einem Stock, da Trancezustände nicht das Ziel sind. Allerdings muß hierzu angemerkt werden, daß Erickson keineswegs meditative Trance-Zustände förderte, sondern aktive Reaktionen auszulösen versuchte.

Auch spielt im Zen die Familie keine Rolle. Die Mönche leben gewöhnlich in Gemeinschaften unter ihresgleichen, also nicht in ihren Familien. Die Interventionen der Meister verändern nicht Familien, sondern einzelne. Sobald der Zen-Mönch die Erleuchtung erlangt hat, steht es ihm frei, zu heiraten und in einer Familie zu leben, doch sieht Zen seine Aufgabe nicht darin, Familienkonstellationen zu verändern.

Eine wichtige Ähnlichkeit ist der Gebrauch von Humor im Zen und in der Therapie. Es gibt viele amüsante Zen-Geschichten, und ein Charakteristikum von Ericksons Therapie war sein Humor und sein Sinn für Situationskomik. Dem Humor verwandt ist die Art, wie Zen mit Koans und wie Erickson mit Rätseln arbeitet. Beide Methoden scheinen dem Klienten bzw. Schüler helfen zu wollen, die Perspektive zu verändern und eine rigide und übermäßig intellektuelle Haltung zu überwinden. Wenn Erickson sich mit einem Klienten befaßte, der glaubte, Veränderung sei nicht möglich, stellte er dem Betreffenden eine Rätselfrage, die auf den ersten Blick als unlösbar erschien. Nachdem der Klient gepaßt hatte, zeigte Erickson ihm die naheliegende Lösung. Eine Rätselfrage, die er besonders gern stellte, war, wie man zehn Bäume in fünf geraden Reihen pflanzen könne, wobei jeweils vier Pflanzen in einer Reihe stehen sollten. Die Zeichnung zur Lösung dieses Problems sollte man anfertigen, ohne den Stift vom Papier zu heben. Wenn der Klient dies versuchte und die Lösung nicht fand, zeigte Erickson ihm, wie einfach die Antwort war, wenn man sich von starren und stereotypen Arten der Klassifizierung freimachen konnte.

Ebenso, und offenbar aus dem gleichen Grunde, tun Zen-Meister einen großen Teil ihrer Arbeit mit Hilfe von Koans, die gewöhnlich scheinbar unlösbare Rätselfragen sind. »Was ist der Klang einer klatschenden Hand?« ist ein Beispiel hierfür. Ein Koan, das zum Handeln herausfordert, statt zu stiller Reflexion, ist dasjenige, bei dem der Meister einen Stock über den Kopf des Schülers hält und sagt: »Wenn du sagst, dieser Stock sei real, schlage ich dich. Wenn du sagst, er sei nicht real, schlage ich dich. Wenn du nichts sagst, schlage ich dich.« Der Schüler muß das Koan lösen, oder er wird geschlagen. Angesichts solcher Beispiele kommt einem unwillkürlich die Frage, ob Zen nicht vielleicht erfunden wurde, um junge japanische Intellektuelle von ihrem in sich selbst befangenen und übermäßig rationalen Verhalten zu heilen.

Die vielleicht grundlegendste Ähnlichkeit zwischen strategischer Therapie und Zen ist die Bereitschaft, Gebrauch vom Absurden zu machen, um logische Klassifikationssysteme zu verändern. Denn in beiden Fällen werden nicht nur absurde Rätselfragen und Koans benutzt, sondern es werden auch absurde Aktivitäten gefordert. Besonders rational und logisch orientierten Klienten pflegte Erickson absurde Aufgaben zu stellen. Beispielsweise hat er einmal einer übermäßig rationalen und intellektuellen Person gesagt, sie solle genau 7,3 Meilen in die Wüste hinausfahren, dort ihr Auto parken, aussteigen und dann einen Grund dafür finden, warum sie dort sei. Ich selbst habe eine Abwandlung dieser Methode bei übermäßig auf Logik und Rationalität fixierten Wissenschaftlern angewandt, die ich eine bestimmte Strecke einen Berg hinaufsteigen ließ, wo sie sich dann überlegen sollten, warum sie dort waren. Wenn solche Klienten zurückkommen, haben sie sich verändert. Ericksons berühmte Direktive, den Squaw-Peak zu ersteigen, hat vermutlich einen ähnlichen Zweck gehabt. An dieser Stelle sollte erwähnt werden, daß Klienten, die Erickson in die Wüste schickte, dies tatsächlich immer taten und daß sie auch immer einen Grund fanden, weshalb sie dort waren. Wenn sie zurückkamen, waren sie anders – weniger rational, weniger logisch und vielleicht auch spiritueller.

Zusammenfassung

Ich möchte nun noch einmal Merkmale des Zen zusammenfassen, die auch für Therapie relevant sind. Im Zen wird die Erleuchtung durch die Beziehung zu einem Meister angestrebt, der glaubt, daß Veränderung plötzlich und diskontinuierlich eintreten kann. Dieser Meister tritt zum Schüler in eine persönliche Beziehung. Zusammen mit dem Schüler arbeitet er an einer Aufgabe, bei welcher er den Schüler leitet. Er versucht sich der intellektuellen Auseinandersetzung und der Beobachtung des eigenen Verhaltens zu entziehen, stellt unlösbare Rätselfragen und beharrt auf deren Lösung. Der Meister tritt jedem Schüler auf einzigartige Weise gegenüber und verfügt über ein breites Verhaltensspektrum und viele Methoden, wobei er auch zu absurden Verhaltensweisen bereit ist. Der Lehrer fokussiert auf die Gegenwart, statt auf die Vergangenheit, und er löst das systemische Problem, daß der Versuch, Veränderung herbeizuführen, Veränderung gerade verhindert. Innerhalb eines grundsätzlich positiven Rahmens kreiert er Prüfungssituationen, um Veränderungen herbeizuführen. Genau dies sind auch Charakteristika eines strategischen Therapieansatzes.

Wenn wir die Aufgabe, Menschen zu verändern, in einem umfassenden Zusammenhang verstehen, können Zen-Übende und Therapeuten viel voneinander lernen. Natürlich ist Zen ein paar hundert Jahre älter als Psychotherapie. Dennoch haben sich im therapeutischen Bereich in den letzten Jahren viele wichtige Neuerungen entwickelt. Wenn wir Erleuchtung in einem größeren Zusammenhang sehen, erkennen wir, daß Erickson nicht nur ein einzigartiger Therapeut war. Seine Arbeit ähnelt in erstaunlicher Weise der jahrhundertealten Tradition von Meistern, die Menschen in die Wüste hinausschickten, um ihnen zu helfen, eine neue Art spirituellen Seins zu entdecken.

Literatur

M.S. Gazzaniga: *Das erkennende Gehirn*, Junfermann, Paderborn 1989.
J. Haley: *Die Psychotherapie Milton Ericksons*, Pfeiffer, München 1978.
Phillip Kapleau: *Die drei Pfeiler des Zen*, O. W. Barth, München 1979.
A. Korzybski: *Science and Sanity*, The Science Press, New York 1941.

Paul Reps: *Ohne Worte – ohne Schweigen*, O. W. Barth, München 1976.

Alan Watts: *Psychotherapy East and West*, Random House, New York 1961.

A.N. Whitehead & B. Russell: *Principia Mathematica*, Cambridge University Press, Cambridge, England, 1910-1913.

7

Eine Hypnose-Demonstration
Milton H. Ericksons
aus dem Jahre 1964

(1993)

Im folgenden ist der Text einer Hypnose-Demonstration Milton H. Ericksons aus dem Jahre 1964 wiedergegeben. Während eines medizinischen Kongresses hypnotisierte Erickson mehrere Freiwillige. Dies ist eine der wenigen Hypnose-Demonstrationen Ericksons, die auf Film aufgezeichnet wurden. Im Jahre 1972 führten wir ihm diesen Film vor und baten ihn, seine damalige Arbeit zu kommentieren. Es folgt das vollständige Transkript jener Demonstration, ergänzt durch Ericksons Erläuterungen und später von mir selbst hinzugefügte Kommentare. Das Schwergewicht der Darstellung liegt auf dem Kommunikationsaspekt der Hypnose.

Milton H. Erickson hat im Laufe der Jahre im Rahmen von Seminaren und medizinischen Kongressen oft Hypnose-Demonstrationen durchgeführt. Von diesen Demonstrationen wurden zwar gelegentlich Audio-Aufzeichnungen gemacht, doch gibt es aus der Hauptzeit seines Schaffens nur sehr wenige Filmaufnahmen. Videogeräte gab es damals noch nicht, und 16-mm-Filme waren teuer. Ohne Filmaufnahmen läßt sich jedoch der visuelle sowie auch der auditive Aspekt seiner hypnotischen Arbeit nicht zufriedenstellend analysieren.

Im Jahre 1964 gab Erickson anläßlich eines Kongresses der American Society for Clinical Hypnosis in Philadelphia eine Hypnose-Demonstration vor Medizinern. Offenbar wurde jene Demonstration mit Hilfe des Kinescope-

Verfahrens, einer Vorform der Videotechnik, aufgezeichnet und später in editierter Form auf einen 16-mm-Film überspielt. Die Klang- und Bildqualität der Aufnahme war ziemlich miserabel, und es fehlten Teile des Prozesses. Erickson gab mir eine Kopie dieses Films, die ich einige Jahre lang im Rahmen der Hypnose-Ausbildung benutzte. Da mir durch die Arbeit mit diesem Material im Laufe der Zeit viele Fragen bezüglich seiner Arbeit kamen, nahm ich den Film im Jahre 1972 wieder mit nach Phoenix und bat Erickson, mir seine Arbeit während jener Demonstration näher zu erläutern.

Mein eigenes Interesse hat sich immer darauf konzentriert, den Kommunikationsaspekt des hypnotischen Prozesses zu verstehen, und dieser Film bot die Möglichkeit, zu sehen und zu hören, was Dr. Erickson gesagt hatte und wie die Probandinnen darauf reagiert hatten. Wenn er beispielsweise eine Probandin auffordert aufzuwachen, und sie ist verblüfft darüber, daß ihre Hand in der Luft schwebt, dann bin auch ich darüber verblüfft. Man muß diesen Film sehr sorgfältig studieren, um eine Hypothese darüber entwickeln zu können, was Erickson sagte, als er sie aufzuwecken schien, sie jedoch tatsächlich *nicht* aufweckte. Offensichtlich ist die hypnotische Kommunikation ein sehr komplexer Prozeß, und man muß sich solche Filmaufnahmen sehr häufig anschauen, um ihn wirklich zu verstehen.

Im folgenden ist der Text des Films und mein späteres Gespräch mit Erickson über denselben wiedergegeben. Außerdem habe ich an einigen Stellen eigene Kommentare über das Geschehen bzw. über das, was meiner Meinung nach geschah, eingefügt. Insbesondere habe ich Kommentare hinzugefügt, wenn meine Meinung über das Geschehen von der Meinung Ericksons abweicht – eine Vorgehensweise, die ich für legitim halte. Zum Zeitpunkt jenes Gesprächs war ich bereits seit zwanzig Jahren mit Erickson in Kontakt. Im Rahmen des Forschungsprojekts, an dem ich mitarbeitete, hatte ich Hunderte von Stunden mit ihm über Hypnose und Therapie diskutiert. Deshalb waren mir viele seiner Ideen wohlvertraut. Im Rahmen des gleichen Forschungsprojekts hatte ich auch mit anderen Therapeuten viele Gespräche geführt und dabei festgestellt, daß ihre Sichtweise von ihrer eigenen Arbeitsweise sich von der Sicht Außenstehender, die sich später mit den Gesprächsprotokollen beschäftigten, oft erheblich unterschied.

Ein weiterer Grund dafür, daß ich dem Film- und Gesprächs-Transkript meine eigenen Kommentare hinzugefügt habe, ist, daß Ericksons Erinnerung an jene Demonstration nicht ganz zuverlässig war, weil er zum Zeitpunkt des Geschehens krank war. Im Laufe des Gesprächs schien seine Erinnerung allmählich präziser zu werden. Der Leser kann meine Anmerkungen vom übrigen Text gut unterscheiden, da sie in einer anderen Schrifttype gesetzt sind. In meinen Kommentaren erläutere ich in einigen Fällen Sachverhalte, die einem erfahrenen Hypnotiseur geläufig sein dürften; doch können sie anderen Lesern helfen, die Vorgänge besser zu verstehen, denn Erickson kümmert sich in seinen Bemerkungen über den Film nicht um die Erläuterung auf der elementaren Ebene. Außerdem ist der Text ein historisches Dokument einer Trance-Induktion Ericksons aus früherer Zeit, und sie unterscheidet sich deutlich von denjenigen, die er später im Rahmen seiner Lehrseminare bei ihm zu Hause verwendete.

Nebenbei möchte ich auf ein Problem hinweisen, das bei Interviews mit Erickson immer wieder auftrat. Er hatte die Angewohnheit, sich auf den Interviewer einzustellen, sich in dem, was er sagte, an den Kontext und an sein Gegenüber anzupassen. In den vielen Jahren, in denen ich zusammen mit John Weakland mit Erickson Gespräche über Therapie und Hypnose geführt habe, waren wir deshalb gezwungen, eine möglichst effektive Methode zu entwickkeln, um ihn dazu zu bringen, tatsächlich seine eigenen Vorstellungen zu formulieren. Natürlich formulierten wir manchmal auch unsere eigenen Ansichten, um ihn zu einer Äußerung zu bewegen, doch wenn wir sichergehen wollten, daß Erickson wirklich seine eigene Sicht über eine Situation äußerte, mußten wir uns strikt hüten, unsere eigenen Ansichten zu erkennen zu geben, bevor er die seinen geäußert hatte. Wenn wir ihn fragten, ob er etwas einer bestimmten Theorie halber getan hätte, war die Wahrscheinlichkeit groß, daß er dies bestätigte, es jedoch in seiner Antwort leicht modifizierte. Wenn er beispielsweise einem Vater oder einer Mutter zu einem bestimmten Verhalten riet, und wir ihn dann fragten, ob sein Rat auf der Konditionierungstheorie basiere, so sprach er mit uns über den Vorfall im Sinne der Konditionierungstheorie. Fragten wir hingegen lediglich, warum er dies getan habe, oder schwiegen wir und warteten ab, welche Erklärung er aus sich heraus gab, so kam eine völlig andere und oft einzigartige Erklärung zutage. Das ist einer der Gründe dafür, weshalb die Bandaufzeichnungen von meinen Gesprächen mit Dr. Erickson oft so lange Pausen enthalten. In solchen Fällen warte ich, bis er seine Sichtweise formuliert, statt ihm eine Erklärung anzubieten, die ich selbst mir zurechtgelegt habe.

Auch im vorliegenden Interview über jenen Film hatte ich mit diesem Problem zu kämpfen. Ich hatte den Film gründlich studiert und bestimmte Vorstellungen darüber entwickelt, warum Erickson in bestimmten Situationen bestimmte Induktionen gegeben hatte. Doch hätte ich ihm meine Vorstellungen über das Geschehen gleich zu Anfang verraten, so hätte er sich meiner Ansicht angeschlossen. Ich mußte also damit warten, bis er selbst seine eigene Erklärung formuliert hatte, und durfte erst dann meine Ansicht preisgeben, um mich zu vergewissern, was er dazu zu sagen hatte. Wenn man ein Interview mit Erickson führen wollte, mußte man mit der Äußerung eigener Vorstellungen sehr zurückhaltend sein. Dies gilt allerdings generell für Interviews mit Menschen, die neuartige Denkweisen entwickelt haben und die versuchen, für dieselben eine Sprache zu finden.

Bei jener Filmvorführung waren außer mir Erickson, Madeleine Richeport und Robert Erickson anwesend (letzterer bediente den Projektor). Die Diskussion begann mit einer einleitenden Äußerung Ericksons.

ERICKSON: Der Film ist unvollständig. An einigen Stellen wurden Teile herausgeschnitten. Wenn ich beispielsweise eine Probandin einen Arm erheben, wieder senken und dann erneut erheben ließ, und dies abwechselnd mit dem rechten und linken Arm, ist manchmal nur das Heben und Senken des rechten Arms zu sehen oder nur ein Teil des Alternierens zwischen rechts und links. Auch wurden einige Bemerkungen entfernt, an die ich mich zum Teil noch erinnern kann. Ein wichtiges Detail ist auch, daß ich zum Zeitpunkt jener Demonstration ziemlich krank war. Bei jener Veranstaltung waren nur zwei Menschen anwesend, die der Meinung waren, ich könne die Demonstration durchführen. Alle anderen bestritten dies. Nur Ravitz und Yanovski meinten, wenn Erickson sagt, er kann es, kann er es auch. Ich selbst habe nur die folgende Erinnerung an die Situation: Ich fahre mit einem Rollstuhl in jenem Souterrain-Raum umher und arbeite mit verschiedenen Probandinnen, und Bertha Rogers macht ein besorgtes Gesicht. Sie hatte Angst, ich könnte hinfallen. Außerdem weiß ich noch, daß es viele Störgeräusche gab und daß Dr. A sehr aufgebracht darüber war, daß ich bei jenem Kongreß als Referent fungierte. Ich erinnere mich daran, daß ich einen Teil des Weges durch den Raum gefahren wurde. Die nächste Erinnerung, die ich noch habe, ist, daß ich in einem Taxi sitze und Philadelphia verlasse. Danach erinnere ich mich erst wieder daran, daß ich irgendwo auf dem Weg nach Phoenix bin, möglicherweise diesseits des Mississippi. Was ich über die Geschehnisse, die in jenem Film festgehalten wurden, noch weiß, wird ebenso fragmentarisch sein, wie der Film selbst es ist. Natürlich kann ich trotzdem einiges dazu sagen. Und wenn ich »stop!« sage, dann halten Sie den Film bitte an.

Der Film wird vorgeführt

(Man sieht eine Bühne, auf der links ein Tisch steht. An diesem Tisch sitzen vier Probandinnen, die sich freiwillig für die Demonstration zur Verfügung gestellt haben, und Mrs. Erickson [die später Selbsthypnose demonstrierte]. Die vier Probandinnen warten darauf, an die Reihe zu kommen. Zufällig sind alle vier Probanden Frauen. Rechts auf der Bühne sitzt Erickson einer jungen Frau gegenüber, mit der er gerade arbeitet.)

Erickson: **Sagen Sie mir, sind Sie schon jemals in einer hypnotischen Trance gewesen?**

Probandin 1: **Nein.**

Erickson: **Haben Sie schon einmal gesehen, wie das gemacht wird?**

Probandin 1: **Nein.**

Erickson: **Wissen Sie, wie es ist, wenn man in eine hypnotische Trance eintritt?**

Probandin 1: **Nein.**

ERICKSON: Bevor diese junge Frau an die Reihe kam, hatte ich mir die Probandinnen angeschaut (die Frauen, die zunächst alle am Tisch saßen). Ihnen allen war nicht klar, daß ich sie mir alle einzeln genau anschaute. Und dann – das ist keine echte Erinnerung, sondern etwas, das ich noch weiß – wählte ich eine aus, die nicht als erste in der Reihe saß; wahrscheinlich saß sie auf dem zweiten oder dritten Stuhl in der Reihe. Die Auswahl kam also für die Betreffende völlig unerwartet. Als sie sich mir gegenüber auf den Stuhl setzte, sagte ich: »Hi!« Nun sind Probanden bei derartigen wissenschaftlichen Konferenzen immer ein wenig befangen. Ich hatte also »Hi« gesagt, und ich hatte das nicht nur zu der jungen

Frau, sondern auch zu der ganzen Gruppe gesagt. »Hi.« Dann wiederholte ich das Wort noch ein paarmal. Bei einigen der Probandinnen, die später an die Reihe kamen, hat man das »Hi« aus der Aufnahme herausgeschnitten. Vor einem seriösen Publikum sagt man nicht »Hi«; das ist eine ziemlich persönliche Ansprache. Indem man sie benutzt, schränkt man den Bereich ein, um den es in dieser Situation geht. Die meisten Menschen sind sich allerdings nicht darüber im klaren, daß man einer Situation eine persönliche Note gibt, indem man »Hi« sagt. Und tatsächlich hatte dieses »Hi« die Wirkung, die junge Frau von der allgemeinen Situation zu isolieren.

HALEY: Wieviel von dem, was Sie zu dieser ersten jungen Frau gesagt haben, war gleichzeitig auch an die übrigen Probandinnen auf der Bühne gerichtet?

ERICKSON: Im Grunde alles, und dann gibt es noch gewisse Wiederholungen, weil ich mir sicher war, daß die anderen Frauen sich sagen würden: »Das könnte mir nicht passieren.« Deshalb muß man dafür sorgen, *daß* es ihnen passiert. Beispielsweise das Heben eines Arms. Dadurch wird allen klar, daß Hypnose tatsächlich möglich ist. Und zwar nicht nur bei mir, sondern auch bei dir und bei den anderen.

HALEY: Ihre erste Aussage in dieser Filmaufnahme lautet: »Sind Sie schon jemals zuvor in einer Trance gewesen?« Haben Sie das gesagt, um zu suggerieren, daß sie sich bereits in Trance befinde?

(Erickson kommunizierte oft absichtlich Doppelbotschaften, und er benutzte häufig Wortspiele. Er hatte mir einmal erklärt, wenn er jemanden frage: »Sind Sie schon einmal in Trance gewesen?«, so suggeriere er der betreffenden Person dadurch, daß sie sich jetzt in Trance befinde, während er den Anschein erwecke, lediglich danach zu fragen, ob sie diese Erfahrung bereits gemacht habe.)

ERICKSON: Nein. Ich hatte diese jungen Frauen noch nie zuvor gesehen. Ich sah sie das erste Mal, als ich im Rollstuhl durch den Raum geschoben wurde. Während dessen hatten sie mich alle angeschaut. Sie alle wußten, daß eine Zuhörerschaft die Demonstration in einem anderen Raum auf einem Bildschirm verfolgte. Und sie waren sich auch alle der Heizungsinstallateure bewußt, die auf die Rohre in jenem Kellerraum einhämmerten. Und sie waren sich auch des Aufnahmeteams bewußt. Sie wußten, daß in ihrer Nähe eine Menge Leute waren, die die verschiedensten Gedanken hatten. Einige dieser Gedanken, die mit Krankenpflege in Zusammenhang standen, waren für sie sicherlich nicht angenehm. (Die Probandinnen waren vermutlich Krankenschwestern.) Deshalb mußte ich die Frauen zunächst persönlich ansprechen und habe sie daher alle gefragt, ob sie jemals zuvor in Trance gewesen waren, denn ich hatte zuvor gesagt, daß ich wissen wollte, ob irgend jemand unter ihnen schon einmal in Trance gewesen sei. Ich wollte ihnen die Möglichkeit geben, mir dies mitzuteilen. Doch wollte ich dies andererseits auch wissen, weil ich dann gewisse Dinge schneller abwickeln konnte.

Erickson: **Ist Ihnen klar, daß Sie dabei die ganze Arbeit selbst tun und ich einfach nur dabeisitze und es genieße, Ihnen dabei zuzuschauen?**
Probandin 1: **Nein, das wußte ich nicht.**
Erickson: **Das wußten Sie nicht. Nun, es ist wirklich so: Ich werde es genießen, Ihnen bei der Arbeit zuzuschauen.**

ERICKSON: »Ich werde es genießen, Ihnen bei der Arbeit zuzuschauen.« Das bedeutet, daß *sie* arbeiten wird und daß ich dies genießen werde. Dies ist eine unmerkliche Verschiebung. Natürlich hat niemand etwas dagegen, wenn ich es genieße, ihr bei der Arbeit zuzuschauen.

Erickson: **Ich werde nun als erstes Ihre Hand nehmen und sie hochheben. Sie wird emporgehoben werden, und zwar so. (Erickson hebt ihre Hand empor.) Und Sie können sie sich anschauen. (Er läßt die Hand los, und diese bleibt in der Luft.)**

ERICKSON: Verfolgen Sie die Bewegung meiner Hände. Man hebt die Hand. Zuerst übt man einen geringfügigen, aber spürbaren Druck auf die Hand aus. Irgendwann hält man mit dem Heben inne und erzeugt eine Richtungsempfindung. Man beginnt damit, die Hand emporzuheben, und dann (er deutet ein Heben an), und das bedeutet: »Steige höher«. Aber sie [die Probanden] können das nicht analysieren. Dann kann man die Hand langsam wegziehen, so daß sich die Probanden nicht ganz sicher sind, wann genau Sie den Kontakt zu ihrer Hand unterbrochen haben. So entsteht ein Zustand der Unsicherheit. Sie wissen dann nicht mit Sicherheit: »Wird meine Hand berührt, oder steht sie nicht in Kontakt?« Und dieser Zustand der Verwirrung ermöglicht es Ihnen, alles zu sagen, was Sie sagen wollen, um irgend etwas anderes einzuführen. Denn die Betroffenen können in ihrem Zustand mit einer solchen Frage nicht umgehen. Entweder besteht Kontakt oder nicht, aber wenn man nicht weiß, ob Kontakt besteht oder nicht, entsteht ein Zustand der Verwirrung. Und diese Zeitspanne dehnt sich in ihrer Reaktion aus.

Erickson: **Und schließen Sie Ihre Augen, und fallen Sie in tiefen, festen Schlaf. In einen so tiefen, so festen Schlaf, einen so tiefen, festen Schlaf, daß man Sie operieren könnte, daß alles, was legitim ist, mit Ihnen geschehen könnte.**

ERICKSON: Gewöhnlich sage ich: »so tiefen, so festen Schlaf«, und dann schaue ich in eine andere Richtung, so daß das Publikum den Eindruck hat, ich hätte mich von der Probandin abgewandt, um den Kontakt zu meinen Zuhörern wiederherzustellen. Dadurch wurde die Botschaft »Sie allein bewirkt dies« vermittelt. Und die Probandin – Betty [Ericksons Frau, Anm. d. Übers.] hat das später, als sie eine Demonstration in Selbsthypnose gab, erwähnt – hörte mich atmen. Hat irgend jemand in diesem Raum irgend jemanden atmen gehört? Natürlich wurde dort viel geatmet, aber niemand hat darauf geachtet. Doch Betty hat es gehört. Und die Probandin hat mich auch atmen gehört, und sie wußte, daß mein Atmen aus einer anderen Richtung kam, nachdem ich meinen Kopf gewendet hatte. Das Atemgeräusch veränderte sich dadurch.

Bei der Technik der Hand-Levitation, »Ihre Hand erhebt sich höher und höher«, läßt man die Stimme emporsteigen. Es kann die gleiche Tonqualität bleiben, doch die Stimmlage bewegt sich höher und höher, und man gibt die Suggestion sowohl auf der verbalen Ebene als auch durch Veränderung der Stimmlage. Wenn Probanden auf die Hand-Levitation nicht reagieren, reagieren sie häufig auf die allmähliche Erhöhung der Stimmlage. Das Publikum merkt von alldem nichts, denn es achtet nur auf die Worte. Wenn Probanden daraufhin die Hand immer noch nicht heben, kann man den Klang der Worte erhöhen. Sie können höher und höher gehen (er demonstriert, wie man die Stimme heben kann), was eine Übertreibung ist [er meint seine Modulation]. Ich kann das nicht besonders gut, aber Menschen, die musikalisch veranlagt sind, machen das automatisch. Sie wissen es nicht, aber wenn man sehr kompetenten Leuten zuhört, stellt man fest, daß sie ihre Tonlage verändern und daß ihre Stimme generell höher wird. Es *gibt* also ein Phänomen, das sich beobachten läßt, doch für die übrigen Anwesenden gibt es ein Phänomen, das sie nicht beobachten können, und eines, das sie nicht beachten, und auf diese Weise entstehen vielfältige Suggestionsmöglichkeiten.

Wenn man in der Psychotherapie zu einem Patienten sagt: »Sie können diese Art von Dingen (engl.: *that sort of thing*) vergessen«, was hat man dann getan? Man hat mit dem Patienten gesprochen. »Sie können diese Art von Dingen vergessen.« (Er wendet seinen Kopf.) Man spricht über »diese Art von Dingen«, die sich dort drüben befinden, was nichts mit der Person selbst zu tun hat. Man befördert also die Sache, um die es geht, an einen anderen Ort. Die Leute reagieren auf so etwas wundervoll. Der Zauberer lenkt die Aufmerksamkeit seines Publikums ab. Er kann das Kaninchen aus seinem Gewand nehmen und es in seinen Hut setzen, während die Zuschauer gerade durch eine unwichtige Bewegung irgendwo anders abgelenkt sind. Dies ist eine Displacement-Technik, und die Verlagerung findet sowohl auf der stimmlichen als auch auf der verbalen Ebene statt. Niemand achtet darauf, doch das Unbewußte merkt es. (Er kommt auf das Thema der Reinlichkeitserziehung von Kindern zu sprechen: daß sie lernen müssen, bewußt den rechtzeitigen Gang zur Toilette zu planen.)

HALEY: Sie haben hervorgehoben, daß die Probandin die gesamte Arbeit selbst tue. Gab es irgendeinen spezifischen Grund, eine Eigenart dieser Frau, weshalb Sie dies getan haben?

(Hypnotiseure suggerieren häufig, daß die von ihnen Hypnotisierten die ganze Arbeit selbst tun werden, um dieselben zu beruhigen. Diese Suggestion gibt den Probanden das Gefühl, sie hätten die Kontrolle über das Geschehen, ganz gleich, was passiere, und der Hypnotiseur folge lediglich dem, was oh-

*nehin geschehe. Allgemein wird dies als eine besondere Technik angesehen,
doch gibt es Hypnotiseure, die es zu einer speziellen Philosophie machen und
die deshalb die Ansicht vertreten, in der Hypnose sei der Hypnotisierte generell Lenker des Geschehens. Manchmal entwickeln sich aus solchem Mißver-
stehen einer bestimmten Technik ganze »Schulen«. Im hier vorliegenden Fall
war meine Annahme, Erickson habe die Probandin allgemein positiver stimmen wollen, nicht sein erklärtes Ziel. Vielmehr hob er indirekt den größeren
sozialen Zusammenhang hervor, um die übrigen Probanden positiver ein-
zustimmen.)*

ERICKSON: Damit wollte ich die übrigen Probandinnen davon ablenken, daß
sie während des Wartens auf ihren Auftritt auf alles reagierten, was ich zu der
jungen Frau sagte, mit der ich als erstes arbeitete. Deshalb betonte ich so nachdrücklich, daß es im Augenblick um sie und nur sie allein ginge. Das veranlaßte
die anderen, ihre Aufmerksamkeit auf dieses Geschehen zu richten und nicht
darauf zu achten, was unterdessen mit ihnen selbst geschah. Wenn man weiß,
daß man später selbst hypnotisiert werden wird, besteht nämlich die Tendenz
zur Selbstbeobachtung. Sie haben doch Dr. B kennengelernt, nicht wahr? Als
ich Dr. B zum ersten Mal begegnete, litt sie an Untergewicht, und sie war
ängstlich und unsicher. Sie nahm an einem Seminar teil. Ich schaute mir die
Teilnehmer an, und Dr. B schien mir als Probandin besonders geeignet. Ich
stellte daraufhin sechs Stühle auf die Bühne, und nachdem sich fünf Freiwillige
gemeldet hatten, sagte ich: »Dieser sechste Stuhl hier kann auch noch besetzt
werden. Wie ist es mit Ihnen?« Damit hatte ich Dr. B angesprochen. Anschließend sprach ich ein wenig mit der ersten Freiwilligen und schickte sie dann von
der Bühne. Das ging so weiter, bis nur noch zwei von den ursprünglich sechs
Personen auf der Bühne waren. Man konnte fast sehen, wie Dr. B allmählich
klar wurde, daß *sie* diejenige war, mit der ich arbeiten würde. Es war eine allmähliche Progression. Zuerst waren es noch fünf, dann vier, dann drei, dann
nur noch zwei. Alle, die ich entließ, saßen neben mir. Insofern war offensichtlich, wer die Probandin war, mit der ich arbeiten würde. Und Dr. B hat sehr
gut mitgearbeitet. Ihr war nicht klar, daß ich die Trance bei ihr hauptsächlich
durch Fortschicken der übrigen potentiellen Probanden induziert hatte. Menschen sind sich über solche Dinge nicht im klaren. Jahrmarktsgaukler wissen
dies. Auch Zauberer arbeiten so. Und wir alle können es lernen.

Ein anderer Faktor ist, daß man ein Gewahrsein für Geräusche entwickelt. Ein Baby hört zuerst Geräusche, doch weiß es nicht, wo sie herkommen. Erst allmählich lernt man zu unterscheiden, ob ein Geräusch von oben, von der Seite, von vorn, von hinten oder von irgendeiner anderen Position kommt. Nur sind sich die meisten Menschen nicht darüber im klaren, daß sie das unterscheiden können. Sie befinden sich in einem Raum. Sie bemerken etwas, Sie schauen in eine bestimmte Richtung. Wieso schauen Sie in diese Richtung statt in eine andere? Man kann beobachten, daß Menschen dies tun. Erkennen zu können, aus welcher Richtung ein bestimmtes Geräusch kommt, ist eine sehr wichtige Fähigkeit, und ich habe diese bei allen Probanden genutzt, indem ich mich von ihnen abgewandt habe. Wie ich bereits erwähnte, war ich damals krank und sorgsam bemüht, mit der Situation in Kontakt zu bleiben. Ich habe mich sehr langsam und bewußt umgedreht, und ich habe jede Veränderung meiner Position im Raum und in Verbindung damit jede Veränderung der Sprechrichtung sehr bewußt und deutlich vollzogen. Aber es war schwierig, dies jenem Publikum zu erklären, weil sie die Bedeutung dessen einfach nicht verstanden. Ich selbst jedoch war mir darüber völlig im klaren. Ich wußte, daß ich ziemlich krank war und daß ich deshalb die visuelle und auditive Aufmerksamkeit der Probanden sehr präzise lenken mußte, daß ich dabei sogar ein wenig übertreiben mußte. Und tatsächlich war vieles von meinem Verhalten übertrieben.

Erickson: **Ich werde Sie jetzt überraschen, aber machen Sie sich keine Sorgen darüber. (Erickson faßt die Probandin am Fußknöchel und stellt ihre übereinander geschlagenen Beine nebeneinander.) Ich werde sehr, sehr vorsichtig dabei sein.**

(Daß ein Hypnotiseur den Fußknöchel einer weiblichen Hypnotisierten berührt, ist so ungewöhnlich, daß mir ein Kommentar hierzu angebracht erscheint. Bei der Hypnose geht es um eine der wichtigsten Fragen des menschlichen Lebens: Wieviel Macht gestehe ich einem anderen Menschen über mich zu? Es liegt in der Natur der Macht, daß sie bedrohlich wirkt, da man von jemndem, der im Besitz von Macht ist, ausgebeutet werden kann. Andererseits wirkt die Tatsache, daß jemand anders Macht über eine andere Per-

son hat, auch anziehend, weil das Gefühl, der Macht eines anderen unter-
worfen zu sein, von diesem wie ein Schutz erlebt werden kann: Es wird von
dem Betreffenden als positiv erlebt, daß sich jemand um ihn kümmert. Erick-
son spielte in seiner hypnotischen Arbeit mit allen Aspekten der Macht. So
trat er bewußt aus der Position des Mächtigen heraus, indem er der jungen
Frau sagte, daß sie bei der Hypnose die gesamte Arbeit tun werde, während
er es genieße, ihr bei der Arbeit zuzuschauen. In der soeben beschriebenen
Situation sagt er dann, er werde sie überraschen, doch werde er dabei sehr
vorsichtig sein. Zuvor hatte er gesagt, mit ihr würden nur Dinge geschehen,
die gesetzlich nicht zweifelhaft seien. Er spielt hier mit einer Kombination aus
Drohung (ein Mann berührt den Fußknöchel einer Frau) und Schutz (er
sagt, er werde vorsichtig sein). Die gleichzeitige Erzeugung von Gefühlen des
Geschütztseins und der Bedrohung intensiviert jede Beziehung. Im Gespräch
über diesen Vorgang vertritt Erickson seine eigene Sichtweise.)

ERICKSON: »Ich werde sehr, sehr vorsichtig sein.« Wann genau habe ich das
Bein berührt? Auf dem Film ist das nicht zu sehen. »Ich werde sehr, sehr vorsichtig sein.« Nach dem Wort »vorsichtig« stelle ich den Kontakt zu ihrem Bein
her. Wer muß nun vorsichtig sein, sie oder ich? Und in jenem Zustand des
Zweifels wendete sich alles zu meinen Gunsten. Sie haben sicher bemerkt, daß
sie durch die Vorstellung »Weshalb berührt er mein Bein?« verwirrt war. Deshalb mußte sie sich am Wort »vorsichtig« orientieren und an der Tatsache, daß
ich ein Arzt war, so daß die Bedeutung der Berührung in den Hintergrund trat.

HALEY: Warum faßten Sie den Entschluß, ihr Bein zu berühren?

ERICKSON: Ich wollte dem Publikum demonstrieren, daß ein völlig Fremder
vor Publikum das Bein einer Dame berühren und eine Katalepsie hervorrufen
konnte, daß man dies tun konnte, ohne zuvor darüber gesprochen zu haben,
und daß man es auf eine natürlich wirkende, leichte Weise tun konnte. Denn
wenn man Hypnose lehrt, versucht man zu vermitteln, daß alle Aktivitäten mit
großer Präzision und Beiläufigkeit vonstatten gehen sollten, so daß den Probanden nicht zu Bewußtsein kommt, wie beiläufig und gleichzeitig wenig beiläufig
dies alles ist – wie sorgfältig geplant es ist.

Erickson: **Und fühlen Sie sich wohl?**

ERICKSON: »Und fühlen Sie sich wohl?« Ja, sehr wohl. Sie nickt »ja«. Andere
merken oder erkennen dies nicht. Wir sind unser ganzes Leben lang konditioniert worden, auf solche Dinge zu reagieren, nur ist es uns nicht bewußt.

Erickson: **Und Sie können wieder mit dem Kopf nicken. Wissen Sie,
wie Menschen gewöhnlich mit dem Kopf nicken? Sie wissen
es wohl tatsächlich nicht, aber Menschen nicken gewöhnlich
so (nickt schnell auf und ab). Und Sie nicken so (nickt lang-
samer).**

ERICKSON: Sie nickte mit dem Kopf. Schauen Sie nun ganz genau hin. Sie nickte, und dann setzte sich die Bewegung fort. Im gewöhnlichen Wachzustand
nickt man, und dann hört man damit auf. Im hypnotisierten Zustand nickt man
in der Geschwindigkeit, die einem angenehm ist, und dann folgt eine leichte
Verlängerung der Bewegung, an welcher ein erfahrener Hypnotiseur erkennen
kann, wie tief die Trance ist, in der sich die hypnotisierte Person befindet.

Erickson: **Sie wissen nicht, wovon ich rede, aber das ist in Ordnung.
Und nun wird sich Ihre Hand in Richtung Ihres Gesichts em-
porbewegen. (Erickson erhebt ihre Hand.) Und Sie hätten
nicht gedacht, daß das so leicht gehen würde, nicht wahr?
Und wenn die Hand Ihr Gesicht berührt, werden Sie tief atmen und dann sehr tief und fest einschlafen.**

ERICKSON: »Sie werden tief atmen und dann sehr tief und fest einschlafen.«
Wenn sie den ersten Schritt getan hat, kann sie auch den zweiten Schritt tun.
Deshalb betont man den ersten Schritt durch: »Wenn die Hand Ihr Gesicht
berührt, werden Sie tief atmen.« Da die Betonung auf dem zweiten Schritt liegt,
kann die Probandin unbesorgt den ersten Schritt tun, ohne zu merken, daß sie
dadurch dazu konditioniert wird, den zweiten Schritt zu tun.

Erickson: **Sie hätten sicher nicht gedacht, daß es so leicht sein würde. Bisher ist alles völlig anders als bei einer Hypnose im Cabaret, ist es nicht so?**

ERICKSON: Man geht nur ganz allmählich weiter, aber es ist zu erkennen, daß es weitergeht.

Erickson: **Weil Ihnen klar ist, daß im Grunde Sie es sind, die die Arbeit tun. Das ist Ihnen doch klar? Ich werde Sie nun auffordern, Ihre Augen zu öffnen. (Sie öffnet die Augen.) Hi. Waren Sie in einer Trance?**

(Erickson beginnt nun mit einer Reihe von Aufweck-Aktionen. Dabei dient jedes Aufwecken dazu, eine Amnesie zu fördern. Das »Hi« und die Frage, die er stellt, wären angemessene Verhaltensweisen, wenn die Frau sich eben erst hingesetzt hätte. Beides unterstützt sie darin, so zu reagieren, als wäre das tatsächlich der Fall, und dadurch zu vergessen, was tatsächlich soeben geschehen ist. Wie er dies tut, wird bei späteren Aufweckbemühungen deutlicher.)

ERICKSON: Das »Hi« verstärkt den Abstand zwischen mir und der Frau. Das ist alles. Außerdem wird dadurch das Erschrecken verringert, wenn die Probandin entdeckt, daß sie völlig allein mit nur noch einer weiteren Person ist, denn in ihrer Erinnerung ist sie immer noch von einer größeren Gruppe von Menschen umgeben. Das »Hi« verringert das Erschrecken angesichts der plötzlichen Erkenntnis, daß sie allein ist.

Probandin 1: **Ich weiß es nicht.**
Erickson: **Sie wissen es nicht? Wissen Sie es wirklich nicht? Ich werde Ihnen sagen, wie Sie es herausfinden können. Beobachten Sie Ihre Augenlider, und stellen Sie fest, ob sie anfangen, sich zu schließen.**

ERICKSON: Wie kann man Augenlider beobachten? Um sie beobachten zu können, muß man sie bewegen. Die Probandin hat nicht die Zeit oder die Geistesgegenwart, sich darüber im klaren zu sein, daß man Augenlider bewegen muß, um sie beobachten zu können. Man könnte dies als eine unfaire, heimtückische Art bezeichnen, eine Suggestion zu geben, ohne im formellen Sinne eine Suggestion gegeben zu haben. Ich habe einmal an einem Abend mit Betty zusammengesessen und mit ihr herauszufinden versucht, welches Wort auf angemessene Weise die Tatsache charakterisiert, daß man eine Suggestion gibt, ohne eine Suggestion zu geben. Hinterhältigkeit? Wie kann man diesen Vorgang auf eine wirklich überzeugende Weise beschreiben? Wir haben im Lexikon nicht ein einziges Wort gefunden, das uns als wirklich passend dafür erschien.

Erickson: **Und wenn sie anfangen, sich zu schließen, so bedeutet dies, daß Sie in einer Trance gewesen sind. Und schon gehen sie runter, das ist wunderbar, sie gehen runter, sie gehen runter. So ist es gut. Ganz runter gehen sie. Und weiter runter. Ganz runter, bis sie geschlossen bleiben.**

ERICKSON: »Bis« – Wenn Sie das Wort »bis« akzeptieren, akzeptieren Sie auch das Wort »geschlossen«, nur wird das nicht erkannt oder realisiert, »bis«. Wann endet dieses »bis«? Zu einem Zeitpunkt, den die Probandin selbst bestimmt. Wann sollte ein Patient ein bestimmtes Gewicht erreicht haben? Erst wenn dies vernünftigerweise angezeigt ist. Der Patient kann das Datum selbst bestimmen, wenn Sie sagen, »Wir wollen das vernünftig angehen«. Wenn er zu dem Termin, den er selbst festgelegt hat, das betreffende Gewicht nicht erreicht hat, so haben Sie für diesen Fall vorgesorgt, indem Sie gesagt haben: »Wir wollen es vernünftig angehen.« Ein Patient [hier nicht in der bei uns überwiegenden Bedeutung »Leidender«, sondern eher dem englischen Wortsinn entsprechend »Geduldiger«, Anm. d. Übers.] verzweifelt nicht. Wenn ihm nicht gelungen ist, sein Ziel zu erreichen, kann er die Zeitspanne verlängern. Das ist bei jeder Therapie so.

Erickson: **Der Beweis ist nun ganz und gar aus Ihnen selbst herausgekommen, ist es nicht so? Und Sie können sprechen, und Sie
können mich verstehen. Und Sie können hören. Und Sie können Anweisungen ausführen. Zum Beispiel: Wenn ich Sie
bitte, Ihren rechten Arm zu heben, können Sie Ihren rechten
Arm heben.**

*(Gewöhnlich teilt Erickson Probanden dann mit, daß sie reden und verstehen
können, wenn er das Gefühl hat, daß sie sich in einer sehr tiefen Trance
befinden und er den Kontakt zu ihnen nicht verlieren will. Ein anderer
Aspekt dieser letzten Äußerung ist die merkwürdige Art, wie sich Erickson
einer Metapher bedient. Wenn man »zum Beispiel« sagt, so folgt gewöhnlich
keine Direktive, sondern eine allgemeine Aussage über eine hypothetische
Situation. Erickson jedoch macht eine allgemeine Aussage und wandelt diese
dann in eine Direktive um. Der Grund ist: Sich anzuhören, was »zum Beispiel« erzählt wird, wird nicht als bedrohlich empfunden, weil dies signalisiert, daß vom Zuhörer nichts erwartet oder gefordert wird, und genau in
diesem Zusammenhang fordert Erickson zu einer Handlung auf.)*

ERICKSON: »Und Sie können Anweisungen ausführen.« Die Frage ist, *welche*
Anweisungen hier gemeint sind. Darin steckt eine Drohung. Um dieser Drohung entgegenzuwirken, erhebt man den Arm und läßt ihr die gleichartig ge-
bildeten Sätze »Sie können hören« und »Sie können fühlen« vorangehen. Und
wenn es dann »zum Beispiel« um das Tun geht, dann hebt man den Arm. Man
kann auf der physischen Ebene alles tun, doch verstehen die Betroffenen dies
auf der bewußten Ebene nicht.

HALEY: »Zum Beispiel« ist somit ein Mitglied einer bestimmten Klasse, und Sie
sagen, daß die restlichen Mitglieder der betreffenden Klasse damit eingeschlos-
sen sind.

ERICKSON: Ja.

Erickson: (Erickson demonstriert das Anheben seines rechten durch seinen linken Arm, und die Frau erhebt daraufhin ebenfalls ihren Arm.) Er hebt sich ganz langsam. Jetzt steht er still.

HALEY: Warum hat er sich so schnell erhoben?

ERICKSON: Sie können den Film ein Stück zurückspulen und das Stück noch einmal laufen lassen, und wenn Sie dabei auf meine Stimme achten, werden Sie feststellen, daß ich schneller spreche als vorher. »Und Ihre Hand kann sich schneller erheben.« Das ist übertrieben. So erzielt man diesen Effekt.

Erickson: Er hebt sich ganz langsam. Jetzt steht er still. Und ganz gleich, was Sie versuchen, er bleibt genau dort. Und bemühen Sie sich wirklich, ihn herunterzubringen. (Ihr Arm zuckt leicht abwärts.)

(Die Arbeit mit »Herausforderungen« ist typisch für hypnotische Arbeit, und Erickson verwendet dieses Mittel auf sehr unterschiedliche Weise, angefangen von subtilen Vorschlägen bis hin zu nachdrücklichen Aufforderungen. Die grundlegende Botschaft, die darin enthalten ist, lautet: »Ich möchte, daß du mir gehorchst, indem du demonstrierst, daß du mir den Gehorsam nicht verweigern kannst.« Es kann eine beängstigende Erfahrung sein, zu merken, daß man keine Kontrolle über den eigenen Arm hat, weshalb Erickson die Aufforderung folgen läßt, daß er dies für bezaubernd und interessant hält.)

ERICKSON: Jetzt spreche ich mit *dir*! Ich bin voll präsent und beuge mich vor, was besagt: »Ich spreche mit *dir*.« Dadurch hebe ich hervor, daß es sich um eine zwischenmenschliche Beziehung handelt.

Erickson: Das ist sicher das erste Mal in Ihrem Leben, daß Sie so große Schwierigkeiten hatten, Ihre Hand zu senken. Ist es nicht so?
Probandin 1: Mmmm (lächelt).

Erickson: **Ist das nicht bezaubernd? Ist es nicht interessant?**
Probandin 1: **Mmmmm.**
Erickson: **So ist es gut.**

ERICKSON: An dieser Stelle wurde etwas herausgeschnitten.

HALEY: Was ist Ihrer Meinung nach herausgeschnitten worden?

ERICKSON: Ich forderte die Frau auf, zu spüren, wie ihre Hand sich senkte. Ich entnehme das dem, was ich soeben im Film gesagt habe. Erinnern kann ich mich nicht mehr daran. Aber es ist offensichtlich, daß ich sie aufgefordert haben muß, zu fühlen, wie sich ihre Hand senke, und während sie die Hand senkte und dies spürte, fing die Hand an zu zucken.

Erickson: **So ist es gut.**

ERICKSON: Was ist gut? Dies bezieht sich auf alles, was sie tut, aber man sagt nicht: »Alles, was du tust, ist gut«, sondern einfach: »Es ist gut«. Doch sie bezieht dies automatisch auf alles, was sie tut. Man sagt: »So ist es gut, Johnny.« Und er hat dann das Gefühl, daß er richtig sitzt, steht, geht, schreibt, einfach alles richtig macht. Information, oder Verengung oder Fokussierung derselben. Nur merken wir im Grunde nicht, daß wir dies tun. Birdwhistell (eine Autorität im Bereich der Körperbewegung) könnte eine Menge darüber sagen.

Erickson: **Werden Sie glauben, daß Sie in Trance waren, wenn ich Ih-
                nen auftrage, die Augen zu öffnen und hellwach zu werden?
                Ich möchte, daß Sie glauben, daß man Sie nicht hypnotisie-
                ren kann. Ist das in Ordnung?**
Probandin 1: **Ja.**
Erickson: **Sie wissen, daß man Sie im Grunde nicht hypnotisieren
                kann, und sobald Sie die Augen öffnen, werden Sie das wis-
                sen.**

(Als ich vor vielen Jahren an Gregory Batesons Kommunikationsprojekt mitarbeitete, entwickelte er die Idee des Double-bind. Er definierte Double-bind als eine paradoxe Kommunikationssituation, in welcher eine Botschaft auf einer bestimmten Ebene einer Botschaft auf einer anderen Ebene widersprach und die angesprochene Person gezwungen war zu antworten, sich also dem Dilemma nicht entziehen konnte. Ein klassisches Beispiel hierfür ist die Aufforderung: »Widersetze dich!« Der so Angesprochene kann sich weder widersetzen noch gehorchen, weil er gehorcht, wenn er sich widersetzt. Nachdem wir dieses Paradox entdeckt hatten, hielten wir nach konkreten Beispielen für dieses Muster in menschlichen Beziehungen Ausschau. Eines der ersten Beispiele dieser Art fand ich in der Hypnose. Der Hypnotiseur bringt den Hypnotisierten im Laufe seiner Arbeit dazu, spontan zu reagieren. Doch wie kann man auf Kommando spontan reagieren? Außerdem wurden in der Hypnose häufig spezifische Direktiven benutzt, die offensichtlich Bindungen waren, und mit einer solchen Bindung, einer klassischen, wird hier gearbeitet. Erickson gibt der Probandin die posthypnotische Suggestion, zu sagen, daß man sie nicht hypnotisieren könne. Damit steht sie vor einem Paradox: Folgt sie der posthypnotischen Suggestion, so befindet sie sich in einer Trance. Wenn sie sagt, man könne sie nicht hypnotisieren, so sagt sie damit, daß sie hypnotisiert worden ist. Folgt sie der Suggestion hingegen nicht und sagt, man könne sie nicht hypnotisieren, so gesteht sie damit ein, daß sie hypnotisiert worden ist. Sie muß also in jedem Fall zugeben, daß sie hypnotisiert worden ist, ganz gleich, was sie tut.)

ERICKSON: Sie kann ihre Augen nicht öffnen, bis sie dies *weiß*.

HALEY: Können Sie das noch einmal näher erläutern?

ERICKSON: Sie kann ihre Augen nicht öffnen, bis sie dies *weiß*. »Sobald Sie Ihre Augen öffnen, werden Sie das wissen, daß man Sie im Grunde nicht hypnotisieren kann.« Sie öffnet ihre Augen, und dies bedeutet, daß sie weiß, daß sie nicht hypnotisiert worden sein kann. Dies ist eine indirekte Suggestion, die nicht als solche erkannt wird.

Erickson: Sagen Sie mir: Glauben Sie, man könne Sie hypnotisieren?

Probandin 1: Nein, das glaube ich nicht.

Erickson: Sie glauben wirklich nicht, daß das möglich ist.

Probandin 1: Nein.

Erickson: Ich möchte, daß Sie mir diese eine kleine Sache erklären. (Er hebt ihre rechte Hand, und diese bleibt in der Luft.) Haben Sie jemals erlebt, daß ein merkwürdiger Mann Ihre Hand erhob und diese so in der Luft schweben ließ?

Probandin 1: Nein. (Sie lächelt.)

Erickson: Wissen Sie, daß man in der Hypnose, in der medizinischen Hypnose, manchmal erreichen möchte, daß ein Patient sich sehr, sehr ruhig hält, damit man eine Operation durchführen kann, damit man alle möglichen Dinge machen kann und der Patient dabei absolut kooperiert? Und Sie werden ja wohl wissen, daß man während einer Operation keine Zeit hat, Patienten genau zu erklären, was sie tun sollen. Wenn ich Ihnen beispielsweise auftragen würde, die Augen zu schließen, könnten Sie sie schließen. *Jetzt.* (Ihre Augen zwinkern und bleiben dann geschlossen.)

ERICKSON: Man sieht, daß sie zu verstehen anfängt.

Erickson: Sie können sie so schön schließen und sie so schön geschlossen halten. Und in der Chirurgie kann das sehr wichtig sein. Die Unbeweglichkeit Ihres rechten Arms kann in der Chirurgie sehr wichtig sein. Nun wissen Sie, daß medizinische Hypnose sich sehr stark von der Bühnenhypnose unterscheidet. Bei der Bühnenhypnose wirft sich jemand in die Brust, reißt die Augen weit auf...

ERICKSON: Diese Erklärung war gleichzeitig für das Publikum und für die übrigen Probandinnen bestimmt. Ich wende mich in diesem Moment an alle Probandinnen. Es war zu ihrer Beruhigung und der des Publikums gedacht.

(Erickson erwähnt während dieser Demonstration die Bühnenhypnose häufiger, als er dies gewöhnlich zu tun pflegte. Er hat sich sein ganzes Leben lang gegen hypnotische Scharlatane ausgesprochen und deren Tätigkeit stets von der medizinischen Hypnose unterschieden.)

Erickson: (fährt fort)... und versucht dem Publikum klarzumachen, was für ein großartiger Magier er ist. Doch was *ich* Ihnen hier vermitteln möchte, ist, daß Sie wirklich ein großartiger Mensch sind, daß Sie eine Menge Dinge zu tun vermögen, die Ihnen in medizinischer Hinsicht behilflich sein werden. Freuen Sie sich darüber?

(Erickson pflegte diejenigen, die sich für seine Demonstrationen zur Verfügung stellten, stets zu belohnen. Dies wird später noch ausführlicher zur Sprache kommen.)

Probandin 1: Ja.

Erickson: Ich weiß nicht, wie Ihre Zukunft aussehen wird, aber ich hoffe, wenn Sie einmal verheiratet sind und ein Kind bekommen, daß dies für Sie sehr angenehm und leicht sein wird...

ERICKSON: »Ich hoffe, wenn Sie einmal verheiratet sind und ein Kind bekommen, daß dies für Sie sehr angenehm und leicht sein wird.« Ich wende mich hier nicht nur an sie, sondern an alle, die sich in meinem Gesichtsfeld befanden.

Erickson: (fährt fort)... und wenn Sie operiert werden müssen, so kann das auf angenehme und leichte Weise geschehen. Jede Operation, der Sie sich unterziehen müssen, kann für Sie angenehm und leicht sein. Und jeder Eingriff eines Zahnarztes kann angenehm und problemlos sein. Erscheint Ihnen das als akzeptabel?

ERICKSON: Nachdem ich zum gesamten Publikum gesprochen habe, kann ich mich nun direkt an diese Probandin wenden.

Probandin 1: **Sehr.**
Erickson: **Sehr?**
Probandin 1: **Ja.**
Erickson: **Das freut mich. Und ich hoffe, daß Sie dieses Wissen für Ihr gesamtes weiteres Leben bewahren werden. Und es ist im Grunde nicht wichtig für Sie, ob Sie wissen, daß ich Sie hypnotisiert habe; Hauptsache, Ihnen ist klar, daß Sie alles selbst gemacht haben. Ich möchte, daß Sie nun ein- oder zweimal tief atmen und dann aufwachen und hellwach sind.**

ERICKSON: Ich sah, wie sie das Aufwachen zu ihrem eigenen Prozeß machte. »...ein oder zweimal tief atmen, und dann aufwachen und hellwach sind.« Sie öffnete leicht den Mund. Die Augenlider öffneten sich. Sie hob ihren Kopf weiter an. Sie veränderte ihre Atmung. All das tat sie selbst. Außerdem habe ich hier auf besonders nachdrückliche Weise betont, daß die gesamte Hypnose etwas ist, das sich im Inneren des Hypnotisierten abspielt. Nicht der Arzt oder der Zahnarzt oder der Psychologe, sondern der Patient selbst initiiert einen Prozeß, der in seinem Inneren stattfindet. Viele Ärzte denken, wenn sie zu hypnotisieren anfangen, *sie* seien es, die die Arbeit täten. Doch tatsächlich tun sie nichts weiter, als Suggestionen (»Vorschläge«) anzubieten, wobei sie im Grunde nur hoffen können, daß ihre Patienten zumindest einen Teil derselben beachten und aufgreifen werden.

Erickson: **Hi. Sagen Sie mir, wie heißen Sie mit Vornamen?**

(Auch hier wieder begrüßt Erickson die junge Frau so, als würde er sie gerade zum erstenmal sehen. Jemanden nach dem Namen zu fragen ist ein angemessenes Verhalten, wenn man einen Menschen zum erstenmal trifft. Hypnotisierte tendieren dazu, für das, was zuvor in einer Trance geschehen ist, eine Amnesie zu entwickeln.)

Probandin 1: Harriet.

Erickson: Harriet? Das ist ein sehr schöner Name. Möchten Sie mir die Hand geben?

Probandin 1: Ja.

Erickson: Das möchten Sie? (Er erhebt ihre Hand, und diese bleibt in der Luft.) Sie müssen wissen, mir die Hand zu geben, ist ziemlich...

ERICKSON: Sie haben soeben gesehen, wie ich die Trennung meiner Hand von der ihren übertrieb. Die Ärzte, die an jener Konferenz teilnahmen, diejenigen unter ihnen, die schon vorher an Seminaren von mir teilgenommen hatten, waren sich meines unablässigen Hinweises bewußt, daß Suggestionen möglichst unauffällig gegeben werden sollten, daß alle Aktionen langsam erfolgen sollten, daß man den Hypnotisierten genügend Zeit zu reagieren geben sollte und daß man ihnen diese Zeit so geben sollte, daß sie es nicht merkten. Deshalb habe ich dies in der soeben gezeigten Szene übertrieben. Diejenigen, die mich schon bei früheren Anlässen hatten sprechen hören – und das waren die meisten –, konnten so das, worauf ich sie hingewiesen hatte, in einer stark übertriebenen Demonstration beobachten.

Erickson: Und wußten Sie, daß Sie so schnell und leicht in eine Trance verfallen könnten?

Probandin 1: Nein.

Erickson: Sie können es, nicht wahr? Und sogar mit weit geöffneten Augen. Wissen Sie, wenn Sie wollen, können Sie nur *sich selbst* und *mich* sehen, nichts anderes. Nicht einmal die Fernsehkameras, die Lampen oder sonst irgend etwas.

ERICKSON: Nachdem ich gesagt hatte: »Wissen Sie, wenn Sie wollen, können Sie nur *sich selbst* und *mich* sehen«, machte sie keine Anstalten, dies zu überprüfen. Sie machte keinerlei Anstalten festzustellen, ob das tatsächlich so war. Ohne irgend etwas zu hinterfragen, glaubte sie mir einfach. Und wenn man etwas nicht hinterfragt, dann akzeptiert man es.

HALEY: Wenn Sie die Fernsehkameras und dergleichen ausschließen wollten, warum haben Sie sie dann überhaupt erwähnt?

ERICKSON: Für die etwas »schlaueren«. Reagiert sie auf die Erwähnung dieser Wörter? Nehmen wir beispielsweise an, ich würde hier schreiben. Sie war sich dessen bewußt, daß sie neben der Kiste aus Zedernholz und der Videokamera saß. Selbst wenn man versuchen würde, sich zu beherrschen, würde man eine winzige Bewegung in die Richtung machen. (Er lacht.) In Hypnose macht das niemand. Das ist ziemlich hart, und nichts wäre für einen Menschen beleidigender. Medizinstudenten haben oft versucht, mich zu stören. Mir war völlig klar, daß dieser Kerl mich zu stören versuchte, aber da war irgend etwas dort drüben (schaut über den imaginären Störer hinweg). Auf diese Weise wurde allmählich die gesamte Energie von dem Störversuch abgezogen. (Er lacht.) Und wenn jemand versucht, beleidigend zu sein, schaut man einfach irgendwo anders hin. Dann fragt sich derjenige, der versucht hat, einen zu beleidigen: »Warum schaut er mich bloß nicht an?« Er ist dann ziemlich hilflos. Auf diese Weise kann man den Betreffenden sehr leicht und schnell zum Verstummen bringen. Sie können das übrigens mit Ihren Kindern üben. Hab ich recht, Robert? Und Sie machen es, wenn Sie unterrichten, nicht wahr?

Erickson: **Nur mich. Und Sie brauchen auch nicht so häufig wie normalerweise mit den Augen zu zwinkern oder irgend etwas ähnliches zu tun. Und Ihre Hand und Ihr Arm fühlen sich so angenehm an. Schließen Sie nun die Augen. (Harriet schließt ihre Augen.) So ist es gut, ganz zu. Und atmen Sie tief, und wachen Sie auf. (Harriet öffnet die Augen.) Lassen Sie mich Ihnen noch einmal die Hand geben. (Sie schütteln einander die Hände.) Hi. Harriet, ich freue mich, Sie kennenzulernen.**

(Unser Gehirn scheint so soziale Kontinuitäten zu schaffen, selbst wenn dazu Amnesien erforderlich sind. In diesem Fall nimmt Erickson die Hand der jungen Frau, lehnt sich zurück, während er die Hand wieder losläßt, und anschließend erteilt er verschiedene hypnotische Direktiven. Dann nimmt er ihre Hand wieder, schüttelt sie und weckt die Frau auf. Anschließend sagt er:

»Hi, Harriet, ich freue mich, Sie kennenzulernen«, als ob sie sich gerade zum erstenmal sehen würden. Die Aktivitäten während des Händeschüttelns werden von den Probanden gewöhnlich vergessen. Ebenso kann man auch in der therapeutischen Hypnose verfahren, indem man eine Sequenz beginnt, sie wegen einer Trance-Erfahrung unterbricht, dann wieder damit fortfährt und auf diese Weise das Trance-Verhalten mit einer Amnesie belegt. Erickson hat mir diese Technik beigebracht, doch hebt er später, wenn ich ihn darüber befrage, einen anderen Aspekt davon hervor.)

ERICKSON: Wenn man mit Hypnose arbeitet, und die zu hypnotisierende Person hat die Augen geöffnet, ist es am besten, ihr zu sagen, daß sie die Augen schließen soll, und ihr dann die Anweisung zum Aufwachen zu geben. Ihnen entgeht, daß sie lernen, daß sie einschlafen werden, sobald sie die Augen schließen.

HALEY: Haben Sie in jener Situation versucht, eine Amnesie herbeizuführen? War das der Grund, weshalb Sie mit dem Händeschütteln angefangen und geendet haben?

ERICKSON: Ja. Wenn man eine Amnesie herbeiführen will, eine bewußte Amnesie, kehrt man zum Anfang zurück und endet mit dem Anfang. So erzeugt man eine Amnesie. Man kann sich vor eine Klasse von Medizinstudenten stellen und zu ihnen sagen: »Ich möchte, daß Sie sich ganz genau merken... (seine Stimme wird leiser), was hier vor sich geht. Übrigens, was habe ich gerade sagen wollen?« Man macht einen vielversprechenden Anlauf, man unterbricht sich, und dadurch lenkt man die Aufmerksamkeit ab. Dann kommt man auf das ursprüngliche Thema zurück, und erstaunlicherweise haben sie vergessen, worum es ging. »Jetzt möchte ich, daß Sie sich daran erinnern!« Und wenn man das vor einer Klasse von Medizinstudenten tut, beispielsweise als Vorspann zu einer Diskussion über Hypnose, um ihnen zu demonstrieren, daß man eine Amnesie induzieren kann, ohne zuvor jemanden hypnotisiert zu haben, dann sind die Anwesenden wesentlich empfänglicher für Hypnose, weil sie durch diese Demonstration aus dem Bereich normalen Verhaltens überzeugt worden sind.

Erickson:	Herzlichen Dank dafür, daß Sie mir geholfen haben.
Probandin 1:	Ich danke Ihnen.
Erickson:	Ist Ihnen eigentlich klar, daß Sie mir wirklich sehr geholfen haben?
Probandin 1:	Habe ich das?
Erickson:	Ich hoffe, daß ich ein wenig von jenem Schleier des Geheimnisvollen beseitigt habe, in den Bühnenhypnotiseure und all die anderen Scharlatane die Hypnose zu hüllen versuchen. Ich danke Ihnen für Ihre Mithilfe. Ich bin Ihnen wirklich sehr dankbar. Sind Sie jetzt hellwach?
Probandin 1:	Ja.
Erickson:	Das ist gut. Sind Sie damit einverstanden, nun Ihren Platz mit jemandem zu tauschen?
Probandin 1:	Ja.
Erickson:	In Ordnung. (Die Assistentin nimmt ihr das Mikrofon ab.) Tauschen Sie mit der jungen Dame im blauen Kleid.

ERICKSON: Ich habe ihr aufgetragen, die Dame im blauen Kleid zu holen, weil dadurch nicht ich zu den Frauen ging, sondern sie. Man bittet einen Probanden, jemanden herbeizubringen. Wie behandelt man in Seminaren Probanden, die Widerstand zeigen? Es gibt immer einige darunter, die Anzeichen von Widerstand zeigen. In solchen Fällen bittet man eine von ihnen, nach vorn zu kommen, und läßt sie ihren Widerstand manifestieren. Anschließend ruft man die nächste Probandin nach vorn und läßt sie von der ersteren führen. Die zweite wird sich dann wundern, warum sich ihr Widerstand nicht gezeigt hat. Während sie von der zuerst aufgerufenen Probandin den ganzen Weg nach vorn geführt wird, überträgt sie den Widerstand auf die Begleitperson und merkt es nicht einmal.

(Bei jeder Probandin arbeitete Erickson mit einem anderen Ansatz. Bei der zweiten arbeitete er mit einer an Carl Rogers orientierten Induktion, indem er genau das wiederholte, was die Frau selbst gesagt hatte. Es ist interessant, daß man Rogers' Methode, die ja von sich behauptet, lediglich reflektiv und nicht direktiv zu sein, benutzen kann, um eine Trance zu induzieren.)

Erickson: **Sagen Sie mir, sind Sie schon jemals in Trance gewesen?**
Probandin 2: **Ich glaube ja.**
Erickson: **Sie glauben ja. (Erickson lehnt sich zurück und anschließend wieder vor, nimmt dann ihre rechte Hand und erhebt sie.) Und wer hat Sie schon einmal in Trance versetzt?**
Probandin 2: **Dr. Yanovski.**
Erickson: **Dr. Yanovski? Das ist sehr nett von ihm.**
Probandin 2: **Es hat mir gefallen.**
Erickson: **Es hat Ihnen gefallen. (Er lehnt sich zurück, während er weiterhin ihre Hand in der Luft hält.) Und was meinen Sie, wann Sie für mich in Trance verfallen werden?**
Probandin 2: **So wie sich mein Arm anfühlt, könnte ich mir vorstellen, daß ich bereits in Trance bin.**

ERICKSON: Und was meinen Sie, wann Sie für mich in Trance verfallen werden?« Sie war bei Yanovski in einer Trance gewesen.»Und was meinen Sie, wann Sie für mich in Trance verfallen werden?« Man überprüft zunächst das Zeitgefühl, physische Empfindungen und frühere Erfahrungen. Dann bemerkte sie ihren Arm und erkannte daran, was mit ihr los war. Mit unerfahrenen Probanden kann man das oft so machen. In meinen Seminaren habe ich mich gewöhnlich nach dem Vortrag am ersten Morgen unter die Teilnehmer gemischt, sie mit Handschlag begrüßt und sie gefragt, woher sie kamen. Während ich ihnen die Hand schüttelte, zog ich meine Hand allmählich zurück, veränderte den Fokus meiner Augen, als ob ich auf irgend etwas, das sich hinter ihnen befand, schauen würde; außerdem veränderte ich den Klang meiner Stimme, als ob ich mit jemandem in einiger Entfernung sprechen würde. Und wenn unterdessen jemand in Trance verfiel, so konnte ich das sofort erkennen. Dann veränderte ich den Klang meiner Stimme und den Fokus meiner Augen und sagte etwas, das ich gesagt hatte, als sie völlig wach waren, und dadurch brachte ich sie aus der Trance heraus. Ohne es zu wissen, waren sie in einer Trance gewesen. Und sie hatten eine Amnesie entwickelt. Und wenn ich mir dann später Probanden aus dem Publikum auswählen mußte, hatte ich sie bereits getestet.

HALEY: Gab es einen Grund, weshalb Sie zuerst ihre Hand berührten und anfingen, diese emporzuheben, bevor Sie die Probandin fragten, ob sie schon einmal hypnotisiert worden war?

ERICKSON: Mein Timing war falsch. Ich hatte damals starke Schmerzen, und mein Timing funktionierte nicht richtig.

HALEY: Wie hätte das Timing besser sein sollen?

ERICKSON: Ich hätte die Frage stellen sollen, bevor ich ihre Hand tatsächlich berührte.

HALEY: Warum das?

ERICKSON: Sie hatte mit angesehen, wie ihre Vorgängerin in einen hypnotischen Zustand verfallen war. Durch Katalepsie. Und mein Timing war falsch. Bevor sie in Trance fiel, hatte sie praktisch nicht die Möglichkeit, mir zu sagen, daß Yanovski sie hypnotisiert hatte. Deshalb machte ich das Beste aus der Situation, ohne meinen Irrtum zu ignorieren.

Erickson: **So wie sich Ihr Arm anfühlt, könnten Sie in diesem Augenblick in Trance sein. Inwiefern fühlt sich Ihr Arm anders an?**
Probandin 2: **Er prickelt. (Original: *It tingles.*)**
Erickson: **Er sondert sich ab. (Original: *It singles.*) Er ist von Ihnen getrennt.**

HALEY: Was ist mit diesem *»singles«?*

ERICKSON: Ist Ihnen schon jemals ein Bein eingeschlafen? In Hypnose können Sie ein ebensolches teilweises Gewahrsein in bestimmten Körperregionen erfahren, das den gleichen prickelnden Effekt hat. Ich habe nachlässig gesprochen.

HALEY: War das keine Absicht?

ERICKSON: Nein.

HALEY: Aber man hört glockenklar »singles«.

ERICKSON: Ich weiß.

HALEY: Ich hatte vermutet, Sie hätten ihr dieses andere bewußt untergeschoben.

ERICKSON: Nein, das war einfach nachlässig gesprochen.

HALEY: Das hätte ich nicht gedacht! Okay.

Probandin 2: **Nein, es prickelt, es prickelt, es prickelt.** *(»It tingles.«)*
Erickson: **Nein, es sondert sich ganz einfach ab.** *(»It singles.«)*
Probandin 2: **Nein, es prickelt, meine Hand... Nun ja, jetzt sondert sie sich vielleicht wirklich ab. Sie scheint jetzt nicht mehr so sehr ein Teil von mir zu sein wie vorher.**

ERICKSON: Jetzt habe ich mir den ursprünglichen Versprecher »single« zunutze gemacht. »It singles« bedeutet, daß sich etwas absondert. Ich habe mir auch in anderen Situationen meine nachlässige Sprechweise zunutze gemacht.

Erickson: **Sagen Sie mir, sind Ihre Augen offen?**
Probandin 2: **Sie sind weit offen.**
Erickson: **Sind Sie sicher?**
Probandin 2: **Im Augenblick bin ich es.**
Erickson: **Im Augenblick sind Sie es. Sind Sie sich immer noch sicher?**
Probandin 2: **Ja.**
Erickson: **Schließen sie sich?**
Probandin 2: **Noch nicht.**
Erickson: **Sind Sie sicher?**
Probandin 2: **Ja. (Ihre Augenlider fallen herab.)**

Erickson: **Ganz herab. Ganz herab. Und sie bleiben geschlossen. Völlig geschlossen. Ganz geschlossen.**

ERICKSON: Beobachten Sie das Verhalten der Augenlider. Bei ihr ist es sehr gut zu sehen: die Fluktuation ihres Verlangens. Soll sie die Augen offen lassen, oder soll sie zulassen, daß sie sich schließen? Schließlich läßt sie zu, daß sie sich schließen. Sie schließt sie ganz, dann öffnet sie sie wieder, und dann schließt sie sie ganz oder öffnet sie halb. »Ach, zum Teufel, sollen sie sich doch ganz schließen und geschlossen bleiben!« Das ist es, was sich in ihr abgespielt hat.

Erickson: **Lassen Sie sie nun geschlossen. (Ihre Augen bleiben geschlossen.)**

ERICKSON: Außerdem wird Ihnen aufgefallen sein, daß ich ihr keinerlei Suggestionen angeboten habe. Ich habe ihr nur Fragen angeboten. Es waren Fragen, die Zweifel wecken sollten, eine Unsicherheit erzeugen sollten. Gleichzeitig hat das Fehlen einer Suggestion meinerseits und mein Ausdruck der Neugier, des Interesses meinerseits an ihr, die Frage geweckt: »Werden meine Augen sich schließen?« Die einzige Möglichkeit herauszufinden, ob sie sich tatsächlich schließen werden, ist, daß sie sie schließt. Und sie weiß nicht, daß das die einzige Möglichkeit ist, wie sie dies herausfinden kann.

Erickson: **Atmen Sie nun tief, und gehen Sie tief in eine Trance. Und ich hoffe, daß Sie jede zukünftige Hypnose, ob zu medizinischen oder zahnärztlichen Zwecken, sehr genießen werden. Und ich hoffe, daß Sie Hypnose niemals, niemals dazu benutzen werden, um andere Menschen zu unterhalten, sondern nur dazu, sie darin zu unterrichten und sie bewußter zu machen. Macht es Ihnen etwas aus, wenn ich über Sie spreche?**
Probandin 2: Nein.
Erickson: **Sie werden dadurch nicht befangen?**

Probandin 2: **Nein. Nicht in Trance.**

ERICKSON: Unsere Gesellschaft wußte, daß ich krank war, und mir war klar, daß ich mir Gedanken darüber machte. Doch alle waren in Zweifel darüber, ob mir dies klar war. Also dachte ich mir, es sei besser, dem Publikum zu erkennen zu geben, daß auch ich mir dessen bewußt war. Deshalb übertrieb ich die Bewegung meines Arms, so daß sie die Botschaft empfingen, ohne es zu wissen. V schaute sich das an und sagte: »Warum zum Teufel mußtest du in aller Öffentlichkeit ausposaunen, daß du krank warst?« Er verstand.

Erickson: **Aber Sie können auf mich reagieren. Habe ich nicht recht?**
Probandin 2: **Ja, das kann ich.**
Erickson: **Und Ihre gesamte Umgebung erscheint Ihnen als furchtbar unwichtig, oder etwa nicht?**
Probandin 2: **Das ist richtig. Ich bin mir nur Ihrer Stimme bewußt.**
Erickson: **Sie sind sich nur meiner Stimme bewußt. Das genügt, nicht wahr?**
Probandin 2: **Oh, ja.**
Erickson: **Sie sind hier aus medizinischen Gründen, nämlich um gewisse Dinge zu demonstrieren. Deshalb atmen Sie nun tief, und erheben Sie sich, völlig ausgeruht, erfrischt und voller Energie. (Sie öffnet ihre Augen.) Meinen Sie, daß Sie hellwach sind?**
Probandin 2: **Nun. (Pause) Nein, das bin ich nicht. Ich kann meinen Arm nicht senken.**
Erickson: **Sie können Ihren Arm nicht senken.**
Probandin 2: **Nein.**
Erickson: **Sie meinen, Ihr Arm schläft noch?**

ERICKSON: In diesem Fall habe ich ihren Arm gehoben, ohne tatsächlich eine Trance zu induzieren. Ich haben einen Timing-Fehler gemacht, indem ich eine Trance induzierte, bevor ich tatsächlich eine Trance herbeiführen wollte. Als ich sie aufweckte, weckte ich sie bezüglich einer Trance-Induktion auf, die im

Heben ihres Arms bestand. Anders gesagt: Zwei unterschiedliche Trance-Zustände waren eingeleitet worden, und sie mußte aus beiden erwachen. Ich ließ
sie demonstrieren, daß sie aufgewacht war, doch konnte sie das eigentlich nicht
sein, weil ihre Hand noch immer in der Luft schwebte. Sie war nicht in der
Lage, die Hand herunterzunehmen. Diese Segmentation des Körpers ist ungeheuer wichtig in der Hypnose, in der Medizin, in der Zahnheilkunde, Experimenten zur Farbsichtigkeit sowie auch in allen möglichen anderen Bereichen.
So ist es mit der Psychotherapie: Man trennt Dinge.

HALEY: Hatten Sie das kommen sehen? Waren Sie so bewußt?

ERICKSON: O ja, ich war mir dessen bewußt.

*(Die beiden Trancen, auf die Erickson sich hier bezieht, werden auf eine
besondere Weise eingeleitet. Das erkennt man, wenn man sich den Film
ganz genau anschaut. Trotzdem stellt sich die Frage, warum der Arm der
Frau in der Luft bleibt, nachdem sie aufgeweckt worden ist. Möglicherweise
hat er sie gar nicht aufgeweckt, sondern es hatte nur den Anschein, als hätte
er dies getan. Beispielsweise könnte er »Ich möchte, daß Sie aufwachen?« in
einem leicht fragenden Ton gesagt haben, den die Probandin bemerkt hat,
obwohl dies dem Publikum entgangen ist. Diese Frage verwandelt eine Direktive in eine Anfrage. Doch in diesem konkreten Fall hat Erickson das
Aufwachen nicht auf diese Weise suggeriert. Eine andere Erklärung wird
möglich, wenn man von der Annahme ausgeht, daß hier zwei Trancen im
Spiel waren. Man kann sie in einer Stufenfolge beschreiben. Zuerst fragt
Erickson die Frau, ob sie schon einmal hypnotisiert worden ist, und sie antwortet: »Ich glaube ja.« Dann greift Erickson nach ihrer Hand und hebt sie
empor. Während er dies tut, fragt er die Frau, wer sie zuvor in Trance versetzt habe. Sie antwortet: »Dr. Yanovski.« Es folgt die dritte Phase: Erickson
lehnt sich zurück und sagt: »Und was glauben Sie, wann Sie für mich in eine
Trance gehen werden?« Es scheint, daß Erickson, nachdem er gehört hatte,
daß die Frau bereits einmal hypnotisiert worden war, annahm, wenn man in
einer hypnotischen Situation die Erinnerung an eine vorangegangene Trance
wecke, so werde die Probandin wieder in jene Trance verfallen. Erickson
ergriff diese Gelegenheit, um durch Assoziation mit dem früheren Hypnoti-*

seur eine Trance herbeizuführen sowie zusätzlich noch eine davon unabhängige Trance. Der erhobene Arm war Bestandteil der Trance des Hypnotiseurs, der die Frau zum erstenmal in Trance versetzt hatte. Deshalb war sie, als Erickson sie aus ihrer Trance aufweckte, immer noch in der Trance jenes ersten Hypnotiseurs. Beeindruckend ist in diesem Fall, wie schnell Erickson die Entscheidung traf, jene frühere Trance zu nutzen und sie von seiner eigenen Trance zu trennen.)

Erickson: **Machen wir es jetzt einmal anders. Lassen wir den anderen Arm einschlafen. (Er erhebt ihren linken Arm, und der rechte sinkt herab.) Wie fühlt sich das an?**

Probandin 2: **Es fühlt sich so an wie beim anderen Arm.**

Erickson: **Es fühlt sich wie beim anderen Arm an. Sind Ihre Augen hellwach?**

Probandin 2: **Ich glaube ja.**

Erickson: **Sie glauben ja?**

Probandin 2: **Im Augenblick bin ich es.**

Erickson: **Ihnen kommen Zweifel?**

Probandin 2: **Nun ja, bei solchen Dingen hat man immer Zweifel. (Ihre Augenlider senken sich.)**

Erickson: **Sie haben immer Zweifel. Wenn der Arzt sagt: »Ich bezweifle, daß Sie Schmerzen haben«, wie reagieren Sie dann?**

Probandin 2: **(Pause) Ich weiß nicht. Ich leide nicht oft an Schmerzen.**

Erickson: **Ist das nicht schön?**

Probandin 2: **Ich finde es wundervoll.**

ERICKSON: Sie erzieht sie durch ihr Verhalten.

HALEY: Wie bitte?

ERICKSON: Sie erzieht die Zuschauer durch ihr eigenes Verhalten. Wenn der Arzt an den Schmerzen zweifelt, kann man dann daran zweifeln? Eine interessante Frage. Man kann daran zweifeln. Man sieht die Veränderung an den Bewegungen ihrer Augenlider. Und man konnte erkennen, daß man auf das, was gesagt wurde, reagieren konnte, obgleich es nicht nachdrücklich gesagt worden war; man kann wirklich frei von Schmerzen sein, was die falsche Art ist, es zu machen. Man weckt einen Zweifel. »Sie haben Schmerzen?« Dabei fällt mir das Kind ein, das unter psychosomatischem Asthma litt. Man sagt zu ihm: »Du weißt, daß du Asthma hast, und es fällt dir schwer zu atmen. Vielleicht beruht ein Teil deines Asthmas auf Unbehagen und Angst. Wahrscheinlich würdest du es nicht bemerken, wenn nur fünf Prozent auf Angst beruhen würden. Wahrscheinlich würdest du es nicht bemerken, wenn nur zehn Prozent auf Angst und nicht auf allergischen Reaktionen beruhen würden. Es wäre schön, wenn sich herausstellen würde, daß nur achtzig Prozent auf allergischen Reaktionen beruhen. Vergiß die zwanzig Prozent, die auf deiner Angst beruhen.« Dann fühlt das Kind sich wesentlich besser.

Ich habe das mit einem zwölfjährigen Jungen gemacht. Seine Eltern gaben monatlich 150 Dollar für Medikamente aus, die der Hausarzt dem Jungen verschrieben hatte. Aufgrund meiner Behandlung ging das Asthma des Jungen ein paar Wochen lang auf nur zehn Prozent der gewöhnlichen Stärke zurück. Seine Eltern waren sehr beunruhigt, weil er seine Medikamente nicht einnahm und trotzdem kaum Atembeschwerden hatte. Sie sagten ihm, irgend etwas könne nicht stimmen, weil er vorher wirklich sehr schweres Asthma gehabt hatte. Die Eltern hatten einander unentwegt besorgt angeschaut, wie sie mir später erzählten. »Es war unsere Besorgnis. Wir haben unseren Sohn zu Tode geängstigt.« Und ich antwortete: »Ja.« Die Eltern sagten: »Sie haben uns gesagt, dem Jungen könne es gut gehen, und er könne sich wohlfühlen.« Wir alle machen Fehler. Man kann einfach nicht wissen, wieviel Schaden das Asthma in der Lunge bereits angerichtet hatte. Man kann nicht wissen, wie stark sich die Emphyseme bereits ausgebreitet hatten. Warum also soll man die Schuld auf sich nehmen, eventuell seinen Tod verursacht zu haben? Man kann wirklich nicht wissen, ob er nicht gestorben wäre. Man nimmt die Verantwortung ohne jeden Vorbehalt auf sich. Niemand kann wissen, ob er nicht im nächsten Monat an Asthma gestorben wäre. Wir können nicht wissen, wie weit sich das Emphysem bereits ausgebreitet hatte und ob das Kind daran gestorben wäre. Tatsächlich war der Hausarzt für den Tod des Jungen verantwortlich, weil er die Medikamente so hoch dosiert hatte. Nachdem der Junge tot war, konnten sie nichts mehr an der Situation ändern. Ich bin froh, daß sie nach seinem Tode zu mir kamen.

Erickson: **Und selbst wenn Ihr Zahnarzt an Ihren Zähnen arbeitet, werden Sie dann Schmerzen empfinden?**

ERICKSON: Diese unnatürliche Angestrengtheit meiner Stimme. »Selbst wenn Ihr Zahnarzt an Ihren Zähnen arbeitet...« Und selbst wenn Ihre Hebamme Sie auffordert zu drücken. Es steht alles in Beziehung: Sie können sich wohlfühlen.

HALEY: Wozu steht es in Beziehung?

ERICKSON: Es bezieht sich auf alles, was schwer oder anstrengend ist: Man kann sich dabei wohlfühlen.

Erickson: **Übrigens, sind Sie jetzt allein hier? Sehen Sie irgend jemand anderen?**
Probandin 2: **Nein. Im Augenblick nicht.**
Erickson: **Nur mich?**
Probandin 2: **Ja.**
Erickson: **Ist das genug?**
Probandin 2: **Im Augenblick ja.**
Erickson: **Im Augenblick ja. Schließen Sie jetzt die Augen, und atmen Sie tief, und wachen Sie dann vollständig auf. Vollständig.**
Probandin 2: **Wie kann ich vollständig aufwachen, wenn ich meinen Arm nicht senken kann.**
Erickson: **Wie Sie vollständig aufwachen können, wenn Sie Ihren Arm nicht senken können? Sie wissen, daß Ihr Arm Teil von »vollständig« ist. (Ihr Arm fällt auf ihren Schoß.)**

HALEY: Haben Sie erwartet, daß ihr Arm in der Luft bleiben würde?

ERICKSON: Sie hat die Lernerfahrung gemacht zu entdecken, daß sie mit in der Luft schwebendem Arm aufwachen konnte. Das ist ein Relikt der Suggestion. Man muß auf jedes Detail im Verhalten eines Patienten achten. Ich hatte das nicht beabsichtigt. Dies ist ein gutes Beispiel dafür, wie wichtig es ist, alles, was nur möglich ist, einzubeziehen. Und sie demonstriert, daß vielen Menschen nicht klar ist, daß »vollständig« auch ihre Arme und ihre Beine einschließt. Da gibt es doch diesen Witz: »Ich habe mich streng an Ihre Diät gehalten, aber trotzdem nicht abgenommen. Zuerst habe ich mein Frühstück gegessen und dann das Zeug, das ich zum Frühstück essen sollte.« (Lachen) So etwas passiert tatsächlich ständig. Und das ist nicht einmal das lächerlichste Beispiel für so etwas. Sie sagen zu jemandem: »Waschen Sie Ihr rechtes Bein sehr gründlich.« Und zwei Wochen später stellen Sie dann fest, daß Sie besser gesagt hätten, der Betreffende könne unbesorgt auch den restlichen Körper waschen. (Lachen) Dieser Patient hatte tatsächlich nur das rechte Bein gewaschen. So etwas klingt so lächerlich. Ich habe ihr Zeit gelassen herauszufinden, daß »vollständig« auch den Arm einschloß. Aber das kostete Zeit. Daran sehen Sie, daß Denken und Verstehen Zeit erfordert. Sogar bei einer so einfachen Sache.

Probandin 2: Ich glaube, jetzt bin ich wach.

Erickson: **Sie glauben, jetzt sind Sie wach. Wissen Sie, es war sehr, sehr nett von Ihnen, daß Sie so gut mitgearbeitet haben. Wissen Sie, ich weiß nicht, wieviel Zeit ich noch zur Verfügung habe. Würden Sie also jene Dame herbringen, ich glaube, sie hat ein rosafarbenes Kleid an. (Die Assistentin nimmt Probandin 2 das Mikrophon ab, diese entfernt sich, Probandin 3 setzt sich hin, und das Mikrophon wird in Position gebracht.)**

ERICKSON: Haben Sie bemerkt, wie schnell diese Frau aufgestanden ist? Sie ist regelrecht hochgeschossen.

Erickson: **Sie wissen das, ich bin sicher nicht der erste, der Ihnen sagt, daß Sie wunderschöne blaue Augen haben? Sie wissen das, nicht wahr?**

Probandin 3: **Daß Sie nicht der erste sind, der das sagt.**

Erickson: **Daß ich nicht der erste bin, der Ihnen das sagt.**

Probandin 3: **Nein.**

ERICKSON: Was könnte peinlicher sein, als daß man einer Frau in aller Öffentlichkeit sagt, sie habe wundervolle blaue Augen. Wie fühlt sie sich, wenn sie
das Gefühl hat, alle würden sie anstarren? Sie schreckt zurück. Doch hier ist
keinerlei Zurückschrecken zu erkennen. Was ich hier getan habe, war mehr für
die »Schnellmerker« im Publikum bestimmt. Sie hatte sich bereits von der Tatsache, daß es ein Publikum gab, gelöst. Sie war völlig auf mich ausgerichtet. Es
war ihr zwar nicht klar, aber sie befand sich bereits in Trance. Und ich hatte
nicht das Gefühl, daß ich noch irgend etwas zu tun bräuchte, um eine Trance
zu induzieren. Aber ich mußte etwas für diejenigen im Publikum tun, die noch
nicht gemerkt hatten, was los war.

Erickson: **Wissen Sie, das Merkwürdige ist, daß es manchmal furchtbar schwer ist, hübsche blaue Augen offen zu halten. Atmen
Sie tief, und fallen Sie in tiefen, festen Schlaf. In der orthopä-
dischen Chirurgie ist das Allerwichtigste, daß ein Patient
einen Arm oder ein Bein bequem stundenlang in einer un-
günstigen Position halten kann. Ich möchte, daß Sie Ihre
Hand als so gefühllos und angenehm wie möglich empfinden.
(Er erhebt ihre rechte Hand, die daraufhin in der Luft
schwebt.) Ihr Arm fühlt sich angenehm an, oder nicht?**
Probandin 3: **Sehr angenehm.**
Erickson: **Sehr angenehm.**

ERICKSON: Ich weiß nicht, ob es mit dem in Zusammenhang steht, was in
England gemacht worden ist oder nicht, aber hier geht es um die Frage ungün-
stiger Körperhaltungen, der Erschöpfung und medizinischer Erfordernisse. Ein
englischer Orthopäde hat einmal unter Hypnose eine Hauttransplantation an
einem Knöchel durchgeführt. Während der Patient sich in Trance befand, erklärte er ihm, wie wichtig es sei, das Transplantat von der Bauchhaut zu nehmen, und dazu müsse er seinen Knöchel über den Bauch bringen. Der Knöchel
war sehr kompliziert gebrochen. Und der Patient verblieb tatsächlich zwei Wochen in dieser unmöglichen Haltung. Sehr gute Arbeit. Die Transplantation war
wirklich notwendig, aber man hätte den Patienten natürlich mechanisch in
dieser Haltung fixieren können, so wie es gewöhnlich gemacht wird. Es erhob

sich die Frage, ob man dies auch unter Hypnose tun konnte, ohne einen unter-
stützenden Gipsverband, ohne Gurte und dergleichen, und ob man den hypnotischen Zustand auch während des Schlafs aufrechterhalten konnte. Tatsächlich
gelang es dem Patienten, zwei volle Wochen in dieser schrecklich unbequemen
Haltung zu bleiben.

Menschen sind zu so vielen Dingen in der Lage, von denen sie nichts ahnen
und die sie niemals glauben würden. Man muß ihnen beweisen, daß sie all dies
können. Was würden Sie beispielsweise dazu sagen, daß man die rechte Hand
vergrößern und die linke verkleinern kann? Wie ist das möglich? Man steigert
den Blutzufluß in die rechte Hand und verzögert den Abfluß des Blutes, und
man verringert den Blutzufluß zur linken Hand und verstärkt den Abfluß des
Blutes aus ihr. Der Unterschied läßt sich tatsächlich messen. Die rechte Hand
wird größer und die linke kleiner. Es klingt lächerlich, aber es läßt sich physio-
logisch nachweisen. Dazu legt man die jeweilige Hand in einen Behälter, und
man kann dann sehen, ob das Volumen sich verändert. Es ist erstaunlich, daß
Medizinstudenten versuchen, diese Tatsache wegzuerklären, bevor sie schließlich widerwillig zugeben, daß es tatsächlich so ist. Sie müssen es am eigenen
Leibe erleben. Die Hand ist in dem Behälter. Dann sagt man ihnen, daß man
bei ihnen genau das gleiche machen wird wie bei Joe. Und man muß es ihnen
überzeugend im Wachzustand erklären. Dann erklärt man, daß sie wissen, wie
sich Kalt und Warm anfühlen. Und sie können ihre rechte Hand kalt werden
lassen. Und sie können die rechte Hand warm werden lassen. Dadurch wird
die Hand größer. Man braucht nur zu warten und zu beobachten. Und dann
entdecken sie, daß ihnen dies sogar im Wachzustand passiert ist. Es ist so
schwer, Menschen zu glauben.

Ich habe einmal bei Dr. Mead, einem Doktor der Physiologie, eine Anästhesie erzeugt. Er sagte: »Das ist nur vorgespielt, eine simulierte Anästhesie.« Er
versuchte zwei Stunden lang zu beweisen, daß es keine Anästhesie war. Zwei
Stunden lang versuchte er das zusammen mit einem anderen Professor zu beweisen, bis sein Kollege schließlich eingestand: »Jetzt muß ich mich noch einmal völlig neu mit Physiologie beschäftigen.« Es *war* eine Anästhesie. Dann
zogen sie die Fachliteratur zu Rate, um herauszufinden, wo eine Anästhesie
tatsächlich lokalisiert ist. Seit jener Zeit hat man an der Universität von Michigan eine Menge Untersuchungen über die Hypothese angestellt, daß Anästhesie
ein vorwiegend zentrales Phänomen, also kein lokales, ist.

Erickson: Sehr angenehm. Und Sie haben nicht Ihre Fähigkeit zu sprechen verloren. Übrigens, sind hier nur ich und Sie anwesend? (Erickson lehnt sich vor, so daß seine Knie die ihren berühren.)

Probandin 3: Nur Sie und ich.

Erickson: Nur Sie und ich sind hier. Es ist schön, mit Ihnen allein zu sein. Ich finde es sehr angenehm, mit Ihnen zusammen zu sein. Und ich möchte, daß Sie es genießen, noch tiefer und fester zu schlafen...

ERICKSON: Wie ratsam war es für mich, einem hübschen Mädchen vor Publikum zu sagen: »Ich möchte, daß Sie es genießen, mit mir allein zu sein und zu schlafen«? (lacht) Das könnte man sich normalerweise nicht so leicht erlauben. Aber sie schien gar nicht darauf zu achten. Trotzdem war es eine ziemlich heikle Bemerkung. Monate später hörte ich einen Kommentar dazu. »Woher wußten Sie damals, daß Sie eine so heikle Bemerkung würden machen können, ohne Probleme zu bekommen?« Einige meiner Freunde sagten, sie hätten sich dabei sehr unwohl gefühlt. Aufgrund dieses Vorfalls wurde vielen klar, daß man in Hypnose ein Wohlgefühl erzeugen kann, wenn man die Privatsphäre der hypnotisierten Person in keiner Hinsicht verletzt. Ich habe über Wohlbehagen und über Alleinsein gesprochen, nicht über »ich mit dir«. Alleinsein und Sich-Wohlfühlen. »Du und ich« ist etwas völlig anderes. Hier ging es um Alleinsein, Zusammensein, Wohlgefühl und Schlafen. All dies sind Wörter, die Behagen fördern. Außerdem gibt der Zusammenhang, in dem so etwas gesagt wird, dem Ganzen die Bedeutung, nicht das bloße Wort. Da gibt es die Geschichte über die Mutter, die ihren Sohn tadelte, weil dieser gesagt hatte: »Verdammt, tut das weh.« Die Mutter fragte ihn: »Warum hast du geflucht?« – »Weil es so weh tut.« Daraufhin entgegnete sie: »*So* schlimm war es doch auch nicht, verdammt noch mal.« Offenbar besteht ein Unterschied zwischen »verdammt« und »verdammt«. So etwas findet man sehr oft, vor allem in sozialen Zusammenhängen.

RICHEPORT: Ich frage mich, ob Sie sich in einer Trance befinden, wenn Sie mit diesen Leuten arbeiten.

ERICKSON: Wie kommen Sie auf diese Frage?

RICHEPORT: Ich frage mich, ob Sie der Meinung sind, daß es bei dieser Art von
Arbeit von Vorteil ist, wenn Sie sich selbst in eine Trance versetzen. Ob Sie der
Meinung sind, daß Sie auf diese Weise gewisse Dinge über die andere Person
herausfinden können.

ERICKSON: Es ist ein sehr glücklicher Umstand, daß Sie hier sind. Jay Haley
möchte etwas lernen. Wenn Sie meine Bewegungen beobachten, wird Ihnen
auffallen, daß die meisten von ihnen einen hypnotischen Zustand anzeigen. Ich
kann mich jederzeit in ihn hineinbegeben und ihn wieder verlassen. Ich hatte
Gelegenheit, vor einem Teil des Publikums, der in einer Trance war, ohne es zu
wissen, eine Demonstration durchzuführen. Herschman war in Trance, ohne
daß er es wußte; Thompson war in Trance und wußte es nicht; und Bob Pear-
son war ebenfalls in Trance, ohne es zu merken. Für andere war es deutlich zu
erkennen. Man konnte bestimmte typische Verhaltensweisen beobachten,
Trance-Verhaltensweisen, die kommen und gehen, und man kann es hier überall beobachten.

Erickson: (fährt fort) **Ich möchte, daß Sie niemals, niemals die Fähigkeit Ihres Körpers vergessen, eine große Zahl von Dingen zu
tun. Und Ihr Arm fühlt sich angenehm an, oder nicht?**

Probandin 3: **Sehr angenehm.**

Erickson: **Und Sie wissen, wenn dieser Arm anfängt, sich zu senken,
fängt der andere Arm an, sich zu heben, und Sie können
nicht das Geringste daran ändern. (Ihre rechte Hand senkt
sich, und ihre linke Hand hebt sich.)**

ERICKSON: Hier ist ein Stück herausgeschnitten worden.

Erickson: **Nun könnte man dies als Zwang oder als eine Art Gewohnheit, als eine Art motorischer Reaktion bezeichnen. Würden
Sie so freundlich sein, die Augen zu öffnen und mich anzu-**

schauen? **Ist es nicht erstaunlich, daß Sie und ich hier allein sind?**

Probandin 3: **Ja.**

HALEY: Warum haben Sie das so formuliert, Milton: »Ist es nicht erstaunlich, daß...«?

ERICKSON: Das habe ich wegen des Publikums getan. Die Probandin reagiert nicht auf das Wort »erstaunlich«. Es gibt nichts Erstaunliches. Es gibt nichts, aber auch absolut gar nichts, was erstaunlich wäre. Man kann nur dann erstaunt darüber sein, hier allein zu sein, wenn man andere sieht. Wenn man sich wirklich aller Dinge vollkommen unbewußt ist, dann gibt es nichts Erstaunliches. Es muß etwas vorhanden sein, damit Erstaunen ausgelöst werden kann.

Erickson: **Sind wir jemals einander vorgestellt worden?**
Probandin 3: **Nie.**
Erickson: **Nie? Wie heißen Sie?**
Probandin 3: **Susan.**
Erickson: **Susan. Mein Name ist Milton. Wissen Sie, meine Mutter hat mir diesen Namen gegeben. Vor langer Zeit.**

HALEY: Worauf wollen Sie denn hier hinaus?

ERICKSON: V. sagt, es sei banal. Ich habe daraufhin gesagt, man könne sehr banal und lächerlich sein, aber man ist schrecklich allein, nur man selbst und die andere Person ist da, niemand sonst, und sie kann sich nicht verlegen fühlen, ganz gleich, wie banal ich werde. Denn es ist niemand anders da. Es ist eine völlig abgetrennte Situation. Ihre Frage zeigt schon, daß Sie auf eine völlig andere Weise reagieren. V. hat das als einfach zu banal angeprangert.

Probandin 3: **Es ist ein schöner Name.**
Erickson: **Was ist das?**
Probandin 3: **Es ist ein schöner Name.**

Erickson: **Wirklich? Nun, sie mochte ihn wohl auch. Und ich habe mich daran gewöhnt. Deshalb finde ich auch, daß es ein schöner Name ist. Außerdem ist er leicht zu schreiben.**

ERICKSON: (lacht) Wie lächerlich kann man sich nur aufführen, ohne das Gefühl hervorzurufen, »Das ist lächerlich«?

HALEY: Was für einen Zweck haben Sie damit verfolgt?

ERICKSON: Zu zeigen, daß die Situation nichts mit irgend etwas anderem außer mir und ihr zu tun hat. Es wäre lächerlich, wenn ich im Kontext dieses Raumes Maddy sagen würde, daß ich Milton heiße, daß dies ein schöner Name sei, daß meine Mutter ihn mir gab; im Kontext der Anwesenheit anderer. Aber wir waren wirklich allein.

RICHEPORT: Hätten Sie dies auch zu der vorherigen Probandin sagen können?

ERICKSON: Ja.

RICHEPORT: (fährt fort) Die gleiche Art von...

ERICKSON: Man kann lächerliche Dinge nur sagen wenn – nun, wenn es der einzige Kontext ist, der existiert, wenn es keinen anderen Kontext gibt außer diesem.

HALEY: Zwei oder drei von uns haben sich dies angeschaut und sind zu dem Schluß gekommen, daß es Ihnen um etwas anderes ging. Und wir halten unsere Vermutung für eine interessante Idee. Wir vermuteten, daß Sie versucht hätten, eine Regression herbeizuführen, indem Sie sich zuerst selbst so verhielten, als ob Sie wesentlich jünger wären, daß Sie dadurch die Probandin dazu brachten, sich ebenfalls einem wesentlich jüngeren Alter entsprechend zu verhalten, und daß Sie auf diese Weise schließlich eine Regression herbeiführten.

(Wenn ein Hypnotiseur einen Probanden in ein früheres Alter regredieren läßt, muß der Proband dem Hypnotiseur in jener früheren Zeit einen Platz geben, indem er ihn zu einer anderen Person macht. Wenn der Hypnotisierte in seine Kindheit zurückversetzt wird, kann er den Hypnotiseur zu einem anderen Kind machen oder vielleicht auch zu einem Lehrer aus jener Zeit. Eine mögliche Erklärung dessen, was Erickson hier tut – allerdings ist das nicht seine eigene Erklärung –, bringt eine extrem interpersonelle Sichtweise zum Ausdruck. Statt die Probandin regredieren zu lassen und sich dann selbst von der Probandin verändern zu lassen, regrediert Erickson selbst und zwingt die Probandin so, jünger zu werden, um der Beziehung zu ihm einen Sinn zu verleihen. Wenn er sich kindlich verhält, muß sie auch kindlich sein. Insofern geleitet er sie in eine Regression, indem er selbst regrediert.)

ERICKSON: In der Hypnose ist immer regressives Verhalten im Spiel. Man kann es hier erkennen, weil das Verhalten aus dem Kontext herausfällt. Außerdem ist es stark vereinfacht: »Das ist ein schöner Name.«

HALEY: »Und er ist leicht zu schreiben.«

ERICKSON:»Meine Mutter hat ihn mir gegeben.« – »Ihre Augen sind hübsch blau.«

HALEY: Sie haben Dinge gesagt, die ein kleiner Junge sagen könnte. »Meine Mutter hat mir diesen Namen gegeben. Er ist leicht zu schreiben.«

ERICKSON: Und ich habe damit nicht die Reaktion einer erwachsenen jungen Frau ausgelöst, nicht wahr? Ich wußte, daß es ungefährlich war, das zu tun, weil...

HALEY: Aber Sie haben nicht versucht, sie jünger zu machen oder sie in ihre Vergangenheit zurückzuversetzen.

ERICKSON: Nein, ich wollte die Einfachheit des Alleinseins veranschaulichen. Ich wollte übertreiben, daß man nur in seinem eigenen Kontext lebt, ohne Beziehung zu irgend etwas anderem in Vergangenheit, Gegenwart und Zukunft.

Erickson: Ist Ihnen übrigens irgend etwas an mir aufgefallen? Was meinen Sie, warum ich das hier (hält den Spazierstock hoch) trage?

Probandin 3: Haben Sie Probleme mit einem Bein?

Erickson: Haben Sie mich jemals humpeln sehen?

Probandin 3: Nein.

Erickson: Glauben Sie, daß es ein Tick ist?

Probandin 3: Nein.

Erickson: Wissen Sie, ein guter Freund von mir glaubte zwei Jahre lang, es sei ein Tick. Schließlich entdeckte er, daß ich tatsächlich humpelte. Da war er völlig überrascht. Sagen Sie, können Sie die Augen offen halten?

ERICKSON: Es ist genau das gleiche. Der Kontext ist nur das, was man sieht. Nur, was sie hörte, nur, was sie sagte. Es steht in keinerlei Beziehung zur Vergangenheit oder zur Gegenwart oder zur Zukunft. Es findet in völliger Isolation statt.

HALEY: Als Sie in den Raum kamen, saß sie am Tisch und beobachtete, wie Sie den Stock benutzten, um sich aus dem Rollstuhl zu erheben.

ERICKSON: Ja, das ist wahr. Ich bin vom Rollstuhl zu jenem anderen Stuhl hinübergegangen. Aber sie hat den Spazierstock nicht damit in Verbindung gebracht. Sie war nur mit dem Augenblick beschäftigt. Wenn es einem in der Psychotherapie gelingt, jemanden auf die Unmittelbarkeit des Augenblicks zu fokussieren, der konkreten Stunde des Tages, des Ereignisses, kann man wesentlich effektiver arbeiten.

Erickson: Sind Sie sicher?

Probandin 3: Mmhmmm.

Erickson: Ich nicht. So ist es gut. Sie schließen sich. (Sie blinzelt und schließt die Augen.) So ist es gut. Atmen Sie nun tief, und fühlen Sie sich ausgeruht und erfrischt und ganz und gar hellwach. Werden Sie das für mich tun? Hi, Susan.

Probandin 3: Hi.

Erickson: Nun, es ist schön, Sie zu kennen. Warum ist Ihre Hand dort oben?

Probandin 3: Ich weiß es nicht.

Erickson: Sie wissen es nicht.

ERICKSON: Hier ist ein Teil des Films herausgeschnitten worden. Ich weckte sie auf. Sie hatte die Augen geöffnet, und ich sprach mit ihr, und ein lautes Hämmern war zu hören (von Rohrleitungen, an denen gearbeitet wurde). Und dann war lautes Hämmern zu hören, als sie teilweise aufgewacht war, und es war lautes Hämmern zu hören, *nachdem* sie vollständig aufgewacht war. Der größte Teil davon ist herausgeschnitten worden, denn als sie teilweise aufgewacht war, reagierte sie teilweise auf das Hämmern. Als sie völlig aufgewacht war, drehte sie ihren Kopf in die Richtung, aus der das Hämmern kam. Sie drehte ihn ganz leicht, als sie teilweise erwacht war, weil der Stimulus bei ihr angekommen war. Daß sie auf diesen Stimulus reagierte, wurde durch die Trance verhindert; deshalb reagierte sie nicht stärker.

Man kann dies auch auf eine andere Weise veranschaulichen. Man gibt einem Kind eine Süßigkeit, und das Kind greift danach. Wenn man dann die Hand zurückzieht und anschließend die Süßigkeit ein zweites Mal anbietet, greift das Kind, das noch nicht so schlau ist, erneut danach. Mit einem Mongoloiden kann man das 150 Mal machen, und er wird 150 Mal nach der Süßigkeit greifen. Das ist eine Diagnose. Kein normaler Mensch würde das tun. 150 Frustrationen kann normalerweise einfach niemand aushalten. Wenn jemand über Sie flucht, und Sie sagen: »Was haben Sie gesagt?« Sie sagen es ihm direkt ins Gesicht. (lacht) »Was haben Sie gesagt?« Das frustriert den anderen, so daß er sich schließlich sagt: »Ach zum Teufel, vergiß es doch.«

Erickson: **Die Dame in Grau. Ich glaube jedenfalls, daß es Grau ist. Ich habe noch nicht mit Ihnen gearbeitet, nicht wahr? (Erickson schaut unterdessen eine andere Probandin an.) Also gut, würden Sie die Dame in Grau holen?**

HALEY: Milton, ich habe das Gefühl, daß Sie diese Probandin viel abrupter entlassen haben als die anderen vorher.

ERICKSON: Der Film ist geschnitten worden.

HALEY: Entsteht dieser Eindruck durch den Schnitt im Film?

Erickson: **(Die Assistentin rückt das Mikrophon von Probandin 3 zu Probandin 4.)**

ERICKSON: Sie war sehr forsch in ihren Bewegungen beim Aufstehen und Weggehen. Sie war eifrig.

Erickson: **Sagen Sie mir, gefällt es Ihnen, in eine Trance zu gehen? Ganz plötzlich, ohne irgendeine Vorwarung, so als würden Sie sich ein Bein oder einen Arm brechen.**

ERICKSON: Ohne jede Vorwarnung. Das ist ein bedrohliches Wort. Haben Sie gesehen, wie bei diesem bedrohlichen Wort ihre Augen groß wurden? Haben Sie bemerkt, daß sich ihre Atmung veränderte? Eine Haltungsveränderung, erhöhte Wachsamkeit. Sie befand sich schon in einer Trance. Nur wußte sie dies nicht, und die anderen konnten es nicht erkennen.

HALEY: Was Sie da sagen – wenn ich es richtig verstanden habe: Wenn Sie etwas Bedrohliches sagen, wechseln Sie zu einem »zum Beispiel« oder zu einer Metapher über.

ERICKSON: Ja. Aber hier wollte ich den bedrohlichen Ausdruck »ohne jede Vorwarnung« veranschaulichen. Und doch war es keine Drohung.

HALEY: Und dann fuhren Sie gleich anschließend mit »wenn Sie sich zum Beispiel ein Bein brechen würden« fort, was eine separate Sache war.

ERICKSON: Ja.

Erickson: **Sie verlieren diesen Schmerz sofort. Gut, tun Sie das jetzt.
               JETZT SOFORT. Und in einer tiefen, festen Trance. Und Sie
               und ich sind hier ganz allein. Und Ihr gebrochenes Bein tut
               auch nicht ein bißchen weh, nicht wahr? Und es wird auch
               nicht weh tun, nicht wahr? Und können Sie die Kranken-
               schwestern sehen?**

ERICKSON: Der Film ist auch an dieser Stelle geschnitten worden. Sie hatte
tatsächlich ein gebrochenes Bein. Sie reagierte allerdings nicht so, daß dies sogleich offensichtlich ist. Doch scheint ihr Gesichtsausdruck zu sagen: »Natürlich habe ich das.«

HALEY: Damit hat es etwas auf sich, Milton. Sie haben eine sehr eigenwillige
Art, mit einer Metapher zu spielen. Von »Es ist so, wie wenn man ein gebrochenes Bein hat« gehen Sie zu »Ihr gebrochenes Bein fühlt sich besser« über, und
mit Hilfe dieser Art von Induktion spielen Sie mit Dingen, die wörtlich, und
solchen, die metaphorisch gemeint sind. Ich denke, wenn da tatsächlich ein
Stück herausgeschnitten worden ist, dann ist das für mich in diesem Fall nicht
klar zu erkennen, aber in jedem Fall wirkt es auf mich, als sei sich diese junge
Frau nicht völlig sicher, ob sie tatsächlich ein gebrochenes Bein hätte oder
nicht.

ERICKSON: Ich weiß. Es ist einfach zuviel herausgeschnitten worden, als daß
man den Übergang verfolgen könnte. Der größte Teil ist dadurch ruiniert. Wir
können uns nur auf das beziehen, was wir dort sehen.

HALEY: Aber ich habe nicht nur dieses gebrochene Bein gemeint, sondern auch
viele andere Ihrer hypnotischen Suggestionen. »Ihre Hand ist so schwer wie
Blei«, und dann wechseln Sie zu »Es ist Blei.«

ERICKSON: Ja.

HALEY: Ich habe den Eindruck, daß Sie auch hier etwas Derartiges tun, was eine etwas andere Art wäre, es zu machen, denn in diesem Fall haben Sie eine ganze Szene daraus gemacht. Wenn sie tatsächlich ein Bein gebrochen hätte, gäbe es eine Krankenhaus-Szene. Und wenn dies ein Publikum von Medizinern war, hätte sie um sich schauen und Ärzte und Krankenschwestern sehen können.

ERICKSON: Die Demonstration fand im Souterrain statt, und das Publikum befand sich in einem darüber liegenden Stockwerk.

HALEY: Es saß also kein Publikum vor dieser Gruppe?

ERICKSON: Nein.

HALEY: Dann habe ich das mißverstanden.

ERICKSON: Es gab eine Videokamera, und die Probandinnen wußten, daß sie über Video in einem Stockwerk darüber beobachtet wurden. Der ganze Raum war oben zu sehen. Im Souterrain hatten wir nur ungewollte Zuschauer: Klempner, Hausmeister, Hotelangestellte und andere Neugierige. Dr. A hatte diese ganze Demonstration nicht gewollt und machte mir die Arbeit deshalb möglichst unangenehm. Und das Hotel machte es mir auch unangenehm. Als sie die diensthabenden Ärzte sahen, schnitten sie den Übergang zu den Krankenschwestern heraus, und sie schnitten auch die Assistenzärzte heraus, die den Flur entlang kamen. Sie schnitten auch die fahrbaren Bahren heraus. Sie sahen andere Patienten. Aber das ist alles herausgeschnitten worden.

HALEY: Okay.

Probandin 4: **Ja, ich sehe andere Menschen.**
Erickson: **Sie sehen andere Menschen. Und Sie können sprechen, und Sie können hören. Sagen Sie mir, können Sie Ihre Augen offen halten?**
Probandin 4: **Ja.**

Erickson: **Können Sie das wirklich? Sie wissen, daß ich diesbezüglich**
               die größten Zweifel habe. Sie schließen sich. (Sie blinzelt.)
               Ganz zu. Und sie bleiben geschlossen. (Ihre Augen bleiben
               geschlossen.) So ist es gut.

ERICKSON: Sie haben gesehen, daß etwa drei Sätze früher ihre Augäpfel nach oben rollten. Dann mußte sie ihre Augen öffnen, und als sie sie schließlich schloß, rollten die Augäpfel wieder nach oben. Das ist der Grund, weshalb man Probanden aufträgt, die Augen zu schließen und dabei auf die Spitze Ihres Kopfes zu schauen: Auf diese Weise bringt man die Augen in die Schlafposition.

Erickson: **Genießen Sie es wirklich, tief und friedlich zu schlafen, und**
               denken Sie daran, daß Sie sich in Zukunft bei zahnärztlichen
               und medizinischen Behandlungen sehr leicht und bequem in
               eine Trance versetzen können, zu jedem legitimen Zweck. Sie
               wissen das, nicht wahr?
Probandin 4: **Ja.**

ERICKSON: Das Erheben der Hand ist herausgeschnitten worden; alles, was ich über das Erheben der Hand gesagt habe. Ich kann mich nicht mehr daran erinnern, was es war.

Erickson: **Nun ist Ihr gebrochenes Bein geheilt. Und jetzt atmen Sie tief**
               und fühlen sich hellwach, erfrischt und voller Energie. (Sie
               öffnet ihre Augen.)

ERICKSON: Da war noch eine Suggestion über das Vergehen der Zeit, die ebenfalls herausgeschnitten worden ist. Ich weiß nicht mehr genau, ob ich das Datum von Oktober auf März verlegte oder was ich sonst getan habe. Sie war sehr gut. Ich glaube, ich habe gefragt, ob letztes Jahr Weihnachten so viel Schnee gelegen hätte. Das war das Jahr, in dem in Philadelphia dieser schreckliche Schneesturm war. Okay.

Erickson: Übrigens, wie heißen Sie?
Probandin 4: Mary.
Erickson: Wie bitte?
Probandin 4: Mary.
Erickson: **Halten Sie immer Ihre Hand so in der Luft?**
Probandin 4: Nein, normalerweise nicht.
Erickson: **Warum halten Sie sie dann jetzt dort oben?**
Probandin 4: Ich weiß nicht. (Sie lacht.)
Erickson: **Sie wissen es nicht. Wissen Sie, Frauen sind die merkwür-
                  digsten Geschöpfe, die es gibt. Sie sind köstlich. Sie müssen
                  wissen, daß die Hälfte meiner Vorfahren Frauen waren. Dar-
                  über bin ich sehr froh. Was würde ich ohne sie tun? Meinen
                  Sie, Sie könnten Ihre Hand weiterhin dort oben halten?**

HALEY: Warum blieb diese Hand oben, nachdem Sie sie aufgeweckt hatten?

ERICKSON: Weil ich ihre Hand in einem anderen Kontext erhoben hatte. Stellen Sie sich beispielsweise vor, Sie nehmen das hier in Ihre Linke, und ich erhe-
be Ihre rechte Hand. Dann würde Ihre rechte Hand oben bleiben, und die linke
würde sich frei bewegen.

Erickson: **Haben Sie vorher schon einmal eine Frau gesehen, die erfolg-
                  reich Widerstand geleistet hat? (Lachen)**
Probandin 4: Nein.
Erickson: **Möchten Sie noch einmal erleben, daß sie in einer Ausein-
                  andersetzung erfolgreich ist? Versuchen Sie, Ihre Augen of-
                  fen zu halten.**

HALEY: Milton, warum haben Sie in dieser Demonstration so etwas über
Frauen gesagt?

ERICKSON: Nun, Frauen umfassen ein Spektrum von maskulin bis feminin.
Und diese junge Dame war *sehr* feminin. Deshalb habe ich dies hervorgehoben.

Erickson: **Versuchen Sie es. Strengen Sie sich an. Sie können das besser, versuchen Sie es. Strengen Sie sich an, damit sie nicht geschlossen bleiben. (Sie schließt ihre Augen.) So ist es gut.**

ERICKSON: Ich habe dem Kameramann immer wieder gesagt: »Fokussieren Sie nicht auf mich. Die Probandinnen sind wichtiger. Von mir ist nur das, was ich sage, wichtig.« Aber wie Sie sehen, hat er mich viel häufiger aufgenommen, als er es hätte tun sollen. Viele wirklich wichtige Dinge hat er nicht festgehalten, und außerdem ist der Film auch noch nach dieser Logik geschnitten worden.

Erickson: **Wissen Sie, Frauen sind auch Menschen. Gottseidank ist das so. Atmen Sie nun tief, werden Sie hellwach, und fühlen Sie sich ausgeruht und erfrischt....**

HALEY:Warum um Himmels willen sagen Sie: »Frauen sind auch Menschen«? Solche Aussagen in diesem Film stiften große Verwirrung.

ERICKSON: Da ist ein riesiges Stück des Films herausgeschnitten.

HALEY: Was ging denn da vor sich, so daß »Frauen sind auch Menschen« eine adäquate Aussage gewesen wäre?

ERICKSON: Der Film ist nicht nur stark geschnitten, sondern es sind auch noch Teile falsch zusammengesetzt worden. Die Reihenfolge ist nicht immer korrekt.

HALEY: War das bei dieser letzten Probandin so?

ERICKSON: Ja. Die Reihenfolge ist falsch. Ich habe das nicht erwähnt, weil ich mich nicht mehr an die richtige Reihenfolge erinnern kann. Ich könnte die einzelnen Übergänge nicht erklären. Ich könnte nichts von Wert darüber sagen, außer daß der Film geschnitten und falsch zusammengesetzt worden ist.

HALEY: Okay.

(Es war typisch für Erickson, daß er seine Probanden belohnte, indem er ihnen hilfreiche Suggestionen gab. Manchmal deuteten diejenigen, mit denen er arbeitete, ihm gegenüber ein persönliches Problem an, und Erickson ging dann therapeutisch darauf ein, ohne daß die Zuschauer die leiseste Ahnung hatten, was da vor sich ging. Erickson half ständig Menschen, ob diese ihn nun ausdrücklich um Hilfe gebeten hatten oder ob sie ihm ein Problem, unter dem sie litten, nur angedeutet hatten. Bei Demonstrationen gab Erickson seinen Probanden gewöhnlich Suggestionen, die für sie nützlich waren, und er tat dies immer so, daß das Publikum das Problem oder die Art, wie er die betreffende Person beeinflußte, nicht erkennen konnte. Manchmal mißverstanden seine Anhänger seine Verfahrensweisen. Ich erinnere mich daran, daß einmal einer seiner Schüler eine Demonstration vor einem großen Publikum gab und daß er seine Probandin aufforderte, ihm ein Problem, unter dem sie litt, zu erläutern, damit er ihr helfen konnte, es zu lösen. So war die Frau gezwungen, ihr Problem vor Kollegen und völlig Fremden zu offenbaren. Erickson selbst hätte so etwas niemals getan. Er bediente sich indirekter und diskreter Verfahrensweisen, um seine Probanden für ihre Mitarbeit zu belohnen. Diese diskrete Art der Einflußnahme setzte er auch gegenüber Personen ein, die ihn nicht ausdrücklich um Hilfe bei einer Veränderung gebeten hatten.

Diejenigen unter uns, die selbst Therapeuten ausbilden, müssen diese häufig davon abhalten, Menschen zu helfen, die nicht um Hilfe gebeten haben. Bei Erickson habe ich mir darüber nie Sorgen gemacht. Er war nicht nur ein ausgesprochen wohlwollend gesinnter und ethischer Mensch, sondern er konnte außerdem auch ausgezeichnet beurteilen, wann es ratsam war, andere Menschen zu beeinflussen, und wann nicht. Ein vielen unbekannter Faktor ist außerdem, daß er spezielle Vorstellungen darüber hatte, was die Kommunikation anderer Menschen mit ihm beinhaltete. Er war der Meinung, wenn ein Proband ihn in irgendeiner Form über ein Problem, unter dem er litt, informierte, so berichte diese Person nicht nur neutral über das betreffende Problem, sondern bitte ihn implizit auch um Hilfe bei der Lösung des Problems. Wie Gregory Bateson sagte: »Jede Botschaft ist sowohl ein Bericht als auch ein Befehl (bzw. eine Aufforderung).« In diesen Situationen nahm Erickson den Hinweis auf ein Problem als Aufforderung oder Bitte auf, etwas in dieser Hinsicht zu tun. Er antwortete therapeutisch und erhielt *die Vertraulichkeit aufrecht, indem er auf eine so metaphorische Weise arbeitete, daß nur die betroffene Person wußte, worum es ging. Oft bemerkten Betroffene erst an einer später eintretenden Veränderung, daß irgend etwas geschehen war.*

Man könnte annehmen, die Reaktion Ericksons auf die Fragen bezüglich der letzten Probandin deute darauf hin, daß er irgend etwas verberge. Statt zu beantworten, warum er in dieser Induktion auf das Thema der Weiblichkeit zu sprechen kam, läßt er sich darüber aus, daß der Film stark geschnitten und falsch zusammengesetzt worden sei. Er betont das Thema der Weiblichkeit bei dieser Probandin stärker als bei allen anderen. Darauf angesprochen antwortete er: »Frauen umfassen ein Spektrum von maskulin bis sehr feminin. Und diese junge Dame war sehr feminin in ihrem Verhalten. Deshalb habe ich dies hervorgehoben.« Tatsächlich wirkt diese junge Frau im Film nicht besonders feminin – wobei man Erickson natürlich zugute halten muß, daß es sich um ein rein subjektives Urteil handelt. Sie trug einen eher maskulinen Anzug und erschien mir persönlich eher wesentlich weniger feminin als ihre Vorgängerinnen. Selbst wenn sie in ihrem Verhalten besonders feminin gewesen wäre, hätte es als merkwürdig erscheinen müssen, daß Erickson dies hervorgehoben hat. Möglich wäre, daß Erickson aufgrund von Äußerungen dieser Frau ihm gegenüber der Meinung war, es wäre gut für sie, wenn sie sich femininer fühle und wenn sie femininer wäre. In diesem Zusammenhang betrachtet, würde es Sinn machen, daß er so ausdrücklich darauf eingeht, daß ein Mann sie als besonders feminin empfindet. Dies ist eine Art, wie er häufig bei Klientinnen von seiner Männlichkeit Gebrauch macht. Da er Probleme generell zu verschleiern pflegte, hätte er in jedem Fall geleugnet, daß er dieser Frau bei der Bewältigung eines Problems geholfen hat. Nachdem er eine vertrauliche Beziehung zu der Probandin hergestellt hatte, indem er ihre Weiblichkeit betonte, zieht er sich korrekt aus der Situation zurück, indem er der Probandin zu erkennen gibt, wie herzlich sein Verhältnis zu seiner Frau ist.)

Erickson: (fährt fort)... **voller Energie, und werden Sie hellwach. (Sie öffnet die Augen.) Nun hole ich das bezauberndste Mädchen auf die Bühne. Macht es Ihnen etwas, daß ich das sage?**

Probandin 4: **Nein.**
Erickson: **Wissen Sie, warum ich das sage?**
Probandin 4: **Ihre Frau?**
Erickson: **Ja, meine Frau ist das. Und ich habe ein gutes Urteilsvermö-
gen.**

ERICKSON: Wie hätte sie auf diese Aussage reagieren können? Was hier ausge-
lassen wurde, ist, daß ich dem Kameramann mit meinem Arm ein Zeichen gab,
die Kamera auf die übrigen Probandinnen zu richten, damit das Publikum sie
beobachten und ihre unterschiedlichen Reaktionen auf »Es ist meine Frau«
registrieren konnte. Die anderen Probandinnen schauten nämlich Betty an. Die
junge Dame, mit der ich gerade arbeitete, tat dies jedoch nicht. Sie und ich waren in perfektem Kontext. Meine Frau war nicht darin. Doch für die anderen
war Betty darin, deshalb drehten sie sich zu ihr um. Und ich hatte dem Kameramann ein Zeichen gegeben, er solle die Probandinnen aufnehmen, doch das
ist herausgeschnitten worden.

Erickson: Und vielen Dank für Ihre Hilfe.

*(Im nächsten Teil des Films gibt Elizabeth Erickson eine Demonstration in
Selbsthypnose.)*

Schlußbemerkung

Ich werde nicht versuchen, detailliert zu beschreiben, was Erickson meiner
Meinung nach während dieser Demonstration zu zeigen versuchte, doch erscheinen mir ein paar allgemeine Kommentare angebracht. Erickson hat in
seinen Seminaren und im Rahmen medizinischer Kongresse Hunderte solcher
Hypnose-Demonstrationen gegeben. Bei der hier beschriebenen hatte er für jede
der vier Freiwilligen nur wenige Minuten Zeit, und trotzdem verhielt er sich so
gelassen, als stünden ihm viele Stunden zur Verfügung. Bei jeder Probandin
demonstrierte er eine andere Verfahrensweise. Manchmal war er bei seiner

Arbeit sehr energisch und machtvoll, in anderen Fällen sanft und ermutigend. Manchmal übertrug er der Probandin die Verantwortung und übernahm dann anschließend im gleichen Zusammenhang paradoxerweise selbst das Ruder. Bei allen vier Freiwilligen demonstrierte er verschiedene Arten unwillkürlichen Verhaltens, wobei sich dies gewöhnlich durch Heben einer Hand oder durch Schließen der Augen manifestierte. Er arbeitete mit direkten Suggestionen und mit indirekter Beeinflussung. Immer wieder bewirkte er auf unterschiedliche Weisen eine Amnesie, was eine seiner besonderen Spezialitäten war. Seine Vorliebe für Wortspiele kommt in diesem Fall nicht zum Tragen, doch ist sie generell sehr ausgeprägt. Er hat häufig darauf hingewiesen, daß Wörter viele unterschiedliche Bedeutungen haben und daß sich ihre Bedeutung verändern kann, je nachdem, wie man Betonungen setzt. Beispielsweise konnte er »You won't *know* that« (Sie werden das nicht wissen) auf eine Weise betonen, so daß aus dem *know* ein *no* wurde, wodurch der Satz die Bedeutung bekam »Sie werden das nicht negieren«. Auch die Art, wie er Sätze bildet, war gewöhnlich bewußt beabsichtigt, beispielsweise wenn er sagt: »You'll do that, will you not?« (»Sie werden das tun, oder etwa nicht?«) [Im Deutschen entweder: »Oder etwa nicht« oder »nicht wahr?«] Erickson lehrte, wenn man Probanden sage, sie würden etwas tun, so gäbe es immer einige, die denken würden: »Das werde ich *nicht* tun.« Sie könnten jedoch nicht auf diese Weise reagieren, wenn er die Negation bereits selbst in Anspruch genommen und sie ihnen damit abgenommen habe. Diese Induktion illustriert die Komplexität des Gebrauchs von Paradoxen in hypnotischen Induktionen sowie auch die vielfältigen Ebenen von Botschaften, die sich ständig manifestieren.

Ich halte es für interessant, daß Ericksons Bemerkungen darüber, warum er etwas so gemacht habe, wie er es gemacht hat, im hier wiedergegebenen Gespräch so häufig interpersonell und kontextuell sind. Das heißt: Er weist oft darauf hin, daß er sich auf den sozialen Kontext bezieht, während er vorgeblich mit der Probandin spricht. Einige Anhänger Ericksons glauben, er sei in seinen Ansichten nicht interpersonell orientiert gewesen, sondern habe sich in erster Linie auf den Einzelnen bezogen, und sie werfen mir vor, ich hätte seine interpersonelle Orientierung in übertriebener Weise hervorgehoben. Doch zeigen seine Äußerungen im hier wiedergegebenen Gespräch, daß er bestimmte Suggestionen in erster Linie wegen der übrigen Probanden oder wegen des Publikums gegeben hat, also nicht nur für die Person, mit der er gerade arbeitete –

wobei er natürlich im Hinterkopf gehabt haben könnte, daß dies *mein* spezielles Interesse war. In ähnlicher Weise bezogen sich seine Kommentare auf die Analyse des Films, waren jedoch gleichzeitig auch auf seinen anwesenden Sohn Robert sowie für Madeleine Richeport und ihre Interessen abgestimmt.

Wenn man sich die im Film festgehaltene Demonstration anschaut, wird man kaum auf den Gedanken kommen, daß Erickson an jenem Tag so krank war, daß er seine Arbeit nur unter größter Mühe tun konnte. Aus dem gleichen Grunde konnte er sich auch später kaum an das, was er getan hatte, erinnern. Wenn er trotz seiner Krankheit so gute Arbeit zu leisten vermochte, so kann man sich in etwa vorstellen, wie er eine solche Demonstration als völlig Gesunder durchgeführt hätte. Da ich das Glück hatte, einige solche Demonstrationen selbst miterleben zu können, bedauere ich es zutiefst, daß nicht mehr Filmmaterial über Ericksons Arbeit existiert.

8

Typisch Erickson

(1993)

Als ich diesen Aufsatz vorbereitete, fiel es mir schwer, mir etwas Neues zum Thema Erickson einfallen zu lassen. Deshalb beschloß ich, mich mit dem zu beschäftigen, was über ihn bekannt ist – mit dem, was jeder »typisch Erickson« nennen würde. Ich werde also einige Aspekte seines Ansatzes darstellen und erläutern, die sich von den Ansätzen anderer Therapierichtungen unterscheiden. Die zu diesem Zweck angeführten Fälle und Ideen werden manchen Lesern teilweise bekannt sein, da sie bereits in irgendeiner Form publiziert worden sind. Da es leider keine neuen Fälle von Erickson mehr geben wird, müssen wir uns fortan an denjenigen erfreuen, die uns heute zur Verfügung stehen.

Vor vielen Jahren, in den Fünfzigern, äußerte Ray Birdwhistell, damals eine Autorität in der Körpertherapie-Bewegung, mir gegenüber, es gäbe etwa 5000 begeisterte Erickson-Fans. Er selbst zeigte sich damals erstaunt über diese große Zahl. Und auch ich war erstaunt, daß ein Psychiater »Fans« haben konnte. Obgleich Erickson zu jener Zeit keineswegs dem therapeutischen oder psychiatrischen Establishment angehörte, gab es eine erstaunlich große Zahl von Fachleuten, die ihn kannten. Wenn man ihn irgendwo erwähnte, sagte gewöhnlich einer der Anwesenden etwas wie: »Haben Sie von dem Mann gehört, der nur durch ein sechzig Zentimeter langes Rohr urinieren konnte?« (Haley 1985, S. 154) Anschließend entwickelte sich dann gewöhnlich ein Gespräch über Ericksons ungewöhnliche Art, dieses Problem zu lösen. Wenn dann der betreffende Fall erzählt wurde, erkannte man sofort, daß es ein Erickson-Fall war, weil er so typisch für ihn war. Kein anderer Therapeut hätte so etwas getan.

Ich habe einmal gesagt, daß Ericksons Fälle so unverwechselbar seien wie
Gemälde von Picasso. Man wisse sofort, von wem ein solches Kunstwerk
stamme. Ihr Stil unterschied sich einfach grundsätzlich von den Stilen aller
anderen Künstler. Um die Parallele weiter fortzuführen, müßte man hinzufü-
gen, daß man sich mit speziellen Schaffensperioden des Künstlers beschäftigen
muß, da sich Stile im Laufe der Jahre verändern. Picassos frühe Werke aus der
Zeit, in der er sich bemühte, technische Meisterschaft zu erlangen, sind relativ
traditionell und unterscheiden sich stark von seinem späteren Stil. Seine frühen
Werke waren auch von anderen Künstlern jener Zeit beeinflußt. Wie steht es in
dieser Hinsicht mit Ericksons Ideen? Ist er in seiner Entwicklung von einer
bestimmten traditionelleren Denkweise bezüglich psychiatrischer Klassifikation
ausgegangen und hat sich dann in Richtung auf eine stärkere Einbeziehung der
sozialen Situation des Klienten in der realen Welt hinentwickelt? Oder hat er
von Anfang an die reale Welt in seine Arbeit einbezogen? Und wie steht es mit
seinem therapeutischen Ansatz? Hat dieser sich im Laufe der Jahre verändert
und weiterentwickelt? Ich glaube, daß das nicht der Fall ist. Man kann einen
frühen Fall Ericksons nicht eindeutig von einem späten unterscheiden.

Ericksons Mentoren

Ist Erickson in seiner Entwicklung von anderen Therapeuten und Lehrern
seiner Zeit beeinflußt worden? Soweit bisher zu erkennen ist, muß man auch
das verneinen.

Wenn wir Ericksons Werk untersuchen, drängen sich uns folgende Fragen
auf: Wovon ist er ausgegangen? Wer waren seine Vorgänger und Lehrer? In
welcher Tradition stand er? Zweifellos hatte er eine normale psychiatrische
Ausbildung, aber er dachte nicht wie seine Kollegen, die die gleiche Ausbildung
genossen hatten. Wenn wir versuchen, ihn einem bestimmten ideologischen
Rahmen zuzuordnen, stellen wir fest, daß seine Arbeit weder einer der therapeutischen Schulen seiner Zeit entspricht noch auf irgendeinen der damaligen
Lehrer zurückzuführen ist.

Die meisten Therapeuten erkennen irgend jemanden als den Lehrer an, der
ihre Entwicklung entscheidend geprägt hat. Soweit ich mich erinnere, hat
Erickson nie einen Lehrer oder eine andere Person genannt, die ihn maßgeblich
beeinflußt hätte. Er sagte, Hypnose habe er als College-Student kennengelernt,

als Clark Hull an der University of Wisconsin eine Demonstrationsveranstaltung durchgeführt habe. Könnte man deshalb sagen, daß Hull sein Lehrer war? Erickson hätte das sicherlich verneint. Er sagte, nach jener Demonstration habe er Hulls Versuchsperson zu sich nach Hause eingeladen und sie selbst hypnotisiert. Im Herbst des gleichen Jahres hat er an einem von Hull geleiteten Seminar teilgenommen. Bedeutet dies, daß Hull sein Lehrer war? Wohl kaum. Erickson sagte, das Seminar habe sich hauptsächlich mit den Hypnosetechniken beschäftigt, die er selbst im Laufe des Sommers entwickelt habe. Insofern muß er derjenige gewesen sein, der Hull unterrichtete.

Eine Perspektive der Veränderung

Wenn man über Therapie spricht, ist es hilfreich, zwei grundsätzlich verschiedene Arten von Theorien in diesem Bereich zu unterscheiden, die keinesfalls verwechselt werden sollten. Die eine Theorie beschäftigt sich damit, warum Menschen sich so verhalten, wie sie sich verhalten, und wie sie zu dieser Verhaltensweise gekommen sind. Die andere Theorie beschäftigt sich mit Veränderung oder mit dem, was man bezüglich des Problems, das der Klient hat, tun kann. Diese beiden Arten von Theorie haben nicht unbedingt etwas miteinander zu tun. Charakteristisch für Erickson war, daß seine Theorie darüber, wie Menschen zu dem wurden, wie sie waren, durchaus mit der allgemeinen Anschauung übereinstimmen mochte. Hingegen unterschieden sich seine Vorstellungen darüber, wie man Menschen verändern konnte, von denen aller anderen Therapeuten. Wer außer ihm hätte in den vierziger Jahren einem jungen Mann, der nur durch eine Holzröhre urinieren konnte, auf die Weise geholfen, wie Erickson es getan hat? Erickson brachte den Klienten dazu, Material, Dicke und Länge des Rohrs so lange zu verändern, bis er schließlich erkannte, daß sein Penis selbst eine Röhre war. Wie war Erickson nur auf diese Methode gekommen?

Der genannte Fall stammt aus der Zeit, als Erickson in den vierziger Jahren für die Musterungsbehörde arbeitete; es handelt sich also eindeutig nicht um eine spätere Entwicklung. Zu jener Zeit gab es im klinischen Bereich weit und breit nichts anderes als die Theorie der Psychodynamik. Familientherapie und Verhaltenstherapie waren noch nicht einmal im Ansatz entwickelt. Alle anderen Therapeuten hätten damals angenommen, daß das Verhalten jenes Klienten

von verdrängten unbewußten Vorstellungen bestimmt sei und daß man ihm
jene Vorstellungen mit Hilfe von Interpretationen zu Bewußtsein bringen müsse. Wie hätten sie die Holzröhre erklärt, und was für eine Therapie hätten sie
damit durchgeführt? Vermutlich hätten sie sich nicht einmal sonderlich mit der
Röhre befaßt, weil sie der Ansicht gewesen wären, daß man sich nicht auf ein
aktuelles Problem des Klienten einlassen sollte. Statt dessen hätten sie sich mit
dem tiefen psychopathologischen Hintergrund der Röhre und ihrer symbo-
lischen Bedeutung befaßt. Doch wo hat Erickson gelernt, seine Therapie auf das
aktuelle Problem zu fokussieren?

Erickson akzeptierte anfangs einige Vorstellungen der Psychodynamik und
experimentierte sogar mit ihnen. Er untersuchte die Psychopathologie des All-
tagslebens, indem er mit Hilfe von Hypnose eine unbewußte Vorstellung suggerierte und dann beobachtete, ob und wie diese das Verhalten des Hypnotisierten beeinflußte. Er hat in jener Zeit offenbar angenommen, daß manche
Menschen Symptome aufgrund unbewußter Vorstellungen entwickeln, die sie
im Zusammenhang mit früheren Erlebnissen verinnerlicht haben. Was er tat,
um Veränderungen herbeizuführen, entsprach nicht dem, was irgend jemand
sonst tat, der jene Hypothese akzeptierte.

Das klassische Beispiel hierfür war das der Phobie. Damals nahm man all-
gemein an, eine Phobie entstehe durch eine traumatische Erfahrung, die der
Betreffende aus dem Bewußtsein verdrängt habe. Die orthodoxe Therapie bestand nun darin, jenes Trauma und die damit verbundenen Gefühle wieder zu
Bewußtsein zu bringen. Wenn man eine therapeutische Intervention dieser Art
beschreiben würde, würde man sofort erkennen, daß sie nicht typisch für
Erickson war. Auch wenn er vielleicht die Prämisse akzeptiert hatte, daß die
Ursachen einer Phobie in der Vergangenheit liegen, ging er völlig anders damit
um als die Vertreter psychodynamischer Ansätze.

Als Beispiel möchte ich den Fall einer stark gehemmten jungen Frau anführen, die an einer Sexualphobie litt. Man vermutete, daß ihre Mutter sie durch
einen Vortrag über die Gefahren der Sexualität verängstigt hatte. Danach war
die Mutter gestorben. Erickson führte die junge Frau in einer Regression zurück
in ihre Kindheit, in eine Zeit, bevor die Mutter ihre beängstigenden Warnungen
ausgesprochen hatte. Er sprach mit der Klientin darüber, daß die Ratschläge, die
Mütter geben, gewöhnlich nur einen Teil des Problems berücksichtigen, und
daß sie später umfassendere Information geben, wenn sie wissen, daß ihre

Töchter nun reif genug sind, um diese verarbeiten zu können. Dann versetzte Erickson die junge Frau in die Zeit, in der die Mutter ihre Warnungen bezüglich Sex ausgesprochen hatte, und bestätigte, was die Mutter gesagt hatte, als richtig. Anschließend unterhielt er sich mit der Klientin darüber, was die Mutter, falls sie weitergelebt hätte, dem, was sie über Sex gesagt hatte, später vermutlich hinzugefügt hätte. Die Tochter wäre dann reif genug gewesen, um ihr eigenes gesundes Urteilsvermögen zu benutzen, und ihre Mutter hätte über die positiven Aspekte der Sexualität gesprochen. Der vorzeitige Tod hatte die Mutter daran gehindert, die Erziehung der Tochter in dieser Hinsicht zum Abschluß zu bringen. Die junge Frau war nun bereit anzunehmen, was Erickson ihr geben konnte – den positiven Aspekt der Sexualität, den auch ihre Mutter ihr erläutert hätte, sofern sie noch gelebt hätte.

Ericksons Vorstellungen über die Möglichkeiten, Menschen zu verändern, ließen ihn in seinem Bereich als einzigartig erscheinen. Andere ermöglichten ihren Klienten Einsicht in die Vergangenheit. Erickson jedoch machte sich daran, die Verangenheit zu verändern; das tat er im soeben beschriebenen Fall sowie auch in größerem Umfang in den verschiedenen Februarmann-Fällen (Haley 1986, S. 179). Es war auch typisch für Erickson, die negativen Äußerungen der Mutter zu akzeptieren, ihnen zuzustimmen und sie dann zu verändern. Er verurteilte die Mutter oder ihre Ansichten in bezug auf Sexualität deshalb nicht, weil sie für die Tochter offenbar so wichtig waren. Ericksons Vorstellung, man solle akzeptierende Methoden verwenden, um Menschen zu verändern, war zu jener Zeit umstritten und ist es teilweise auch heute noch. Andere Therapeuten vertraten die Ansicht, man solle den Ansichten der Mutter über Sex nicht beipflichten, wenn sie nicht der eigenen Meinung entsprächen. Erickson hätte darauf wohl entgegnet, wenn er sie nicht akzeptiert hätte, hätte er mit der Tochter nicht auf adäquate Weise kommunizieren können. Typisch war für ihn auch, daß er einem Klienten gegenüber, der daran gewöhnt war, daß andere Menschen hart zu ihm waren, ebenfalls hart war. Dies erschien ihm als notwendig, um eine kommunikative Verbindung herzustellen. Von wem in unserer Branche, die doch allgemein von so überaus großer Güte und Freundlichkeit geprägt ist, hat er solche Vorstellungen erlernt?

Ericksons Ansicht darüber, wie man Phobien verändern kann, scheint immer beinhaltet zu haben, daß man den Klienten in der phobie-auslösenden Situation ablenken und ihn dazu bringen müsse, eine neue Art von Gefühlen und Erwartungen zu erfahren. Er ließ Klienten, die sich vor Aufzügen fürchteten, einen Aufzug betreten, wobei sie sich ausschließlich auf die Empfindungen in ihren Fußsohlen konzentrieren sollten, oder er bereitete Klienten auf phobische Situationen vor, indem er sie dazu brachte, sich Ängste auf einer Leinwand vorzustellen und sich so von den angsterweckenden Emotionen zu distanzieren. Auch war er bereit, sich mit den Klienten in reale Lebenssituationen zu begeben, um eine Phobie aufzulösen. Beispielsweise kam einmal ein älterer Arzt zu ihm, der starke Angst vor Aufzügen hatte (Haley 1986, S. 297). Er arbeitete in einem Krankenhaus im fünften Stock, und wegen seiner Phobie mußte er jedesmal die vielen Treppen hinaufsteigen. Er hatte Angst, den Aufzug zu benutzen, obgleich die Aufzüge von jungen Aufzugführerinnen betätigt wurden. Da der Mann älter und gebrechlicher wurde, konnte er nicht weiterhin die vielen Treppenstufen hinaufsteigen.

Dem Therapeut stehen verschiedene Möglichkeiten offen, diese Angst und ihre Ursache zu begreifen und eine Veränderung der Situation zu induzieren. Was würde man in diesem Fall als typisch Ericksonsche Vorgehensweise bezeichnen? Im folgenden habe ich einige Annahmen und Beobachtungen aufgeführt, die meiner Meinung nach seiner Sicht entsprochen haben könnten.

1. Er hätte keine Fragen nach etwaigen früheren Traumata gestellt, sondern sich auf die Veränderung der Situation in der Gegenwart fokussiert. Offenbar nahm er an, daß die Phobie aufgelöst würde, wenn der Klient einen Aufzug benutzte, ohne dabei Angst vor Aufzügen zu empfinden.
2. Da er sich auf Symptome konzentrierte, war er an Details interessiert. So stellte sich heraus, daß der ältere Arzt in der Lage war, einen Aufzug zu betreten und ihn wieder zu verlassen. Die Panik überkam ihn nur, wenn der Aufzug sich in Bewegung setzte.
3. Wie immer beobachtete er auch in diesem Fall seinen Klienten sorgsam und stellte fest, daß der Arzt ein sehr rigider Mensch war, der in seinem Verhalten überkorrekt war.

Kann man, wenn man dies alles weiß, erraten, für welche Intervention sich Erickson in diesem Fall entscheiden mußte?

Erickson begab sich mit dem älteren Arzt zum Krankenhaus und beobachtete mit ihm zusammen die Aufzüge. Da der Arzt den Aufzug betreten und verlassen konnte, wählte Erickson einen Aufzug aus und bat die junge Aufzugführerin, den Aufzug auf der Etage zu lassen. Er ließ den Arzt den Aufzug betreten und wieder verlassen, womit er tatsächlich keinerlei Probleme hatte. Dann bat Erickson den Klienten, den Aufzug noch einmal zu betreten und ihn anschließend wieder zu verlassen. Nachdem der Arzt den Aufzug erneut betreten hatte, schloß die Aufzugführerin die Türen und sagte zu ihm: »Ich kann einfach nicht anders, ich habe den dringenden Wunsch, Sie zu küssen.« Der prüde Arzt entgegnete daraufhin: »Halten Sie sich von mir fern! Benehmen Sie sich!« Die junge Frau erwiderte: »Aber ich *muß* Sie einfach küssen.« Daraufhin herrschte der Arzt sie an: »Fahren Sie sofort den Aufzug hoch!« Sie drückte den Knopf, und der Aufzug setzte sich in Bewegung. Als sich die Kabine genau zwischen den beiden Etagen befand, hielt sie den Aufzug an und sagte: »Wir sind jetzt genau zwischen zwei Etagen. Jetzt kann niemand sehen, wenn ich Sie küsse.« – »Fahren Sie den Aufzug hoch!« schrie der Arzt außer sich. Sie gehorchte. Nach dieser Intervention hatte der alte Arzt die Aufzug-Angst endgültig überwunden.

Wie Erickson Helfer einbezog

Eine typische Annahme Ericksons war, daß es durchaus möglich sei, eine Therapie innerhalb von einer Sitzung abzuschließen. Außerdem setzte er regelmäßig Helfer ein, um seine Ziele zu erreichen, beispielsweise Friseure, Schneider und Fahrstuhlführer. Das unterschied sich natürlich sehr stark vom Verhalten der übrigen Therapeuten in jener Zeit, die nicht einmal bereit waren, am Telefon mit Angehörigen ihrer Klienten zu sprechen, ganz zu schweigen davon, daß sie andere Personen in die Therapie einbezogen hätten. Wie war Erickson auf die Idee gekommen, Helfer einzusetzen, wo doch niemand außer ihm dies tat? Er hat sogar in manchen Fällen seine Kinder in die Therapie einbezogen, was damals sicher niemand getan hätte und wahrscheinlich auch heute noch niemand tun würde. In jener Zeit hätte kein Therapeut seinen Klienten selbst auf Nachfrage mitgeteilt, ob er selbst Kinder hatte. Der Therapeut hätte auf solche Fragen nur mit der Gegenfrage »Ich frage mich, wie Sie auf diese Frage kommen?« geantwortet. Ericksons Wartezimmer war über viele Jahre das Wohnzimmer seiner Familie.

Erickson hielt es für wichtig, daß ein Therapeut sich persönlich für den Klienten engagierte. Er war keineswegs der Meinung, daß ein Therapeut eine

»weiße Leinwand« oder ein neutraler Beobachter sein sollte. Gerade dieses persönliche Engagement rief oft die Veränderung hervor, die er herbeizuführen wünschte.

Ericksons Verhältnis zur Einsichtstherapie

Wenn man sich damit beschäftigt, daß Erickson nicht der pychodynamischen Schule angehörte, sollte man sich den Unterschied zwischen der Einsicht in einer psychodynamischen Therapie und Ericksons erzieherischem Ansatz vor Augen führen. Erickson hat seinen Klienten nie im üblichen Sinne Interpretationen geliefert. Wenn ein Therapeut sagt: »Ist Ihnen aufgefallen, daß Sie auf Ihren Chef so wie auf Ihren Vater reagieren?«, dann handelt es sich kaum um einen Anhänger Ericksons. Er benutzte niemals Formulierungen wie »Ist es nicht interessant, daß...« oder »Ist Ihnen klar, daß...« oder »Ich frage mich, warum Sie sich auf diese Weise ins eigene Fleisch schneiden.« Dennoch machte Erickson seine Klienten häufig auf ihre persönlichen Eigenarten aufmerksam. Er hätte niemals einem dünnen Jungen geholfen, sich darüber klar zu werden, daß er auf seinen kräftigen Bruder eifersüchtig war. Aber er half einem solchen Jungen, sich darüber klar zu werden, daß er schlank und schnell und deshalb agiler als sein großer und muskulöser Bruder war. Ein entscheidender Unterschied zwischen Ericksons erzieherischem Ansatz und der von den Psychodynamikern angestrebten Einsicht war, daß bei ihm im Vordergrund stand, die positive Seite der Dinge zu entdecken. Aber woher hatte er seine Ideen? In jener Zeit beschäftigte man sich im klinischen Bereich nur mit dem Negativen.

Erickson bot seinen Klienten nicht die übliche Einsicht, und er wies nach, daß Veränderung möglich war, ohne daß die Betroffenen verstanden, *warum* sie ein Problem hatten oder wie sie darüber hinweggekommen waren. Am typischsten für ihn war seine Bereitschaft, jemanden zu verändern, ohne den Betreffenden über die Ursache des Problems zu unterrichten, und dies war auch das, was ihn von den übrigen Therapeuten am stärksten unterschied, die glaubten, nur Selbstkenntnis führe zur »Erlösung«.

Erickson hielt Interpretationen, die die Einsicht fördern sollten, offenbar für unhöflich. Ein Charakteristikum seiner Art von Therapie war, daß sie oft ausgesprochen höflich war. Wenn von einem Therapeuten die Rede ist, der die wahnhaften Vorstellungen eines Klienten akzeptiert und sie in die Arbeit einbezieht, so heißt der Therapeut mit hoher Wahrscheinlichkeit Erickson. Beispielsweise sagte einmal eine Frau, in der Mitte von Ericksons kleinem Büro stehe eine riesige Bärenfalle (Haley 1985, S. 232). Da niemand außer ihr diese sehen konnte, hätte sicher jeder konventionelle Psychiater oder Psychotherapeut dies als Wahnvorstellung bezeichnet. Erickson jedoch hütete sich, in die Bärenfalle hineinzustolpern. In Gegenwart der Frau ging er jedesmal sehr vorsichtig um die Bärenfalle herum, wenn er den Raum verließ. Das ist gewiß typisch für Erickson.

Andere Therapeuten hätten sich geweigert, sich auf eine solche Wahnvorstellung einzulassen. Sie hätten der Frau statt dessen klarzumachen versucht, daß die Falle nicht existiere, und sie hätten ihr erklärt, daß sie die Welt falsch wahrnehme. Einige hätten dies sicher als ein Zeichen dafür angesehen, daß sie nicht behandelbar sei und nur durch Medikamente ruhiggestellt werden könne. Andere hätten es für ethisch nicht vertretbar gehalten, ihre Wahnvorstellung nicht zu korrigieren. Erickson hingegen schien anzunehmen, daß die Frau ihm durch Erwähnen der Bärenfalle etwas über sich mitteilen wolle. Deshalb akzeptierte er diese Metapher.

Diejenigen unter uns, die mittlerweile am Rande der Ewigkeit wanken, hatten das Privileg, Erickson persönlich zu kennen, als er noch physisch aktiv war. Er konnte damals problemlos in der Stadt herumfahren und Klienten besuchen oder nach Schenectady fliegen und dort ein Seminar abhalten. Diejenigen, die ihn nur im Rollstuhl kennen, sind sich natürlich nicht darüber im klaren, daß eine typisch Ericksonsche Intervention ein Hausbesuch war, etwas, das konventionell ausgebildete Therapeuten als ein Ding der Unmöglichkeit angesehen hätten und es wohl immer noch tun. Erickson war offenbar der Ansicht, ein Psychiater solle wie ein altmodischer Hausarzt jederzeit zur Verfügung stehen und deshalb auch Hausbesuche machen.

Oft hat Erickson Veränderungen zustande gebracht, ohne daß irgendeiner der Beteiligten verstand, was tatsächlich geschehen war. Und abgesehen davon, daß die Betroffenen nicht wußten, wie ihnen geschah, veränderte er manchmal auch Situationen, ohne daß ihm die Erlaubnis dazu erteilt worden wäre. Nach orthodoxer Ansicht war Veränderung ohne Einsicht oder Umerziehung des Klienten unmöglich. Andernfalls sagte man, es sei eben keine echte Veränderung. Nicht nur die Psychodynamiker widersetzten sich diesem Ansatz, sondern auch die kognitiven Therapeuten, die Verhaltenstherapeuten, die kognitiven Verhaltenstherapeuten, die lösungsorientierten Therapeuten und sogar die Konstruktivisten.

Ich will nun einige Unterschiede zwischen Erickson und den Therapeuten seiner Zeit zusammenfassen und die Frage aufwerfen, wo er wohl gelernt haben mag, das Gegenteil von dem zu tun, was seine Kollegen taten. Er konzentrierte sich auf das aktuelle Problem des Klienten, als niemand sonst dies tat. Er versuchte, wann immer möglich, die Therapie innerhalb von einer Sitzung zum Abschluß zu bringen, und er hat nie die Ansicht geäußert, daß Langzeit-Therapie besser sei oder tiefer gehe als Kurzzeit-Therapie. Er setzte Helfer ein. Er war persönlich engagiert. Er lieferte den Klienten keine Interpretationen oder Einsichten. Andere Therapeuten halfen ihren Klienten, sich an jede schwierige Situation in der Vergangenheit zu erinnern, und sie waren der Ansicht, daß es nicht richtig sei, Menschen zu helfen, unangenehme Situationen in ihrem Leben zu vergessen. Erickson hingegen induzierte Amnesien, um seine Klienten Ereignisse der Gegenwart und der Vergangenheit vergessen zu lassen. Er akzeptierte, was die Klienten ihm anboten, und korrigierte ihre Vorstellungen nicht voreilig. Er machte Hausbesuche, und schließlich bot er nicht nur Hilfe bei der Reflexion über Probleme an, sondern ergriff die Initiative und erteilte Direktiven.

Wenn man an einer großen Versammlung zu Ehren Ericksons teilnimmt, zu der sich prominente Lehrer der wichtigsten therapeutischen Schulen versammelt haben, so stellt man fest, daß selbst heute noch die meisten unter ihnen diesem für Erickson typischen Ansatz gegenüber nicht gerade enthusiastisch sind. Tatsächlich sind diese Leute sogar schockiert, wenn eine Veränderung erzielt wird, ohne daß der Klient versteht, was da vor sich gegangen ist, und sie ziehen beim Umgang mit irrationalen Problemen einen rationaleren Ansatz vor. Offenbar haben die Vorstellungen dieser Therapeuten ihren Ursprung in einer Tradition. Doch aus welcher Quelle hat Erickson seine Ideen bezogen?

Beeinflussung außerhalb des Bewußtseins

Wie steht es um die übrigen therapeutischen Schulen, die sich in den fünfziger Jahren entwickelten? Zu jener Zeit tauchten verschiedene Innovationen auf. Einer der wenigen Vorteile des vorgerückten Alters ist, daß man Geburt und Tod verschiedener Ideologien und Arten therapeutischer Arbeit miterlebt hat.

Ich erinnere mich an die Anfänge eines neuen Therapieansatzes und an eine erbitterte Diskussion darüber, ob man jemanden verändern dürfe, ohne daß der Betreffende dies selbst merke. Dies ereignete sich in einem Krankenhaus für Kriegsveteranen, wo ich in den fünfziger Jahren im Rahmen von Gregory Batesons Kommunikationsprojekt arbeitete. Wir versuchten damals, eine familienorientierte Therapie zu entwickeln. Wir teilten uns ein Gebäude mit Experimentalpsychologen, die dabei waren, die spätere Verhaltenstherapie zu entwikkeln.

Bei einer der Forschungspräsentationen, die regelmäßig zur Mittagszeit stattfanden, sagten zwei junge Psychologen, sie wollten eine neue Idee vorstellen. Die Zuhörerschaft bestand aus einer Gruppe von Ärzten der Klinik, fast ausnahmslos Psychoanalytikern oder Anhängern einer psychodynamischen Ideologie. Der Leiter jener Gruppe war der Leiter der Ausbildung, ein älterer, konservativer Analytiker.

In ihrer Präsentation beschrieben die beiden jungen Männer eine Möglichkeit, den Ausdruck von Emotionen zu verstärken, was zu jener Zeit als wichtig angesehen wurde. Wenn man einen Klienten dazu bringen will, seinen emotionalen Ausdruck zu verstärken, muß man jedesmal, wenn der Klient eine Emotion zum Ausdruck bringt, nicken und lächeln. Bringt er keine Emotion zum Ausdruck, so bleibt man regungslos. Die beiden sagten, wenn man dies tue, sei der Klient am Ende der Sitzung ganz sicher sehr emotional. Der Direktor der Ausbildung und seine analytisch orientierten Kollegen reagierten auf diese Präsentation sichtlich entrüstet. Der Direktor äußerte, dies sei unmoralisch, wenn nicht gar das Verhalten eines Schurken. Einen Menschen zu beeinflussen, ohne daß der Betreffende sich dessen bewußt sei, was da vor sich gehe, sei ganz einfach unanständig. Einer der beiden jungen Psychologen sagte daraufhin: »Wir tun dies ohnehin. Wenn ein Klient tut, was uns gefällt, reagieren wir positiv, und wenn er etwas anderes tut, reagieren wir nicht.« Daraufhin sagte der Ausbildungsleiter: »Wenn man es tut und nicht weiß, daß man es tut, ist das in Ordnung!«

Da wir uns mit Erickson beschäftigt hatten, waren wir nicht schockiert darüber, wenn Suggestionen ohne bewußtes Wissen des Klienten gebraucht wurden. Das war schon seit Jahren typisch für die Arbeit Ericksons. Er pflegte zu sagen, daß es dem Klienten wesentlich schwerer falle, sich Direktiven zu widersetzen, wenn er nicht wisse, daß er sie erhalte.

Erickson war der Auffassung, daß ein Therapeut wissen müsse, wie er einen Klienten beeinflussen könne, und zwar mit Wissen und ohne Gewahrsein des Klienten, indem er sowohl direkt als auch indirekt durch Beeinflussung des Stimmcharakters kommuniziere. Ein Therapeut solle auch bewußt mit Hilfe seiner Körperhaltung und seiner Bewegungen kommunizieren. Wenn er über diese Kontrolle verfüge, könne er bestimmte Wörter in einem Satz hervorheben und so eine Sache sagen und eine andere suggerieren und vielleicht außerdem durch seine Körperbewegung auch noch eine dritte Suggestion anbieten. Dies unterschied ihn sehr von Therapeuten, die nur Wörter für Kommunikation hielten.

Es gibt zwei Themenbereiche, mit denen man bezüglich Erickson gewöhnlich konfrontiert wird. Der erste ist, daß er bereit war, Menschen zu verändern, ohne daß ihnen dies bewußt wurde. Der zweite ist, daß er nicht mit positiven Verstärkungen im üblichen Sinne arbeitete. Lagen seine Wurzeln in den Lerntheorien der behavioristischen Schulen? Ich glaube nicht. Er benutzte Methoden zur Verhaltensveränderung, bevor diese in den lerntheoretisch orientierten Therapien entdeckt wurden, doch benutzte er nicht die typischen positiven Verstärkungen, mit denen jene Schule vorwiegend arbeitet. Er sagte nicht: »Das haben Sie gut gemacht...« oder »Das war ausgezeichnet...« oder »Mir gefällt, wie Sie das gemacht haben...« Man wußte sowieso immer, ob das, was man tat, Erickson gefiel. Doch kann ich mich nicht erinnern, daß er jemals gesagt hätte: »Das hast du gut gemacht.«

Erickson und Verstärkung

Erickson hat einmal zu mir gesagt, man solle Klienten keine Komplimente dafür machen, daß sie sich normal verhielten. Daran muß ich denken, wenn ich einen meiner Studenten zu einem Klienten sagen höre: »Oh, wie wunderbar, Sie sind ja heute pünktlich.« Hiervon ausgehend könnte ich verallgemeinern, daß Erickson nicht mit der üblichen positiven Verstärkung arbeitete, weil er der Ansicht war, daß Menschen die Verantwortung für ihre Aktivitäten übernehmen sollten. Deshalb reagierte Erickson, wenn ein Klient seine Sache gut machte, als ob dieser Beitrag auf das Konto des Betreffenden gehe, nicht auf das seine, also das desjenigen, der den Klienten anleite. Wer verstärkt, bringt sich in Besitz der Macht.

Heute ist es in unserer Kultur zum Allgemeingut geworden, daß Verhalten durch positive Verstärkung beeinflußt werden kann. Deshalb machen Eltern, Therapeuten und alle, die andere Menschen in irgendeiner Weise erziehen oder führen, ihren Schutzbefohlenen und Untergebenen Komplimente, wenn diese tun, was sie von ihnen erwarten. Ich glaube nicht, daß Erickson so etwas jemals getan hat. Vielleicht erinnern sich andere daran; ich jedenfalls nicht. So etwas tat er nur, wenn sich Klienten in Trance befanden. In diesem Fall pflegte er zu betonen, daß er über bestimmte Verhaltensweisen erfreut sei. Natürlich formte auch Erickson das Verhalten seiner Klienten und brachte sie dazu, zu tun, was er wollte. Wie ging er dabei vor? Wenn er ein Kind einen Satz tausendmal schreiben ließ, um die Handschrift des Kindes zu verbessern, so machte er dem Kind keine Komplimente, wenn es ihm die geschriebenen tausend Sätze brachte. Er sagte nicht etwa:»Oh, das hast du wundervoll gemacht.« Statt dessen sagte er:»Das ist ein klares O.« Oder:»Dieses Z ist besser als jenes.« Auf diese Weise hob er das Element in der Klasse der positiven Verstärkungen hervor, ohne die Klasse zu benennen.

Obgleich er nicht mit positiver Verstärkung arbeitete, wußte jeder, wann Erickson erfreut war. Beispielsweise habe ich mich jahrelang damit abgemüht, das Buch *Die Psychotherapie Milton H. Ericksons* (engl.: *Uncommon Therapy*) zu schreiben, bis es mir schließlich gelang, es fertigzustellen. Als es erschienen war, schickte ich Erickson ein Exemplar, und er hat mir nie ein Kompliment über dieses Buch gemacht. Doch erfuhr ich später, daß er selbst viele Exemplare davon gekauft habe, um sie den verschiedensten Leuten zu schenken. Sein Kompliment bestand in seiner Aktivität oder in anderen Dingen, jedenfalls nicht in verbaler Verstärkung.

Erickson hat gewöhnlich auch niemanden direkt kritisiert, um dem Betreffenden etwas klarzumachen. Hierzu möchte ich ein persönliches Erlebnis mit ihm schildern. Ich behandelte einmal eine Frau, die an Phantomgliedschmerzen im rechten Arm litt, der nicht mehr vorhanden war. Ich hypnotisierte sie und brachte sie dazu, das Phantomglied schweben zu lassen. Sie deutete an die Stelle, wo es sich befand, während es emporstieg. Ich hielt dies für einen sehr guten Einfall und war der Meinung, dieser verdiene, in einem Aufsatz beschrieben zu werden. Ich erzählte Erickson über den Fall, doch er zeigte keine besondere Reaktion, sondern sprach über andere Dinge. Erst einige Zeit später erwähnte er, daß man niemanden mit dem Fokus auf etwas, das für den Betreffenden schmerzhaft sei, hypnotisieren solle. Vielmehr solle man immer auf etwas Angenehmes fokussieren. Wenn jemand unter Kopfschmerzen leide, solle man nicht auf die Kopfschmerzen fokussieren. An jenem Abend, vielleicht war es auch erst am nächsten Tag, wurde mir klar, daß ich jene Frau wahrscheinlich besser nicht mit Fokus auf ihren schmerzenden Arm hypnotisiert hätte.

Wenn man nicht mit positiven Verstärkungen arbeitet, kann man nicht einer verhaltenstherapeutisch orientierten Schule angehören. Irgendwie schien Erickson dem zu widerstehen und seinen eigenen Weg zu gehen. Dies ist kein unwichtiger Punkt. Erickson war einer der großen Überzeuger. Die Leute taten, was er wollte. Wenn er dieses Ziel nicht durch positives Verstärken des erwünschten Verhaltens erreichte, wie hat er es dann erreicht? Meiner Meinung nach würde es sich lohnen, ein Forschungsprojekt zu initiieren, dessen Ergebnis möglicherweise die Entdeckung einer bisher unbekannten Motivationsmethode sein könnte – der Art, wie Milton Erickson Klienten motiviert hat.

Wenn Erickson sich nicht im Rahmen der behavioristischen Ideologie und nicht in dem der psychodynamischen Ideologie bewegte, wie wäre es dann mit der Systemtheorie? Könnten seine Ideen auf diesem therapeutischen Ansatz basieren?

Bevor ich mich an dieses komplexe Thema heranwage, möchte ich mich noch ein wenig mit der Idee, Menschen ohne ihr Wissen zu verändern, beschäftigen. Bezüglich dieses Themas gibt es eine berechtigte Kontroverse, und Erickson steht im Mittelpunkt derselben. Doch geht es dabei um mehr als nur um den ethischen Aspekt von Ericksons Methoden, nämlich letztlich um eine Definition des Wesens von Therapie.

Ich war immer der Meinung, daß wir Therapeuten davon abbringen sollten, Menschen zu helfen, die keine Hilfe wünschen. Doch habe ich mir nie Sorgen darüber gemacht, daß Erickson dies tat. Ich kannte ihn als einen sehr gütigen Menschen, der die Verantwortung für das, was er tat, übernahm, und dessen Urteil fundiert war oder zumindest mit meinem eigenen übereinstimmte. Doch sind andere Therapeuten, die versuchen, in Ericksons Fußstapfen zu treten, in dieser Hinsicht nicht unbedingt mit ihm vergleichbar, und sie sind oft auch nicht so sicher in ihrem Urteil darüber, was Menschen brauchen oder worum sie indirekt bitten.

Unter den vielen wichtigen Aspekten der Beeinflussung von Menschen ohne deren Wissen ragen, abgesehen von ethischen Fragen, zwei besonders hervor.

Der eine ist, ob es überhaupt möglich ist, Menschen ohne ihr Wissen zu verändern; der andere, ob Beeinflussung und Veränderung in der Therapie nicht immer Kollaboration von seiten des Klienten erfordern. Wir wollen uns hierzu ein Beispiel anschauen. Ein Paar hatte ein sexuelles Problem und wollte nicht offen darüber sprechen. Trotzdem wollten die beiden ihr sexuelles Verhalten verändern. Wenn Erickson der Meinung war, solche Klienten müßten sich verändern, so beeinflußte er sie indirekt mittels einer Metapher. Er sprach dann über eine andere Aktivität, beispielsweise über ein gemeinsames Essen, und er tat dies so, daß ihr sexuelles Problem dadurch beeinflußt wurde. Beispielsweise fragte er sie, ob sie gern vor dem Essen einen Aperitif und Vorspeisen zu sich nähmen, um die Verdauungssäfte anzuregen, oder ob sie sich gleich über Fleisch und Kartoffeln hermachten. In anderen Fällen gab er Suggestionen und induzierte eine Amnesie, so daß den Klienten etwaige Veränderungen nicht zu Bewußtsein kamen. Erickson war bereit, die Verantwortung dafür zu übernehmen, daß er das veränderte, was seiner Ansicht nach verändert werden mußte.

Wenn ein Therapeut einen Klienten mit subtilen Interventionen beeinflußt, die er absichtlich dem Bewußtsein des Klienten entzieht, befindet er sich auf schwankendem Boden, da er Menschen verändert, ohne ausdrücklich deren Erlaubnis dazu zu haben.

Es gibt Therapeuten, die generell ablehnen, Menschen ohne deren Zustimmung zu verändern. Erickson war bereit, ohne eine solche ausdrückliche Genehmigung zu arbeiten. Beispielsweise war es typisch für Erickson zu sagen, wenn ein Klient wegen Kopfschmerzen zu ihm komme, und am Arm des Patienten sei zu erkennen, daß er Fixer sei, so halte er, Erickson, es für die Pflicht des Therapeuten, die Drogenabhängigkeit zu heilen. Das solle er jedoch nicht unbedingt dem Klienten mitteilen. Wenn der Mann Kopfschmerzen als sein Problem bezeichne, solle dies der Fokus der Therapie sein, und man müsse indirekte Möglichkeiten finden, um die Abhängigkeit zu behandeln. Auch hier wieder wird deutlich, daß Ericksons Therapie zu Recht den Namen »höfliche Therapie« verdient. Er hat niemals Klienten gezwungen, Probleme einzugestehen, und er hat ihnen auch nie Einsichten aufgezwungen, indem er ihre Körperbewegungen interpretierte und ihnen seine Interpretationen mitteilte.

Im Gegensatz zu anderen Therapeuten seiner Zeit war Erickson der Meinung, der Therapeut sei verantwortlich für die Resultate der Therapie. Das beinhaltete die Verpflichtung, wann immer möglich die eigene Macht zu benutzen, um Veränderungen herbeizuführen. Er war sich auch darüber im klaren, daß Macht das Ergebnis von Zusammenarbeit ist. Und im Bereich der Zusammenarbeit wird die Beeinflussung außerhalb des Gewahrseins zu einer interessanten Frage. Es wäre eine übermäßige Vereinfachung zu sagen, daß man therapeutisch arbeiten kann, indem man den Klienten über alles informiert, was man tut, oder daß man etwas tun kann, ohne daß der Klient sich der Interventionen bewußt ist. Diejenigen, die dafür eintreten, daß man dem Klienten alles bewußt machen soll, was man tut, haben dies mit Sicherheit nicht völlig durchdacht. Ein Klient *kann* sich gar nicht all dessen bewußt sein, was der Therapeut tut. Nicht einmal der Therapeut selbst kann sich seines gesamten Tuns völlig bewußt sein. Selbst wenn der Therapeut versucht, dem Klienten alles, was er getan hat, zu Bewußtsein zu bringen, indem er ihn darüber aufklärt, ist dieses gesamte Geschehen für das bewußte Gewahrsein zu komplex. Dies wird klar, wenn man sich einmal eine Zeitlupenaufnahme von einer Therapie angeschaut hat. Ray Birdwhistell hat geschätzt, daß zwei Menschen, die ein Gespräch miteinander führen, 100.000 Bit an Information pro Minute austauschen. Das erscheint einem plausibel, wenn man einmal einen Film über eine Therapie Bild für Bild untersucht hat. Nehmen wir beispielsweise an, ein Klient sagt etwas, der Therapeut schaut betreten weg, und der Klient wechselt daraufhin auf ein anderes Thema über. Dem Therapeuten ist in diesem Fall nicht einmal bewußt, daß er Einfluß ausgeübt hat, und noch viel weniger kann er das, was er getan hat, dem Klienten mitteilen.

Der andere Aspekt des Gewahrseins ist noch komplexer. Wenn ein Therapeut eine Metapher kommuniziert, auf die der Klient, ohne sich dessen bewußt zu werden, reagiert, kann diese Reaktion dann wirklich außerhalb des Bewußtseins stattfinden? Wie könnte der Klient auf die Suggestion reagieren und davon beeinflußt werden, wenn er sich nicht der Suggestion bewußt wäre? Die Suggestion wäre dann gar nicht aufgenommen worden.

Ich möchte hierzu ein Beispiel aus einem Bereich anführen, der Erickson besonders interessierte und den er erforscht hat. Er hat gesagt, wenn man einen Klienten hypnotisiere und ihm eine negative Halluzination bezüglich eines Tischs im Raum vermittle, so sehe der Betreffende den Tisch nicht. Der Tisch befinde sich dann außerhalb seines Gewahrseins. Doch wenn man den Klienten bitte, durch den Raum zu gehen, so gehe er um den Tisch herum. Obgleich der

Klient sich also des Tischs nicht bewußt sei, gehe er um ihn herum. Erickson bezeichnete dies als »unbewußtes Gewahrsein«. Ich machte ihn darauf aufmerksam, daß dieser Begriff in sich widersprüchlich sei. Wenn man sich einer Sache bewußt ist, kann man sich ihrer nicht gleichzeitig *nicht* bewußt sein. Ich bin nach wie vor der Meinung, daß die Begriffe »bewußt« und »unbewußt« einfach zu primitiv sind, um für Aussagen über derartige Dinge zu taugen.

Inwiefern ist dies für Therapie von Bedeutung? Wenn man Klienten Direktiven gibt, ohne daß sie dessen gewahr sind, und die Betreffenden reagieren korrekt auf die Direktiven, dann empfängt ihr Geist die Botschaft auf einer bestimmten Ebene und kooperiert. Sie sind sich der Direktive also nicht völlig unbewußt. Es scheint eine gewisse Art von Kollaboration stattzufinden, wenn man jemanden außerhalb seines Gewahrseins beeinflußt. Man bietet eine Metapher an, indem man beispielsweise über ein Paar spricht, das gemeinsam ißt, um eine Analogie zum sexuellen Austausch zu entwickeln, und das Paar greift innerhalb der metaphorischen Botschaft die Ideen auf, die für das Problem relevant sind. Die beiden Partner *entscheiden sich* in diesem Sinne zur Kooperation oder nicht; sie gleichen also keineswegs Robotern, die auf die Direktiven des Therapeuten reagieren. Dennoch sind sie sich nicht dessen bewußt, daß sie die metaphorische Botschaft empfangen. Erickson lehrte sogar ausdrücklich, wenn die Klienten anfingen, sich der Parallelen in einer Metapher bewußt zu werden, solle man sich schnell vom betreffenden Thema entfernen und erst später wieder darauf zurückkommen. Ich selbst habe immer vermutet, wenn ein Klient gemerkt habe, daß Erickson ihm etwas suggerierte, so habe Erickson ihn wahrscheinlich selbst in diese Richtung gelenkt, um zu verhindern, daß der Klient eine andere Suggestion bemerkte, um die es ihm in erster Linie ging.

So wie jemand, der einen Tisch nicht sehen soll, diesen sehen muß, muß ein Klient, der eine metaphorische Direktive empfängt, sich des impliziten Vergleichs gewahr sein, während er darauf reagiert, als wäre er sich seiner nicht gewahr. Als Erickson beispielsweise sagte, das Paar solle sich das gemeinsame Essen wirklich schmecken lassen, nahm er an, das Paar würde seine Empfehlung mit dem Genießen von Sex verbinden, da sich beide dieser Implikation, wenn auch unbewußt, gewahr waren. Alle Methoden Ericksons, die mit Geschichtenerzählen zusammenhängen, beinhalten Kommunikation durch Metaphern, mit oder ohne Gewahrsein des Empfängers der übermittelten Botschaft. Ein wichtiger Bestandteil von Ericksons Therapie war gewöhnlich, daß er Geschichten erzählte. Auch dies unterschied ihn von anderen Therapeuten seiner Zeit, die während der Therapiesitzung meist kaum sprachen oder nur Dinge sagten wie: »Erzählen Sie mir darüber.« Von wem hat Erickson gelernt, Geschichten zu erzählen?

Noch ein weiterer Aspekt der Kollaboration ist erwähnenswert. Es war nicht nur so, daß Erickson eine Direktive erteilte und der Klient ihm folgte. Meist reagierte der Klient auf die Direktive mit Modifikationen, so daß das Endergebnis letztlich eine echte Zusammenarbeit war.

Zusammenfassend kann man einige Verallgemeinerungen hinsichtlich dieser Thematik herauskristallisieren, die man als »typisch Erickson« bezeichnen kann. Erickson akzeptierte die indirekten Mitteilungen von Klienten als Hinweis auf ein Problem, und er war bereit, die Verantwortung für die Veränderungen zu übernehmen, die er bei einem Klienten für notwendig hielt und deshalb initiierte. Beispielsweise erhielt er bei seinen hypnotischen Demonstrationen von den Freiwilligen häufig Hinweise darauf, in welcher Form sie Hilfe benötigten, und er gewährte ihnen diese Hilfe auf indirekte Weise, ohne daß das Publikum etwas davon merkte. Er vertraute auf sein eigenes Urteil darüber, was zu tun sei. Wenn er jemanden durch Suggestionen beeinflußte, ohne daß der Betreffende es merkte, so tat er dies aufgrund der Annahme, daß es ein unbewußtes Gewahrsein gibt, welches er dazu anleitete, seinen Direktiven zu folgen. Außerdem ging er auch davon aus, daß seine Klienten seine Suggestionen modifizieren würden. Einige fürchten sich davor, daß ein Therapeut einem Klienten seine Vorstellungen ohne Gewahrsein und ohne Erlaubnis des Klienten aufzwingen könnte. In Wirklichkeit handelt es sich jedoch um eine wesentlich komplexere Form der Kooperation, als gemeinhin angenommen wird.

Tatsächlich ist das, worum es hier geht, wesentlich umfassender, und es schließt die Vorstellung ein, die man vom Helfer-Beruf hat. Viele Therapeuten unterrichten ihre Klienten in den therapeutischen Theorien, die ihrer Arbeit zugrundeliegen. Wenn dies geschieht, werden die Klienten zu einer Elite, die über psychologisches Wissen verfügt, das der Allgemeinheit nicht zur Verfügung steht. Im Gegensatz dazu kann man sich auch zum Ziel setzen, daß der Klient ein normaler Mensch bleibt, der über keinerlei psychologisches Fachwissen verfügt. Es war typisch für Erickson, Menschen wieder zur Normalität zurückzuführen, ohne sie in einer therapeutischen Ideologie zu unterrichten. Nach seiner Ansicht waren therapeutische Ideen Sache des Therapeuten, nicht des Klienten, obgleich er seinen Klienten erklärte, was er tat, wenn sie dies wissen wollten – sofern dies nicht die Therapie behinderte. Ich erinnere mich, daß er einmal gesagt hat, wenn man eine normale Stichprobe erfolgreicher Männer und Frauen untersuche, so hätten diese so gut wie kein Interesse an ihrer Kindheit oder an Theorien über Psychologie.

Systeme und Familientherapie

Wenn meine Studenten Erickson besuchten, pflegte er zu sagen, er sei kein Familientherapeut. Dennoch arbeitete er offensichtlich therapeutisch mit Paaren und ganzen Familien. Wie läßt sich dies erklären? Eine Beobachtung ist, daß er sich auch nicht Gestalt-Therapeut oder psychodynamischer Therapeut oder Rogerianischer Therapeut oder Existentialtherapeut oder Kurzzeit-Therapeut nannte. Und er hat auch nie gesagt, daß er Gruppentherapeut sei. Ich glaube, daß es ihm ganz einfach nicht behagte, sich als eine bestimmte Art von Therapeut klassifizieren zu lassen. Wie die meisten guten Therapeuten wollte er sich möglichst viel Handlungsfreiheit erhalten. Er wollte in der Arbeit mit seinen Klienten ein möglichst großes Spektrum unterschiedlicher Methoden zur Verfügung haben.

Erickson versuchte, jeden Fall auf völlig individuelle Weise zu behandeln, statt immer ein und dieselbe Methode anzuwenden, wohingegen die meisten anderen Therapeuten versuchen, mit einer einzigen Methode alle Klienten zu behandeln. Bei Erickson war das anders. Hätte er sich einem Etikett wie »Familientherapeut« unterworfen, so hätte er nicht eine Vielfalt von Interventionen benutzen können, ohne vom Konzept der Familientherapie abzuweichen. Außerdem hätte er sich dann mit Kollegen in einem Boot befunden, mit deren Arbeit er ganz und gar nicht einverstanden war. Auch ich habe mich nie ausdrücklich als Familientherapeut bezeichnet, weil eine solche Bezeichnung den Ansatz eines Therapeuten einer bestimmten Struktur unterwirft und dadurch seine Handlungsfähigkeit einschränkt. Es ist völlig klar, daß sich jeder Therapeut mit durchschnittlicher Intelligenz in der einen oder anderen Form mit der Familie auseinandersetzt; dazu braucht man sich nicht mit einer bestimmten therapeutischen Richtung zu identifizieren.

Erickson glaubte, daß Klienten ihren Therapeuten das liefern würden, was diese von ihnen erwarteten. Die Systemtheorie basiert auf der Vorstellung eines sich selbst korrigierenden, gesteuerten Systems, das Veränderung verhindert. Wenn der Ehemann zu weit geht, reagiert seine Frau; wenn die Ehefrau zu weit geht, reagiert ihr Mann. Wenn beide zu weit gehen, reagiert das Kind der beiden. Erickson gefiel es nicht, wenn Therapeuten von ihren Klienten erwarteten, daß sie sich nicht veränderten, weil sie auf diese Weise ein System stabilisierten. Er hielt es für wichtig, daß Therapeuten in der Lage waren, Widerstände verschiedener Art zu umgehen, doch so wie ich ihn verstanden habe, behagte es ihm nicht, wenn um das Phänomen Widerstand herum eine Theorie aufgebaut wurde.

Man könnte sich nun auf einen akademischen Standpunkt stellen und fragen, ob der Ursprung von Ericksons Therapie die Familientherapie war. Um dies beantworten zu können, muß man definieren, was Familientherapie ist, und das ist schwierig. Erickson beschäftigte sich oft mit Familien, jedoch nicht so wie andere Familientherapeuten. Doch kann man dies auch über andere Familientherapeuten sagen, da sich die verschiedenen Schulen der Familientherapie alle auf unterschiedliche Weisen mit Familien beschäftigen.

Im Rahmen meiner Untersuchungen über Ericksons Therapie habe ich ihn auch aufgefordert, über seine Therapiesitzungen mit der gesamten Familie zu sprechen, weil dies in jener Zeit neuartig war. Typischer für ihn war jedoch, die einzelnen Mitglieder einer Familie separat zum Gespräch zu bestellen. Im Mittelpunkt von Ericksons Theorie stand das Individuum. Das war die Behandlungs-Einheit, auf die er gewöhnlich fokussierte. Ein Therapeut ist immer der Advokat von jemandem, und Erickson verstand sich als den Advokaten des Individuums. Er war auch bereit, die Behandlungseinheit auf eine zweite Person zu erweitern. Das konnten die beiden Ehepartner sein, Mutter und Kind oder Therapeut und Klient. Gewöhnlich erweiterte er seine Behandlungseinheit jedoch nicht auf drei Personen, und er arbeitete auch nicht im Sinne des Konzepts der Koalitionen, wie manche andere Familientherapeuten es tun. Natürlich gab es Ausnahmen, aber ich spreche hier von seiner typischen Arbeitsweise.

Beispielsweise hat Erickson einmal John Weakland und mir den Fall einer Frau geschildert, die unter extremen sexuellen Hemmungen litt. Erickson veränderte sie so, daß sie ziemlich starken Sex-Appeal entwickelte, und er brachte sie sogar dazu, nackt in ihrem Schlafzimmer zu tanzen. Mit ihrem Mann beschäftigte er sich nicht. Wir fragten ihn deshalb, ob er sich keine Sorgen darüber mache, daß der Ehemann sich plötzlich mit einer sexuell enthusiastischen Frau konfrontiert sehe. Dabei gingen wir vom systemischen Ansatz und der Annahme aus, daß die Frau mit ihrem Mann einen Vertrag geschlossen hatte, der beinhaltete, daß sie gehemmt war. Beispielsweise hätte dies ihre Methode sein können, ihren Mann vor der Forderung, sexuell aktiv zu werden, zu bewahren. Wenn sie sich veränderte und plötzlich Ansprüche an ihn stellen würde, so konnte dies die Ehe gefährden. Lag es nicht in der Verantwortung des Therapeuten, sich mit diesem Risiko auseinanderzusetzen? Erickson entgegnete, so denke er nicht. Er sagte, der Mann habe die Gehemmtheit seiner Frau passiv akzeptiert, und nachdem sie sich nun geändert habe, würde er die Veränderung ebenfalls passiv akzeptieren. Offenbar war er nicht der Meinung, daß das Problem der Frau in ihrer Beziehung zu ihrem Mann eine Funktion erfüllte, und auch nicht, daß er durch die Behandlung der Frau und den Ausschluß des Mannes eine Triade schaffe. Er konzentrierte sich auf die Frau, die durch ihre persönlichen sexuellen Hemmungen dazu motiviert war, zur Behandlung zu kommen.

In anderen Paar-Situationen ging er jedoch von völlig anderen Voraussetzungen aus. Beispielsweise kam einmal eine Frau zu ihm, deren Mann jedesmal, wenn sie zu Bett gingen, eine Erektion hatte (Haley 1986, S. 159). Dies trat unabhängig von irgendeinem Verhalten ihrerseits ein. Erickson empfahl dem Mann, zu masturbieren und dann ohne Erektion ins Schlafzimmer zu gehen. Das Ergebnis war, daß die Frau sich freute, daß sie den Mann in Erregung versetzen konnte, und daß der Mann sich über die Reaktion seiner Frau freute. Ist das Familientherapie? Ich habe in den Fachzeitschriften der Familientherapie noch nie einen Bericht über solch einen Fall gefunden.

Ich möchte mich nun dem historischen Aspekt dieses Themas zuwenden. Ich lernte Erickson während eines seiner Seminare im Jahre 1953 kennen, im gleichen Jahr, in dem meine Mitarbeit in Gregory Batesons Kommunikationsprojekt begann. Wir fingen an, uns mit Hypnose zu beschäftigen, und John Weakland und ich reisten regelmäßig nach Phoenix, um Gespräche mit Erickson zu führen, oder er besuchte uns, wenn er nach San Francisco kam. Dieser Austausch begann 1955 und setzte sich über viele Jahre hinweg fort. Im Laufe der Zeit wurde uns klar, daß Erickson spezielle Anschauungen über Therapie hatte, mit denen wir uns dann ebenfalls beschäftigten. 1956 fing ich selbst an, im Rahmen des Bateson-Projekts therapeutisch mit der Familie eines Schizophrenen zu arbeiten. Außerdem eröffnete ich in jenem Jahr eine Privatpraxis als Hypnotherapeut und Paartherapeut. 1957 sprach ich mit Erickson über einige meiner Fälle, da ich für meine Arbeit als Kurzzeit-Therapeut einen Supervisor brauchte. Erickson war der einzige mir bekannte Therapeut, der selbst einen der Kurzzeit-Therapie entsprechenden Ansatz hatte.

Im Fall der Familie, mit der ich 1956 im Rahmen des Projekts arbeitete, handelte es sich tatsächlich um eine Individualtherapie, bei der die Eltern hinzugezogen wurden, weil der Klient sich vor ihnen fürchtete. (Dieser Klient hatte seiner Mutter zum Muttertag eine Karte geschickt, auf der stand: »Du bist immer wie eine Mutter zu mir gewesen.« [Haley 1959, S. 357]) Wir betrachteten das Hinzuziehen der Eltern damals nicht als Familientherapie. Doch im April 1957 führten wir Therapien mit ganzen Familien durch und nannten dies Familientherapie. Damals fingen wir an, im Sinne der Systemtheorie zu denken. Ich hatte über Jahre Erickson um Rat ersucht, und um 1956 oder 1957 hatte ich angefangen, therapeutisch mit ganzen Familien zu arbeiten. Hat Erickson damals schon mit ganzen Familien therapeutisch gearbeitet? Das hängt davon ab, was man als Therapie mit Familien bezeichnet.

1959 wurde im Rahmen des Bateson-Projekts eine spezielle Konferenz mit Erickson zur Thematik der Paar- und Familientherapie organisiert. Wir hielten ihn zu jenem Zeitpunkt für eine Autorität auf diesem Gebiet, und es gab nur noch eine oder zwei andere Persönlichkeiten in Amerika, die man mit ihm hätte vergleichen können. Mittlerweile machten wir Gebrauch von seinen familientherapeutischen Vorstellungen, und möglicherweise hat er auch Gebrauch von unseren Vorstellungen gemacht. Doch hatte er schon mit Paaren und Familien gearbeitet, lange bevor wir über diese Art von Fällen mit ihm diskutierten. Wir konnten also nicht die einzige Quelle für seine Ideen in diesem Bereich gewesen sein.

Um noch einmal auf seine typische Vorgehensweise in der Therapie zurückzukommen: Er präsentierte oft Fälle als Probleme von Einzelklienten, und später stellten wir dann fest, daß er sich auch mit den Familienmitgliedern beschäftigt hatte, die in das Problem involviert waren.

Ich möchte ein Beispiel aus jener Periode zitieren. Als ich in Palo Alto praktizierte, kam eines Tages ein älterer Herr zu mir und fragte mich, ob ich bereit sei, seine Tochter wegen eines Problems zu behandeln. Er erzählte, eine andere Tochter von ihm sei erfolgreich von einem Therapeuten behandelt worden.

Daraufhin fragte ich ihn, warum er denn nicht mit der zweiten Tochter zum gleichen Therapeuten gehe. Der Mann antwortete, er traue sich nicht, dies zu tun. Als ich ihn fragte, warum, antwortete er, als er mit seiner ersten Tochter jenen Therapeuten aufgesucht habe, habe dieser ihn sechs Monate lang unter Hausarrest gestellt. Es ist wohl nicht schwer zu erraten, wer der Therapeut war. Ich schlug dem Mann vor, er könne doch wieder zu Erickson gehen und sich diesmal weigern, wenn dieser erneut einen Hausarrest vorschlagen würde. Der Mann schaute mich an, als sei er erstaunt über meine Naivität. Schließlich brachte ich ihn aber doch dazu, mit seiner zweiten Tochter ebenfalls zu Erickson zu gehen. Besonders interessant an diesem Fall ist, daß Erickson sich mit jenem Mann so gut verstand, daß er bei ihm wohnte, wenn er in Palo Alto zu Besuch war. Kann man einen solchen Fall als Familientherapie bezeichnen? Hausarrest habe ich noch nie in einem Katalog familientherapeutischer Maßnahmen gefunden. Doch muß Erickson therapeutisch mit der Familie gearbeitet haben, um der Tochter zu helfen, denn sonst hätte er den Vater nicht in dieser Weise in die Arbeit einbezogen.

Ericksons therapeutischer Ansatz wirft nicht nur die Frage auf, ob er familientherapeutisch gearbeitet hat, sondern auch die, was Familientherapie *ist*. Um diese Frage zu illustrieren, möchte ich nun einige Fälle zitieren:

1. Als einmal ein Mann zu Erickson kam, der ständig über Angst vor dem Tod durch Herzinfarkt klagte, obgleich sein Herz gesund war, empfahl Erickson der Ehefrau, jedesmal wenn ihr Mann mit seinen Klagen anfinge, Literatur zum Thema Tod und Sterben im Haus zu verteilen (Haley 1986, S. 178). Der Mann genas von seiner Furcht. War dies Individual- oder Familientherapie?

2. Familientherapie basierte in der Anfangszeit häufig auf der Theorie der Verdrängung. Man ermutigte die Familienmitglieder, über feindselige Gefühle, die sie gegeneinander hegten, zu sprechen und sie zum Ausdruck zu bringen, und der Therapeut erläuterte ihnen dann, wie negativ sie miteinander umgingen. Die Regel lautete, daß alle Familienmitglieder alles sagen konnten, da sie ihre tiefsitzenden Gefühle zum Ausdruck bringen sollten.

Erickson hatte offenbar eine völlig andere Sicht davon, wie man Familien sehen und behandeln sollte. Seine Arbeit konzentrierte sich darauf, die Situation der Familie so zu organisieren, daß spezifische Ziele erreicht wurden. Wenn er die ganze Familie zusammenbrachte, so tat er dies auf eine Weise, die es ihm ermöglichte, das Geschehen zu kontrollieren. Beispielsweise arbeitete er einmal mit einer Familie aus Mutter, Vater und Tochter, die sich ständig anschrien und mit Vorwürfen überhäuften. Statt dies zu fördern, stellte er ihnen die Aufgabe, daß jeder sich zwanzig Minuten lang ununterbrochen beklagen sollte. Nacheinander kamen Vater, Mutter und Tochter auf diese Weise zu Wort.

Eine andere für ihn typische Vorgehensweise war, daß er in einem Gespräch mit der ganzen Familie den freien Ausdruck unterband. Die Familie bestand aus Mutter, Vater und zwei Söhnen, von denen einer »das Problem« war. Die Mutter redete ununterbrochen und ließ die anderen Familienmitglieder nicht zu Wort kommen. Erickson fragte sie, ob sie ihre Daumen ein Viertel Zoll (o,6 cm) voneinander entfernt halten könne. Sie antwortete, natürlich könne sie das. Daraufhin forderte er sie auf, dies zu beweisen. Das tat sie. Dann sagte er, sie solle die Daumen weiter in dieser Stellung halten, während er mit den anderen spreche, und sie solle zuhören, damit sie das letzte Wort zu alldem sagen könne. Dann sprach er mit dem Sohn, und die Mutter antwortete an seiner Stelle, doch während sie dies tat, entfernten sich ihre Daumen voneinander. Erickson wies die Frau darauf hin, und diese brachte ihre Daumen sofort wieder in die alte Position. Da sie nicht sprechen konnte, ohne die Daumen zu bewegen, schwieg sie, während Erickson mit dem Vater und den Söhnen sprach. Anschließend erteilte er ihr das letzte Wort. Hätte ein Familientherapeut eine Therapiesitzung so organisiert?

Viele Familientherapeuten waren damals der Meinung, man solle eine Therapiesitzung nicht so stark strukturieren, wie Erickson es tat. Ein Familienmitglied am Sprechen zu hindern galt in einer Zeit, in der der freie Ausdruck als das Ziel einer Therapie angesehen wurde, als schockierend. Ich erinnere mich, daß Don Jackson, ein wichtiger Familientherapeut, der mit uns zusammenarbeitete, einmal eine Sitzung mit einer Familie durchführte, die aus Mutter, Vater und deren 17jähriger Tochter bestand. Die Tochter war als schizophren diagnostiziert worden und soeben vorzeitig vom College abgegangen. Während der Sitzung sprach Jackson mit der Mutter, und die Tochter unterbrach das Gespräch. Jackson sagte zur Tochter, sie solle die Mutter sprechen lassen, und setzte dann das Gespräch mit der Mutter fort. Jacksons Ziel war nicht der freie Ausdruck, sondern ihm ging es darum, die Familie so zu organisieren, daß die Tochter wieder zum College gehen würde. Einige Therapeuten waren damals schockiert darüber, daß ein Kollege eine Klientin am Sprechen gehindert hatte, insbesondere da es sich um eine minderjährige Tochter handelte, die offensichtlich Probleme hatte.

In der gleichen Therapiesitzung fing die Mutter an zu weinen, die Tochter weinte, und auch der Vater weinte. Jackson beruhigte sie höflich, war jedoch offensichtlich völlig irritiert. Viele Familientherapeuten wären hocherfreut darüber gewesen, daß eine ganze Familie weinte, weil sie dies als In-Kontakt-Treten mit den eigenen Gefühlen gedeutet hätten. Jackson hingegen war daran interessiert, das Weinen zu überwinden, um das therapeutische Ziel, das er sich gesteckt hatte, zu erreichen. Doch niemand wäre auf die Idee gekommen zu sagen, daß Jackson kein Familientherapeut sei.

Ericksons Therapieziel ist nie der Ausdruck von Gefühlen gewesen. Ihm war nicht sonderlich daran gelegen, Menschen zum Weinen zu bringen. Er hat mich sogar einmal gefragt, wie ich eine Frau vom Weinen abbringen würde, wenn es zu lange dauere. Merkwürdigerweise hatte ich mir noch keine Gedanken darüber gemacht, wie man dies erreichen könnte. Er sagte, er gebe der Betreffenden ein Papiertaschentuch und sage dabei: »Weihnachten gibt es bei mir grüne Taschentücher.« Das bringe jeden vom Weinen ab.

3. Ein Paar mit einem Alkoholproblem kam zu Erickson und sagte, die gemeinsamen Wochenenden zu Hause seien schrecklich. Daraufhin forderte er die beiden auf, die Wochenenden mit Bootfahrten auf einem See zu verbringen und die frische Luft zu genießen. Man könnte dies als Familientherapie bezeichnen. Therapeuten empfehlen Paaren und Familien oft, gemeinsam Dinge zu unternehmen, die allen Beteiligten Freude machen, überhaupt mehr Spaß im Leben zu haben, und beispielsweise gemeinsam zu verreisen. Eltern wird empfohlen, ohne die Kinder Urlaub zu machen und dergleichen.

Ericksons Vorschlag, das Paar solle am Wochenende Bootfahrten auf einem See unternehmen, hatte jedoch nichts mit der erwähnten familientherapeutischen Gepflogenheit zu tun. Gewöhnlich empfahl *er* Familien Dinge, die sie nicht tun wollten. Er hatte dieses Paar aufgefordert, gemeinsam Bootsfahrten zu unternehmen, nachdem er herausgefunden hatte, daß weder der Mann noch die Frau dazu sonderliche Lust hatten. Sie haßten es sogar regelrecht, Bootsfahrten auf einem See zu unternehmen. Als sie seiner Anweisung gefolgt waren, stellten sie fest, daß es ihnen nicht gefiel, und sie überredeten Erickson dazu, daß sie statt dessen auch Camping machen könnten. Als er ihnen dies erlaubte, waren sie hocherfreut, da Camping-Wochenenden ihnen Spaß machten. Ich kann mich nicht daran erinnern, daß Erickson oft Paare oder Familien empfohlen hätte, einfach ihren Spaß miteinander zu haben oder den Urlaub gemeinsam zu verbringen. Es ist schwer vorstellbar, daß irgendeine familientherapeutische Schule für erfreulichere Formen des Zusammenlebens in der Familie *nicht* eintreten würde. Ist Ericksons Ansatz also Familientherapie?

4. Eine Krankenschwester traf während eines Spaziergangs hinter dem Krankenhaus, in dem sie arbeitete, einen jungen Krankenpfleger. Beide setzten sich auf eine Bank, redeten miteinander und stellten fest, daß ihre Situation eine Gemeinsamkeit aufwies: Er war schwul und sie lesbisch. Dies war für beide ein Problem, da in jener Zeit die Vorurteile gegen Homosexuelle noch sehr stark waren. Wäre ihre sexuelle Präferenz bekannt geworden, so hätten sie ihre Arbeitsstelle verloren, und es kursierten ohnehin bereits Verdächtigungen. Nachdem sie miteinander gesprochen hatten, wurden sie Freunde und beschlossen schließlich zu heiraten, um auf diese Weise gemeinsam ihre sexuelle Orientierung besser verbergen zu können. Man könnte hinter dieser Begegnung einen glücklichen Zufall vermuten. Tatsächlich jedoch hatte Erickson die Situation arrangiert. Er hatte der Krankenschwester vorgeschlagen, sie solle doch einmal einen Spaziergang hinter dem Gebäude machen, ohne ihr zu sagen warum. Und er hatte auch dafür gesorgt, daß der junge Mann zufällig gerade in jenem Augenblick dort war. Kann man dies als Förderung familiären Zusammenlebens bezeichnen?

5. Ein kleines Mädchen war zu nichts in der Lage, und es hatte große Schwierigkeiten in der Schule. Erickson besuchte sie jeden Abend zu Hause, spielte *Jacks* [ein Kinderspiel], Seilspringen und andere Spiele mit ihr (Haley 1986, S. 205). Ihren Eltern erschien es als unter ihrer Würde, sich so zu verhalten. Ist dies nun Familientherapie? Wenn nicht, wird es dann dazu, wenn man darauf hinweist, daß er die Eltern in Entrüstung versetzte, indem er auf diese Weise eine Verbindung zu dem Kind herstellte?

6. In einem anderen für Erickson typischen Beispiel geht es um ein Elternpaar, dessen Sohn Bettnässer war (Haley 1986, S. 206). Erickson berichtet, die Mut-

ter sei eine freundliche Frau gewesen, die versucht habe, dem Kind zu helfen. Der Vater, der laut und arrogant war, äußerte, er selbst habe auch bis zu seinem 16. Lebensjahr das Bett genäßt, und er sehe nicht ein, warum sein Sohn dies nicht auch tun sollte. Erickson bat den Vater, allein zum Gespräch zu kommen, und hörte ihm aufmerksam zu. Der Vater redete, als sitze sein Gesprächspartner hundert Meter von ihm entfernt. Nachdem Erickson dem Vater zugehört hatte, wandte er sich Mutter und Kind zu, um das Problem zu lösen. Offensichtlich war er in diesem Fall der Ansicht, Mutter, Vater und Kind müßten in die Arbeit einbezogen werden. Er war sichtlich erfreut über die positive Reaktion des Vaters, als die Therapie Erfolg hatte. Das könnte man Familientherapie nennen.

7. Erickson brachte einmal einen jungen Mann dazu, alles zu verlassen und ein Jahr lang allein auf einem Berggipfel zu leben. Könnte man dies als Familientherapie bezeichnen? Hinter dieser Maßnahme stand eindeutig die Absicht, das gesamte soziale Netz dieses jungen Mannes zu zerstören.

8. In den fünfziger Jahren waren viele Frauen in sexueller Hinsicht gehemmt, und Erickson war einer der ersten Therapeuten, die explizite Sexualtherapie durchführten, um solchen Frauen zu helfen, ihre Ängste zu überwinden. Da es zu jener Zeit keine Sexualtherapie gab, erschien sein Bemühen als extrem. Er arbeitete auch mit Männern, die unter Hemmungen litten. Einmal kam ein Paar zu ihm, wobei die Frau sich darüber beklagte, daß ihr Mann prüde sei und keinen Spaß an ihren Brüsten hätte (Haley 1991). Erickson forderte den jungen Mann auf, der linken Brust seiner Frau einen Namen zu geben, weil sonst Erickson ihr einen Namen geben würde, »den er dann am Hals hätte«, wie er es ausdrückte. War das Familientherapie?

Unterschiede

Ich möchte nun auf einige Unterschiede in der Art aufmerksam machen, wie Erickson und einige Familientherapeuten Probleme sahen.

Erickson ließ bei seiner Arbeit mit Familien zwei Prämissen unberücksichtigt: Da er sich nicht an der Drei-Personen-Einheit orientierte, sah er das Kind nicht als zwischen Mutter und Vater gefangen, und er war auch nicht der Ansicht, daß das Kind einen Konflikt zwischen dem Therapeuten und den Eltern ausdrücke. Er dachte nicht im Sinne des Triaden-Konzepts, und er war nicht der Ansicht, daß ein Therapeut, der sich mit dem Kind gegen die Eltern verbündete, das Problem des Kindes verstärken könne. Er machte sich auch nicht jene Anschauungen über Motivation zu eigen, die sich in der Familientherapie entwickelt hatten. Eine solche Motivationstheorie lautet, daß Jugendliche ein Familiensystem stabilisieren, indem sie Schwierigkeiten produzieren. Sie helfen den Eltern, indem sie sich selbst schaden. Wenn ein Jugendlicher sich Heroin spritzt oder straffällig wird, kann man annehmen, daß er dadurch auf irgendeine Weise die Familie schützen will. Wenn eine Tochter »Ärger macht« oder wegläuft, so sieht man darin einen Versuch, ihrer deprimierten Mutter zu helfen. Wenn eine Frau sexuellen Kontakt vermeidet, wird vermutet, daß sie dadurch verhindern will, daß ihr Mann eingestehen muß, daß *er* ein Problem hat. Erickson war offenbar nicht mit diesen Ansichten über Motivation einverstanden. Deshalb war er auch nicht der Ansicht, wenn ein Therapeut die Eltern in Wut versetze, könne das Kind einen Rückfall erleiden, um ihnen zu helfen. Man kann Eltern beispielsweise in Wut versetzen, indem man mit dem Kind zusammen Partei gegen sie ergreift.

Wenn man annimmt, daß ein Jugendlicher seinen Eltern hilft, indem er versagt, so gibt es zwei Möglichkeiten, damit umzugehen. Eine besteht darin, den Eltern zu helfen, so daß der Jugendliche sich nicht mehr so zu verhalten braucht. Erickson sagte Jugendlichen manchmal einfach, sie sollten es ihm überlassen, sich mit den Eltern auseinanderzusetzen; unterdessen könnten sie sich um ihre eigenen Angelegenheiten kümmern. Die andere Methode besteht darin, die Jugendlichen von den Eltern zu trennen und nur mit ihnen zu arbeiten, es den Eltern also selbst zu überlassen, wie sie ihre Probleme lösen. Erickson arbeitete auf beide Weisen, aber meiner Meinung nach erlebte er einige seiner Mißerfolge, wenn er mit dem Kind zusammenarbeitete und die Eltern unberücksichtigt ließ, also nicht bedachte, daß er den Eltern helfen mußte, um dem Kind zu helfen. Er mochte Kinder sehr und konnte es nicht ertragen, wenn Eltern ihre Kinder schlecht behandelten, und deshalb versuchte er manchmal, Kinder vor ihren Eltern zu retten.

Erickson hatte großen Erfolg mit Problemkindern jeden Alters, und die Arbeit mit Kindern machte ihm besonders große Freude. Aus familientherapeutischer Sicht wäre zu bemängeln, daß er gewöhnlich unberücksichtigt ließ, daß er zu Kind und Eltern eine Dreiecksbeziehung einging. Außerdem berücksichtigte er auch nicht, was für eine Wirkung es auf Eltern haben mochte, wenn er in der Behandlung eines Kindes Erfolg hatte. Für Eltern, die lange versucht haben, ihrem Kind zu helfen, denen dies aber nicht gelungen ist, kann es sehr problematisch sein, wenn ein Therapeut schließlich Erfolg hat. Erickson pflegte in solchen Fällen zu sagen, sie müßten sich ganz einfach an die Tatsache gewöhnen, daß ihr Kind nun normal geworden sei.

Im Gegensatz zu systemorientierten Therapeuten empfahl Erickson jungen Menschen manchmal, den Kontakt zu ihren Eltern völlig abzubrechen. Gelegentlich verbot er die Kommunikation zwischen Eltern und Kindern regelrecht. Ebenso wie er manchmal eine Frau aufforderte, ihren Mann, der sie schlug, zu verlassen, forderte er auch Jugendliche, die von ihren Eltern mißhandelt oder mißbraucht worden waren, auf, den Kontakt abzubrechen. Er war der Meinung, daß elterliches Verhalten manchmal so widerwärtig und unverbesserlich sei, daß die heranwachsenden Kinder den Kontakt zu ihnen besser abbrechen sollten.

Zum Abschluß

Was kann man zusammenfassend darüber sagen, wie Ericksons Arbeit sich von der seiner stärker familientherapeutisch orientierten Kollegen unterschied? Er führte keine Sitzungen mit ganzen Familien durch, bei denen er die Mitglieder ihre Gefühle zum Ausdruck bringen ließ, so wie viele Familientherapeuten dies in jener Frühzeit zu tun pflegten. Gewöhnlich arbeitete er mit den Beteiligten getrennt und bestellte sie nur gelegentlich zusammen zur Behandlung. Nicht immer versuchte er, Familienmitglieder, die nicht miteinander sprachen, zu einem gemeinsamen Gespräch zusammenzubringen, wie es Therapeuten, die dem systemischen Ansatz folgen, zu tun pflegen. Er war bereit, Familienmitglieder voneinander zu trennen und den Kontakt zwischen ihnen zu unterbinden. Er sah es nicht als normale Gegebenheit an, daß Menschen sich selbst schaden, um anderen zu helfen. Er beschrieb Familien nicht in Triaden, sondern sah ihre Mitglieder gewöhnlich als Individuen oder als Dyaden.

Wenn ich hier Aspekte von Ericksons Arbeit aufführe, die ich für typisch halte, so bin ich mir darüber im klaren, daß das, was mir typisch erschienen ist, anderen, die ihn kannten, durchaus nicht als typisch erschienen zu sein braucht.

Andere könnten sich beispielsweise besonders stark für seine Art, mit Hypnose zu arbeiten, interessieren, womit ich mich hier nicht besonders beschäftigt habe. Ein wichtiger Faktor ist auch, in welcher Zeit man mit Erickson Kontakt hatte. Ich persönlich kenne ihn aus den fünfziger Jahren am besten, der Zeit, in der er sehr vital und aktiv war und im ganzen Land Lehrseminare abhielt. Andere kennen ihn nur aus der Zeit, in der er im Rollstuhl saß; zwar hatte er auch da immer noch eine sehr machtvolle Ausstrahlung und Wirkung, doch waren seine Handlungsmöglichkeiten natürlich stark eingeschränkt.

Allgemeine Aussagen über Erickson zu machen ist besonders problematisch, weil er zu verschiedenen Zeiten und für verschiedene Menschen unterschiedlich war. Er paßte sich in seiner Ausdrucksweise der Sprache derjenigen an, die er unterrichtete, und er lehrte durch Metaphern, in denen verschiedene Menschen unterschiedliche Bedeutungen entdecken konnten. Wenn wir uns bemühen, ihn zu verstehen, versuchen wir ihn natürlich in eine der bestehenden, also herkömmlichen Kategorien einzuordnen. Doch scheint klar zu sein, daß er sich mit seinem Tun nicht an einer der zu seinen Lebzeiten etablierten therapeutischen Ideologien orientierte. Seinen Ideen lag nicht die psychodynamische Theorie zugrunde, und er benutzte auch nicht die grundlegende Methode dieses Ansatzes, die Interpretation unbewußter Vorgänge. Er akzeptierte die Grundlagen der Verhaltenstherapie nicht und arbeitete auch nicht mit deren grundlegender Methode, der expliziten positiven Verstärkung. Er akzeptierte die Theorie der systemischen Familientherapie nicht und ebensowenig ihre Grundidee, daß das Verhalten jedes Mitglieds eines Systems ein Produkt des Verhaltens aller übrigen Mitglieder ist. So wie er seine eigene Art von Hypnose entwickelte, entwickelte er auch einen ganz persönlichen Therapieansatz. Heute, mehr als zehn Jahre nach seinem Tode, fällt es uns immer noch schwer, ihn in eine der heute oder früher modernen Therapieschulen einzuordnen.

Angesichts der Tatsache, daß Erickson so bekannt ist und seine Therapiefälle in so umfangreichem Maße publiziert wurden, ist es erstaunlich, daß die Grundlagen seines Denkens in vielerlei Hinsicht immer noch im dunkeln liegen. Erickson hat in jeder Hinsicht seine eigenen Sichtweisen und Methoden entwickelt. Allerdings kann ich mich daran erinnern, daß er einmal gesagt hat, er sei von einem bestimmten Mann beeinflußt worden. Als Erickson noch ein Junge war, heilte ihn ein freundlicher Landarzt einmal von einem Schmerz und gab ihm ein Fünfcentstück. Im Anschluß an jenes Erlebnis beschloß Erickson,

Wildpferde

Mauthe GmbH · Graph. Betrieb · D-72336 Balingen

© Mauthe / ABC · Aufn.: Stromburg

selbst Arzt zu werden. Vielleicht hat jener freundliche Doktor ihn nicht nur dazu gebracht, sich für den Arztberuf zu entscheiden, sondern hat ihm auch als Modell gedient. Trotz seiner überragenden intellektuellen Brillanz hat Erickson in seiner Arbeit zeitlebens Züge eines freundlichen und schlauen Landarztes erkennen lassen.

Literatur

J. Haley: »The family of the schizophrenic: A model system«, in *Amer. J. Ment. and Nerv. Dis.*, Jahrg. 1959, 1129, 357-374.
J. Haley, (Hrsg.): *Conversations with Milton Erickson, Bd. 1*, Triangle Press, Rockville, Md., 1985.
ders.: *Die Psychotherapie Milton H. Ericksons*, Pfeiffer, München 1978.
ders., Hsgr.: *Milton H. Erickson. Sex Therapy: The Male*, Audioband, Triangle Press, Rockville, Md., 1991.